Armin Nassehi
Mit dem Taxi durch die Gesellschaft

Armin Nassehi

Mit dem Taxi durch die Gesellschaft

Soziologische Storys

MURMANN

Dieses Buch wurde klimaneutral produziert:

Bibliografische Information der Deutschen Nationalbibliothek

Die Deutsche Nationalbibliothek verzeichnet diese Publikation in der Deutschen Nationalbibliografie; detaillierte bibliografische Daten sind im Internet über http://dnb.d-nb.de abrufbar.

ISBN 978-3-86774-095-1

Das Werk einschließlich aller seiner Teile ist urheberrechtlich geschützt. Jede Verwertung ist ohne Zustimmung des Verlages unzulässig. Das gilt insbesondere für Vervielfältigungen, Übersetzungen, Mikroverfilmungen und die Einspeicherung und Verarbeitung in elektronischen Systemen.

2. Auflage, November 2010

Copyright © 2010 by Murmann Verlag, Hamburg

Lektorat: Christian Weller, Hamburg
Umschlaggestaltung: Rothfos & Gabler, Hamburg
Herstellung: Das Herstellungsbüro, Hamburg
Gesetzt aus der Minion und The Mix
Druck und Bindung: Freiburger Graphische Betriebe, Freiburg
Printed in Germany

Besuchen Sie uns im Internet: www.murmann-verlag.de

Ihre Meinung zu diesem Buch interessiert uns!
Zuschriften bitte an **info@murmann-verlag.de**

Den Newsletter des Murmann Verlages können Sie anfordern unter
newsletter@murmann-verlag.de

Inhalt

Einstieg
Mit dem Taxi durch die Gesellschaft 7

Perspektiven
Warum wir dieselbe Welt so unterschiedlich sehen 12

Fremdheit
Warum Distanz für unser Zusammenleben
eine entscheidende Ressource ist 41

Wille
Warum wir eingekeilt zwischen Gehirn und
Gesellschaft doch frei sein können 60

Abwesenheit
Warum auch auf einer kleinen Vernissage
die ganze Gesellschaft anwesend ist 82

Entscheidung
Warum wir auf das Nichtwissen vertrauen müssen 108

Wandel
Warum sich die Gesellschaft so schwer
verändern lässt 125

Kompetenzen
Warum Eliten in unterschiedlichen Welten
leben müssen 154

Krise
Warum sich diese Gesellschaft stets
im Ausnahmezustand befindet 173

Verdoppelungen
Warum sich die Welt unserer Beschreibung verdankt 197

Ausstieg
Das Buch im Buch 216

Dank 219
Über den Autor 220

Einstieg

Mit dem Taxi durch die Gesellschaft

In diesem Buch werde ich viel unterwegs sein – nicht nur in Taxis, sondern auch per Bahn und Flugzeug, sogar auf einem Schiff, an allerlei Orten, auf Tagungen, Meetings, Vernissagen, im Krankenhaus und im Museum. Selbst das Schreiben habe ich nicht nur zu Hause am Schreibtisch absolviert, sondern auch unterwegs, auf einer Terrasse in der toskanischen Maremma etwa, einiges in einem Hotel etwas nördlicher, in der Versilia. Viele Teile sind tatsächlich beim Fahren oder Fliegen entstanden. Ein halbes Kapitel habe ich sogar in der Wartehalle eines Flughafens geschrieben.

Was sieht man, wenn man unterwegs ist? Man bewegt sich im Raum, kommt von hier nach dort, und auf dem Weg verändert sich die Welt. Wollte man den Raum definieren, wäre er nichts Anderes als die *Gleichzeitigkeit des Unterschiedlichen*. Im gesellschaftlichen Raum sehen wir stets Unterschiedliches. Das ist das Spannende an der Gesellschaft, sie besteht aus unterschiedlichen Kontexten, die irgendwie aufeinander bezogen sind. Die Metapher des Taxis passt dafür sehr gut – schon weil das Taxi nicht bloß eine Metapher ist. Die Wagen fahren überall herum, und sich in ein Taxi zu setzen ist geradezu der Eintritt in diese Erfahrung von Modernität: mit Unterschiedlichem konfrontiert zu werden. Im Taxi wird die Schwelle der Kommunikation sehr tief gehängt – man weiß, dass die Beziehung zwischen Fahrer und Passagier begrenzt bleibt –, und das erhöht die Freiheitsgrade für Kommunikation. Das Auto ist geschlossen, niemand hört zu. Wenn man so will, ist es ein Kontext aller Kontexte.

Und genau darum wird es in diesem Buch gehen: um Kontexte. Was ich hier schreibe, ist weder eine wissenschaftliche Analyse der modernen Gesellschaft noch ein politisches Pamphlet mit klaren Forderungen und eindeutigen Konzepten. Das Buch präsentiert einen Ton, der auf die wissenschaftliche Stringenz ebenso verzichtet wie auf die Eindeutigkeit des Forderns und Wegweisens. Es ist eher ein Zwischenton – der die Unmöglichkeit klarer und eindeutiger Aussagen, Forderungen und Programme eindeutig und klar auf den Begriff bringt.

Es ist auch ein Buch über die Krise. »Über welche Krise?«, mögen Sie fragen. Das ist letztlich egal. Es geht in diesem Buch darum, die unvermeidliche Krisenhaftigkeit der modernen Gesellschaft zu betonen. Deshalb weist dieses Buch, anders als die meisten anderen, weder einen Weg aus der Krise, noch macht es bestimmte Leute für die Krise verantwortlich. Es geht mir eher darum, zu zeigen, dass in unserer Art von Gesellschaft der Ausnahmezustand der Normalfall ist – und zwar in dem prinzipiellen Sinne, dass nichts je zu einem Ende kommen kann. Diese Gesellschaft ist so schnell, sie hat so viele Kontexte, dass es immer auch noch einen anderen, einen weiteren Blick gibt, der jeglichen Schlusssatz konterkariert. Der Klassiker für Schlusssätze ist die vatikanische Formel dafür, dass es keine Widerworte mehr geben darf: *Roma locuta, causa finita* – Rom hat gesprochen, und damit ist der Fall erledigt. Mit dem Gestus des *Roma locuta* treten immer noch viele auf, aber *causa finita* – das geht schon lange nicht mehr.

Es geht mir um einen Blick für Blicke. Warum erscheint die Welt aus unterschiedlichen Perspektiven und Positionen so unterschiedlich? Warum verfangen wir uns in unseren eigenen Sichtweisen? Warum erscheint uns diese Gesellschaft als nie abgeschlossen, nie fertig, nie stillstehend, nie sicher? Mir geht es bei meinen Beschreibungen der Gesellschaft darum, erst einmal Distanz zu den geradezu inflationär auftretenden Versprechen zu halten, dass sich die Probleme und Herausforderungen schon lösen und bewältigen lassen, wenn man nur die richtige Strategie kennt. Autoren neigen – nachgerade naturwüchsig – dazu, die eigenen Lösungen, die eigenen Vorschläge für die geeignetsten zu halten. Ich unterbreite hier keine Lösungsvorschläge. Ich mache eher darauf aufmerksam, wie unterschiedlich Lösungsvorschläge aus unterschiedlichen Perspektiven aussehen. Was mich interessiert, ist die Frage, wie Perspektiven zustande kommen, wie Menschen in ihre Perspektiven, Beschreibungen, Praktiken verstrickt sind. Und die Hoffnung, die das Buch machen soll, speist sich nicht aus dem obercoolen Blick eines Soziologen, der nun simuliert, er habe die Perspektive aller Perspektiven.

Auch dieses Buch tut nur, was es tun kann – aber es will praktisch Ernst machen mit der theoretisch leicht formulierten Einsicht, dass unterschiedliche Kontexte auch unterschiedliche Welten hervorbringen. Und es will dies nicht nur einfach beschreiben, sondern schöpft daraus wenigstens die Ahnung einer Hoffnung – die Hoffnung darauf, dass sich mit der *praktischen* Wendung dieser Einsicht ein Verständnis dafür gewinnen lässt, warum diese unterschiedlichen Welten in der einen Welt aufeinandertreffen und dabei unweigerlich in Konflikt geraten. Dieses Buch will diesen Konflikt nicht vermeiden, sondern entfalten. Es ist dabei in einem besonderen Sinne *liberal* – nicht lediglich in dem vordergründig politischen Sinne, unterschiedliche moralische Standpunkte oder Lebensweisen zu tolerieren und voreinander zu schützen.

Dieses Buch ist entschieden liberal, indem es Verständnis dafür aufbringt, dass unterschiedliche Weltzugänge nicht zufällig auftreten. Und Verständnis meint hier ein Doppeltes: es überhaupt zu *verstehen* einerseits; sich in die unterschiedlichen Sprecherpositionen *verstehend* hineinzuversetzen andererseits. Das bedient nicht den Wunsch nach starken Lösungsversprechen und klaren Handlungsanweisungen. Es hört sich deshalb vielleicht nicht aufregend an – das ist es aber. Denn in dieser Einsicht steckt ein enormes Potenzial.

Einer der ersten Leser des Manuskripts hat diesen Ton einen *fatalistischen Optimismus* genannt. Fatalistisch erscheint er vielleicht, weil er auf die Verstrickungen verweist, in denen wir uns immer schon befinden. Optimistisch ist er aber darin, dass diese Verstrickungen stets positiv gewendet werden. Denn es wäre gnadenlos naiv, zu glauben, dass wir ohne sie auch nur einen Satz hervorbringen könnten. Sie sorgen zwar für unsere Begrenzungen, versorgen uns aber auch mit dem Material und den Möglichkeiten, aus denen sich überhaupt erst sagbare Sätze machen lassen.

Was tun wir eigentlich, wenn wir von verschiedenen Standpunkten aus miteinander reden, wenn wir unseren ganz normalen Alltag leben, wenn wir Führungsaufgaben übernehmen, wenn wir uns entscheiden müssen, wenn wir mit Krisen konfrontiert werden, wenn wir die Gesellschaft verändern wollen? Solche konkreten Situationen stehen jeweils im Mittelpunkt der folgenden Storys. Und sie werden oft verblüffend anders ausgehen, als man zunächst womöglich erwartet.

Mein Programm ist nicht die Verstärkung und damit Selektion konkreter Forderungen. Mein Programm ist ein zugleich distanzierter und engagierter Blick auf Perspektiven. Meine Perspektive sind die Perspektiven. Das wirkt unspektakulär. Aber es richtet den Blick auch darauf, dass das Spektakel eben – im Wortsinne – nur ein Schauspiel ist. Ich lenke den Blick auf die unterschiedlichen Schauspiele, die überall aufgeführt werden. Auf die Schauspiele professioneller Sicherheiten, auf die Schauspiele des Entscheidens und der Behauptung von Wille und Vorstellung, auf die Schauspiele der Krisenkritik und der Medienereignisse. All diese Welten spielen etwas vor. Und auch ich behaupte keineswegs, dass ich kein Bühnenspektakel vorführe. Auf meiner Bühne aber sollen die anderen Bühnen als Bühnen vorkommen. Ich inszeniere dieses Buch deshalb als eine Beschreibung von Beschreibungen, die damit auf den ersten Blick womöglich abgewertet werden. Aber vielleicht nimmt man sie in ihrer Begrenztheit damit ernster. Wie auf Bühnen eben, auf denen sich folgende Paradoxie entfaltet: *Es wird die ganze Welt gezeigt, alles Andere aber wird ausgeklammert.*

Diese Inszenierung wird keinen großen Lärm veranstalten. Denn vielleicht müssen Überraschungen in einer so lauten Welt eher leise daherkommen. In diesem Anspruch übrigens ist dieses in seiner ganzen Form geradezu unpolitische Buch wirklich politisch: Es entfaltet ein Programm zur leisen, aber darin überraschenden Beschreibung einer Gesellschaft, die so viel Unterschiedliches über sich weiß, dass sie fast nichts mehr über sich wissen kann. Und vielleicht gelingt es mir ja, nicht nur eine weitere Variante hinzuzufügen, sondern das Beschreiben selbst einsichtig zu machen. Ich lade die Leserin und den Leser jedenfalls ein, mit mir auf eine Reise zu gehen, auf der wir alltägliche Akteure treffen, die sich in ihren Verstrickungen redlich abmühen und denen es in ihren Begrenzungen immer wirklich um etwas geht.

Perspektiven

Warum wir dieselbe Welt so unterschiedlich sehen

»Patient sind Sie aber nicht, oder?«, fragte mich der Taxifahrer, der mich vom Hauptbahnhof in die Klinik fahren sollte. Ich war in Eile, da mein Zug aus München mehr als eine Stunde Verspätung hatte. Der Fahrer wartete meine Antwort gar nicht erst ab, sondern begann gleich zu erzählen. Seine Frau habe lange in dem Klinikum gelegen, sie sei schwer krank – eine unheilbare Krebserkrankung. Inzwischen sei sie zu Hause und werde dort versorgt, es sei ein Graus, und er sei jeden Abend froh, wenn sie einigermaßen über den Tag gekommen seien. Es gebe so viel zu bedenken – Medikamente müssten genommen, Ausscheidungen kontrolliert, Werte gemessen und die Schmerztherapie abgestimmt werden. Lange könne es so nicht mehr weitergehen. Für ihn, meinen Fahrer, sei das schon schwer, ihn überfordere das alles, manchmal wisse er wirklich nicht weiter. Und was solle man sagen, wenn man nach über dreißig Ehejahren gesagt bekomme, dass sie froh wäre, wenn es endlich vorbei wäre?

Der Taxifahrer, ein vielleicht 65-jähriger beleibter Mann, hatte sich richtig in Rage geredet – auch wenn er die Geschichte mit seiner Frau, die medizinischen Details wie seine Ratlosigkeit, sicher nicht zum ersten Mal erzählte. Ich bekam das Gefühl, dass er mich fast vergessen hatte. Jedenfalls erschrak er ein wenig, als er sich wieder an meine Gegenwart zu erinnern schien. Wenn ich schon kein Patient war und auch nicht aussah wie ein Geschäftsreisender, lag nur eines nahe: »Was für ein Arzt sind Sie denn?« Ich betonte, kein Mediziner zu sein, und irgendwie war der Fahrer erleichtert: »Oh, ich dachte schon …«

Ich fragte nach. Und wieder folgte eine ausführliche, sehr emotionale Schilderung. Niemand habe Zeit für ihn gehabt, kein Mensch sich wirklich für ihn und seine Frau interessiert, von jedem seien immer nur Teilantworten gekommen. Der behandelnde Arzt habe immer wieder auf den Oberarzt verwiesen, der sei immer nur für wenige Minuten greifbar gewesen, man werde aber alle nötigen Infos an den Hausarzt weitergeben. Die Stationsschwester habe irgendwie überlastet gewirkt. Die Einzige, die mal ein wenig Zeit gehabt habe, sei die evangelische Krankenhauspfarrerin gewesen, aber mit der Kirche hätten er und seine Frau es nicht so.

Aus allem, was der Mann sagte, klang eine tiefe Enttäuschung darüber, dass es keine verbindlichen Gesprächspartner gab, dass niemand ihm sagen konnte, wie es weiterging und was getan werden müsse. Niemand sei so recht zuständig gewesen, manchmal hätten sich die Aussagen sogar widersprochen. »Es ist, glaube ich, besser, kurz und schnell zu sterben, am besten, man kriegt nix davon mit – und Andere auch nicht.« Und dann sagte er einen Satz, der mich nachhaltig berührt hat: »Machtloser als in so einem Krankenhaus sind Sie auch nicht, wenn Sie tot sind.« Der Satz hatte eine philosophische Schwere – und wir sind beide ein bisschen darüber erschrocken –, der Taxifahrer lachte, wohl um die Beklommenheit ein wenig aufzulockern …

Als ich ihm eröffnete, dass ich ein Soziologe sei, der das Ethik-Komitee der Klinik besuchen wollte, nahm der Mann das als Aufforderung zu einer erneuten, sehr engagierten Rede über die Zustände in Krankenhäusern. Er habe ja das Gefühl, dass dort die rechte Hand nicht weiß, was die linke tut. »Versuchen Sie einmal, einen Arzt auf das festzunageln, was ein anderer Arzt gesagt hat, da werden Sie verrückt! Diese Doktoren, die sehen doch nur sich selbst, die sehen gar nicht, wie es um die Leute wirklich steht.

Wenn's darum ging, dass meine Frau diese oder jene Pille bekommt, waren sie auf Zack, aber wenn es darum ging, wie es weitergehen soll und wie das alles zu Hause funktionieren soll, da wusste keiner Bescheid. Da hat doch keiner 'ne Ahnung vom Anderen.«

Wie in einem Brennglas hat der Taxifahrer formuliert, wofür ich mich als Soziologe interessiere. Krankenhäuser sind für mich nicht nur Anstalten zur Krankenbehandlung, sondern auch eine Parabel darauf, wie das moderne Leben funktioniert: schnell und multiperspektivisch, kaum steuerbar und doch permanent unter Regulierungsdruck, befasst mit lebenswichtigen Entscheidungen und doch irgendwie ohne ein Zentrum, von dem her sich das Ganze erschließt. Ich hatte freilich nicht viel Zeit, diesem Gedanken nachzuhängen, denn wir waren am Klinikum angekommen, und ich musste das Taxi bezahlen. Der Fahrer fragte mich, ob ich anschließend zum Bahnhof zurückwolle, und wir machten einen Zeitpunkt aus, an dem er mich wieder abholen sollte.

Wegen meiner Verspätung wurde ich an der Pforte schon erwartet. Ich war zu einer Sitzung des Klinischen Ethik-Komitees eingeladen, da ich in einem langjährigen Forschungsvorhaben über die Arbeitsweise solcher Gremien geforscht habe. An diesem Tag sollte es darum gehen, wie das Krankenhaus mit suizidären Patienten umgeht. Eine Mitarbeiterin brachte mich zum Konferenzraum, wo die Sitzung bereits in vollem Gange war. Jedenfalls machten die Leute, die um einen ovalen Tisch herum saßen, den Eindruck, dass sie durch meinen Auftritt unterbrochen wurden. Man spürte geradezu die Spannung, gegen die auch der Vorsitzende des Gremiums, ein Anästhesist im Ruhestand, den ich bereits von einem früheren Treffen her kannte, nichts ausrichten konnte. Allein der Takt, den die Situation erforderte, hinderte die Beteiligten offensichtlich daran, weiter zu debattieren – zumindest erschien es mir so.

Der Vorsitzende begrüßte mich, und es folgte eine kurze Vorstellungsrunde. An der Sitzung nahmen der Verwaltungsleiter der Klinik teil, Seelsorger, mehrere Ärztinnen und Ärzte, darunter auch ein Palliativmediziner und ein Psychiater, ein Jurist, zwei Vertreterinnen des Pflegepersonals und eine Patientenfürsprecherin. Bereits in der Vorstellungsrunde kam es zu kleinen Spitzen der Anwesenden gegeneinander. Vor allem zwischen dem Psychiater und dem Juristen waren die Spannungen unübersehbar.

Schon die Vorstellungsrunde machte deutlich, dass die Versammelten hier durchaus ein gemeinsames Interesse zusammenführte, dass die Gemeinsamkeit aber aus sehr unterschiedlichen Perspektiven gespeist wurde. So stellte sich der Verwaltungsleiter selbstironisch als derjenige vor, »der stets nur die glatte und kalte Perspektive des Geldes vertritt, also der unethische Part in diesem Ethik-Komitee«. Was mir als Außenstehendem wie ein gut einstudierter Scherz erschien, sorgte bei den anderen Beteiligten für genervte Gesichter. Ein Hinweis darauf, dass die Bemerkung eine längere gemeinsame Geschichte hatte.

Es folgten ein Oberarzt der Inneren Medizin, der sich nur sachlich mit Namen und Funktion vorstellte, eine leitende Krankenschwester ebenso, wie auch der Psychiater, der sich dafür bedankte, dass mal jemand von außen der ganzen Sache »auf die Finger schaut«. Die beiden Seelsorger, ein etwas älterer katholischer Priester und eine junge, dynamische evangelische Pastorin, kamen aus ganz unterschiedlichen Welten – stellten sich aber beide als Partner aller Seiten vor. Sie seien »für die Menschen« da, auch für die, die im Krankenhaus »Dienst tun«, »Dienst am Menschen« nämlich.

Es folgte ein junger Assistenzarzt, dessen ganzer Tonfall zweierlei demonstrierte: Er war einerseits sehr engagiert und interessiert, andererseits im Habitus eher gehemmt und vorsichtig. An seiner Haltung materialisierte sich irgendwie die strenge Hierarchie eines Klinikums mit ihren klaren Oben-unten-Strukturen und Weisungsbefugnissen. Auch wenn solche Institutionen Teil von Universitäten sind, herrscht in ihnen eine völlig andere Kultur als in anderen Fakultäten.

»Sie sollten nicht so bescheiden sein«, sagte darauf der neben ihm platzierte Herr, der schon die ganze Zeit eher unruhig auf seinem Stuhl saß. »Sie dürfen ruhig erwähnen, dass Sie auch Philosophie studiert haben und ein echter Ethik-Experte sind.« Fast wurde der junge Mann rot, doch die Aufmerksamkeit wechselte nun auf jenen Herrn, der sich als Professor der Jurisprudenz, Strafrecht, vorstellte und kurz bemerkte: »In normativen Fragen reicht die Philosophie dann doch nicht.«

Der Letzte in der Reihe war der Chefarzt der palliativmedizinischen Station des Krankenhauses, die zehn eigene Betten zur Verfügung hat und ansonsten konsiliarisch für andere Abteilungen des Hauses zuständig ist. Das Ganze hat vielleicht gute fünf Minuten gedauert – die Spannung vom Anfang war immer noch zu spüren. Ich habe dann selbst nach bravem Dank für die Einladung einige kurze Bemerkungen dazu gemacht, dass ich mich als Soziologe für solche Gremien interessiere, mich aber sehr kurz gehalten, mit der Bemerkung, dass die Sitzung ja bereits in vollem Gange gewesen sei und ich das Gefühl hätte, eine engagierte Diskussion unterbrochen zu haben.

Der Vorsitzende des Gremiums wiegelte ab: »Nein, nein, wir sollten nun tatsächlich dazu kommen, dass wir ein wenig über unsere Arbeit berichten …« »Nein, unser Gast hat schon recht, wir haben bereits über einen schwierigen Fall diskutiert, und ich muss gestehen, dass ich immer noch ganz erschrocken darüber bin, wie das gelaufen ist«, traute sich der junge Assistenzarzt und Philosoph aus der Deckung und forderte damit offenbar den Juristen heraus.

Der Vorsitzende nahm die Sache in die Hand. »Sie müssen wissen, dass es in unserem Haus vor einigen Wochen einen dramatischen Suizid eines Patienten gegeben hat, was uns seitdem nicht mehr loslässt, weil wir nicht wissen, ob wir Fehler gemacht haben, denn es hat durchaus Warnsignale gegeben, die wir hätten ernst nehmen müssen. Doch darüber, wie man sich hätte richtig verhalten sollen, ist nur schwer Einigkeit zu erzielen. Wir haben vor Ihrer

Ankunft über diesen Punkt gesprochen, und vor allem zwischen dem psychiatrischen Kollegen und unserem Rechtsexperten hat es dabei erhebliche Differenzen gegeben.«

Es folgte eine sachliche Beschreibung des Falls durch den psychiatrischen Kollegen. Der Patient, um den es gehe, habe bereits einige Tage vor seinem Suizid Andeutungen darüber gemacht, dass er seinem Leben ein Ende setzen wolle. Der Tumorpatient sei keineswegs in unmittelbarer Lebensgefahr gewesen, vielleicht habe ihn deshalb niemand wirklich ernst genommen. In der Summe seien die Hinweise eindeutiger zu interpretieren gewesen, aber mit seinen jeweiligen Bemerkungen seiner Krankenschwester, seiner Ehefrau und seinem Sohn gegenüber, aber auch an die Adresse des behandelnden Oberarztes habe er jeweils letztlich nicht die Schwelle der Aufmerksamkeit erreicht, die nötig gewesen wäre. Das sei letztlich der Anlass, über das eigene Verhalten im Krankenhaus genauer nachzudenken.

Es war dem psychiatrischen Kollegen gut gelungen, ein wenig Dampf aus der Situation zu nehmen. Irgendwie wirkte die Atmosphäre auf einmal etwas entspannter. Dennoch interessierte mich, was der Anlass für die vorherige Stimmung gewesen war. Auf meine Nachfrage hin fuhr der Psychiater fort: »Ich habe heute zu Beginn unserer Sitzung nur bemerkt, dass man sensibler auf solche Bemerkungen achten muss, dass bereits die kleinsten Anzeichen deutliche Hinweise darauf sein könnten, dass solche Patienten nicht mehr Herr ihrer Lage sind. Man muss sie dann vor sich selbst schützen. Ich hätte es gut gefunden, wenn man mich konsultiert hätte. Das hat unseren Juristen zu einer Philippika gegen den Paternalismus der Ärzteschaft veranlasst.«

»Genau«, fuhr der Angesprochene fort, »es kann nicht angehen, dass subjektiv eindeutig formulierte Wünsche von Patienten per se pathologisiert werden.« Sein Blutdruck war geradezu sichtbar gestiegen. »So bedauerlich es ist, dass der Aufenthalt in einem modern ausgestatteten Krankenhaus wie diesem offensichtlich nicht garantieren kann, dass Patienten sich aufgehoben fühlen, so sehr gibt es das Recht der Selbstbestimmung für jeden Menschen – auch für den Kranken und vor allem für den, der etwas tun will, was Andere nicht wollen, sonst bräuchte man ja keine Selbstbestimmungsrechte. Die Zeiten, in denen Halbgötter in Weiß das alleine entscheiden konnten, sind gottlob längst vorbei.« Die angespannte Atmosphäre hatte sich unvermittelt wieder eingestellt. Wie ich dann erfuhr, hatte auch der Verwaltungsdirektor des Krankenhauses Missmut auf sich gezogen, weil er zu bedenken gab, welche ökonomischen Folgen es für das Krankenhaus haben könne, wenn Fälle wie der Suizid des Patienten in der Presse breitgetreten würden.

Für mich als Soziologen war das eine Situation wie aus dem Lehrbuch. Ich habe zunächst in die Runde gefragt, wie denn die anderen Beteiligten den Disput zwischen den drei Antipoden beurteilen würden. Der internistische Oberarzt, der schon die ganze Zeit mit am unbeteiligtsten wirkte, gab mit einer gewissen Abwehrhaltung nur zu bedenken, dass es für einen Suizid aus medizinischer Perspektive eigentlich keinen Grund gab. Worauf sich umgehend die leitende Schwester zu Wort meldete. »Was da gerade gesagt wurde, ist typisch dafür, wie das hier abläuft. Wir sind einfach näher dran am Patienten, auch wenn wir viel zu wenig Zeit haben, Personaleinsparungen«, betonte sie sehr deutlich mit einem Blick auf den Verwaltungsleiter. »Die Patienten sind mehr als nur das, was in den Visiten und bei den Behandlungen sichtbar wird. In dem Fall, um den es hier eigentlich geht, war es eine junge Krankenschwester, der gegenüber der Patient sich geäußert hat. Sie hat dies dem diensthabenden Assistenzarzt weitergegeben. Was ich aber prinzipiell sagen will, ist, dass wir als Pflegende sehr wohl wissen, dass die Patienten mehr Zuwendung brauchen, mehr Zeit, mehr kontinuierliche Kontakte. Das wird hier alles immer seelenloser, kann ich Ihnen sagen.«

Der Hinweis auf die Seele war wohl das Stichwort für die beiden theologischen Teilnehmer. Die junge evangelische Seelsorgerin setzte zu einer engagierten Rede an, in der sie von »Ängsten und Unzulänglichkeiten« aller Beteiligten sprach, von den Brüchen, die sich angesichts des Sterbens – des eigenen, aber auch des betreuten und begleiteten Sterbens – auftun, und endete mit den Worten: »Manchmal reicht gemeinsames Schweigen, anerkennend, wie wenig wir doch selbst vermögen.« Danach war es freilich nicht ganz einfach, anzuschließen. Der Vorsitzende des Komitees nahm dies zum Anlass, nach Lösungen zu fragen beziehungsweise nach Konsequenzen aus der Diskussion. Der Oberarzt nutzte die Gelegenheit und gab zu bedenken, dass am Ende doch medizinische Gründe entscheidend wären. Es sei schön und gut, auf Menschlichkeit und Nähe, auf Kommunikation zu setzen, aber am Ende müsse es doch klare medizinische Kriterien dafür geben, was mit einem Patienten zu geschehen habe. Woraufhin der Jurist erneut ansetzte und die Autonomie des Patienten stark machte.

Bevor alles von vorne losging, bat ich, einmal innezuhalten und darüber nachzudenken, was in dieser Situation geschehen war. Ich wies darauf hin, dass die Situation eine ironische Komponente habe: Einerseits betonte der Jurist die Autonomie, das individuelle Selbstbestimmungsrecht und die freie Entscheidungsfähigkeit des Patienten. Andererseits sah es aus, als spule er ein Programm ab, das sich immer wieder zu wiederholen drohte. Und das galt letztlich für alle Beteiligten. Alle hatten bis dahin gesagt, was aus ihrer Perspektive plausibel erschien. Sie hatten geredet, als würde es durch sie hindurch sprechen.

Diesen Gedanken unterbrach der junge Assistenzarzt. »Ich muss Ihnen recht geben«, sagte er an die Adresse des Juristen, »das letzte Wort muss in der Tat der Patient haben – das ist juristisch eindeutig, und auch philosophisch-ethisch lässt sich nichts Anderes rechtfertigen. Ich habe mich während meines Philosophiestudiums viel mit der Frage des *informed consent* beschäftigt, also mit einem Modell, das davon ausgeht, dass der Arzt einen Informationsvorsprung hat, diesen aber durch angemessene Kommunikation und Aufklärung des Patienten ausgleichen muss, damit die beiden auf gleicher Augenhöhe sind und so eine wirklich gute Entscheidung getroffen werden kann – etwa über schwierige Eingriffe, über Therapiezieländerungen und Ähnliches. Ich fand das sehr plausibel, und es hat mir in meiner Rolle als Arzt auch geholfen, über meinen Beruf und sein Selbstverständnis nachzudenken. Ich denke, aus ethischer Sicht gibt es keine Alternative zu diesem Modell. Aber seit ich als Arzt auf Station arbeite, stelle ich doch fest, dass die philosophische Begründung gleicher Augenhöhe sowie ihre juristische Verteidigung noch etwas Anderes ist als die reale Situation eines Patienten, für den Informationen über seinen eigenen Gesundheitszustand etwas ganz Anderes bedeuten als für den behandelnden Arzt. Die gleiche Augenhöhe ist da eine fast naive Vorstellung, wenn es um Ängste geht, um Bedürfnisse, um Fragen der Zuwendung, der Unsicherheit. Manchmal ist es aus medizinischer Sicht angezeigt, nicht alle Informationen zu nennen – und manchmal besteht unsere Professionalität wohl nicht nur darin, Laborergebnisse und Ultraschallbilder angemessen zu bewerten, sondern auch die Situation, in der sich Arzt und Patient gegenüberstehen. Da hilft die abstrakte Idee des *informed consent* manchmal ebenso wenig weiter wie das Pochen auf subjektive Rechte. Das ist ein echtes Dilemma.«

Dem jungen Arzt ist in dieser Situation etwas gelungen, das allen anderen Sprechern bis dahin nicht möglich gewesen war. Er hat die unterschiedlichen Perspektiven – eine juristische Sichtweise, seine ärztliche Rolle und seinen Versuch der ethisch-philosophischen Reflexion – nicht nur abstrakt als unterschiedlich erfahren. Er hat dies im Sinne unterschiedlicher Kontexte in der Praxis an sich selbst erlebt. Zwar fand er keine Möglichkeit, diese unterschiedlichen Kontexte in einen einzigen Kontext zu integrieren, aber er fand die Möglichkeit, den Sinn dieser unterschiedlichen Kontexte zu sehen. Er hat sie nicht in Konkurrenz gesetzt, sondern in ihrer inneren Spannung auf den Begriff gebracht.

Das Statement hat jedenfalls beeindruckt, es folgte Zustimmung vom katholischen Seelsorger, auch von dem Palliativmediziner, der sich bis dahin merklich zurückgehalten hatte: »Dieses Dilemma kenne ich auch, und die Entstehung der Palliativmedizin geht ja gerade darauf zurück, dass man für sterbende Patienten mehr tun will, als nur eine angemessene Schmerz- und Symptomkontrolle zu betreiben. Wir arbeiten deshalb sehr eng mit Seelsorgern zusammen und versuchen, den Patienten Kommunikationsmöglichkeiten zu geben, auch Möglichkeiten, sich mit ihrer Familie auszusprechen oder noch einmal positive Erfahrungen zu machen. Und wir wissen auch, dass nicht Information das größte Problem für die Patienten ist, sondern eine Möglichkeit zu schaffen, selbst und aus eigener Kraft am Leben teilzuhaben. Nach meinem Verständnis war dies immer das, was den Arzt vom Mediziner unterscheidet, nämlich eine Situation für den Patienten zu schaffen, in der dieser zurechtkommt.«

Vielleicht wird gerade für einen Palliativmediziner diese Unterscheidung besonders deutlich, weil am Lebensende nicht mehr die Heilung und Wiederherstellung im Vordergrund steht, sondern die lindernde, auch tröstende Begleitung. Der Mediziner ist der gut ausgebildete Fachmann für die biochemischen Prozesse und Wirkzusammenhänge im menschlichen Körper, der Arzt dagegen ist der Träger eines Habitus, eines Verhaltens, das in der Lage ist, mit Patienten umzugehen. Zum Arzt wird der Mediziner erst durch diese Haltung, die immer etwas Paternalistisches hat. Der Arzt entfaltet eine Asymmetrie, an der man nicht vorbeisehen kann – der Eine (zumindest prinzipiell) gesund, der Andere krank; der Eine mit dem nötigen Wissen, der Andere Objekt der Behandlung; der Eine Herr des Verfahrens, also Handelnder, der Andere Behandelter. Die ärztliche Profession hat dafür stets besondere Formen hervorgebracht – vom heroischen Kämpfer gegen den Tod über den distanzierten Experten fürs Leben schlechthin bis zum sensiblen, aber dennoch bestimmten Betreuer und Begleiter von Leidenden. Aus diesen Verstrickungen kommt der Arzt nicht heraus – er ist eben nicht nur Mediziner, sondern jemand, an den sich Patienten mit Erwartungen, Ängsten, Unsicherheiten und Unwissen wenden. Wie übrigens auch der bestinformierte Patient seinem Namen gerecht wird – *patiens* eben, aushaltend, leidend, eher passiv.

Die Diskussion nahm jedenfalls nun einen anderen Lauf. Selbst die beiden Antipoden, der Jurist und der Psychiater, mäßigten sich in ihren Äußerungen – nicht dass sie sich wirklich verständigt hätten, aber die wenigen Sätze des jungen Arztes hatten dafür gesorgt, dass es nun offensichtlich auch anderen Beteiligten leichter fiel, das Komplementäre der unterschiedlichen Kontexte und Rollen zu sehen – irgendwie redeten alle auf einmal *authentischer*, also stärker darauf bezogen, dass sie nicht zufällig so redeten, wie sie redeten. Vielleicht sollte ich eher sagen, dass sie *zivilisierter* miteinander redeten, denn authentisch waren auch die polternden Äußerungen davor. Die neue Situation – angeregt von der engagierten und nachdenklichen Bemerkung des jungen Arztes – ermöglichte es, dass die unterschiedlichen Positionen nun ruhiger aufeinander bezogen werden konnten.

Gegen Ende der Sitzung wurde ich um eine Einschätzung gebeten – dafür war ich schließlich dort. Es war keine einfache Situation, denn ich hatte ja letztlich nichts zur Sache beizutragen, sondern war nur Beobachter der Szenerie. Ich griff noch einmal den Gedanken auf, dass alle Beteiligten sehr authentisch und engagiert ihren Standpunkt vorgetragen und dabei doch geradezu erwartbare Programme abgespult haben. Alle Beteiligten haben letztlich gesagt, was sie sagen mussten. Ich merkte sogleich, dass dieser Satz auf Ablehnung stieß. Der Blick des Psychiaters war geradezu spöttisch – ich habe fast mit einer Diagnose gerechnet. Und auch der junge Assistenzarzt machte ein unbehagliches Geräusch. Ich habe dann versucht zu erläutern, dass es dazu, zumindest in einem ersten Zugriff, kaum eine Alternative gäbe.

Man muss sich vorstellen, was passiert wäre, wenn die Protagonisten etwas Anderes vertreten hätten als das, was sie dann tatsächlich sagten. Der Jurist etwa wäre ein schlechter Jurist gewesen, wenn er nicht zunächst die Unbedingtheit subjektiver Rechte betonen würden. Und was sollte man von einem Psychiater halten, der beim Suizidwunsch eines Patienten nicht zunächst einen Pathologieverdacht hegt? Eine leitende Schwester ist geradezu verpflichtet, den Unterschied ihrer Praxis zu der der Mediziner nicht nur zu registrieren, sondern auch auszusprechen – übrigens eine Differenz, die Pflegekräfte oft viel genauer wahrnehmen als die meisten Ärzte. Ein Verwaltungsdirektor kann letztlich nichts Anderes tun, als die »glatte und kalte Perspektive« des Geldes und der ökonomischen Folgen ins Spiel zu bringen. Was hätten die beiden Seelsorger prinzipiell Anderes sagen können? Und auch dass ein Internist zunächst nach somatischen Kriterien sucht, ist irgendwie erwartbar. »Es sah tatsächlich so aus, als hätten nicht Sie selbst gesprochen, sondern als hätte es durch Sie hindurch gesprochen.«

Diese Diagnose war nicht das, was die Leute von mir erwartet hatten. Die Runde schaute etwas enttäuscht drein – und ich versuchte sie mit dem Hinweis aufzumuntern, dass dies alles auch für mich selbst galt. Was sollte ich als Soziologe prinzipiell Anderes formulieren? Man kann als Soziologe zwar auch anders argumentieren. Viele in meiner Zunft würden eher eine medizin- oder professionskritische Haltung einnehmen, vielleicht eher aus der Perspektive derjenigen Professionen argumentieren, denen weniger Macht und Ressourcen zur Verfügung stehen. Aber auch das ändert nichts daran, dass ein soziologischer Blick sich fast notwendigerweise darauf richtet, dass aus unterschiedlichen Perspektiven gesprochen wird. Es bleibt einem Soziologen nicht viel mehr übrig, als aus sozialwissenschaftlicher Perspektive zu fragen, wie denn eigentlich Perspektiven zustande kommen und wie sie aufeinandertreffen.

Gegen meine Diagnose regte sich fast instinktiv Widerstand, andererseits leuchtete es den Beteiligten auch ein, dass sie ihre

Sätze nicht zufällig gesagt hatten. Worum es mir in der Situation ging, war, klarzumachen, dass die Welt aus unterschiedlichen Perspektiven, in unterschiedlichen Kontexten und im Hinblick auf unterschiedliche praktische Erfordernisse radikal unterschiedlich aussieht. Das hört sich ebenso abstrakt wie selbstverständlich an, aber es hat in konkreten Situationen eine eminent praktische Bedeutung. Ein Arzt hat eben andere Probleme zu lösen als ein Jurist, ein psychiatrischer Arzt wieder andere als das Pflegepersonal.

Was an diesem Vormittag deutlich wurde, war vor allem dies: Alle hatten letztlich recht, obwohl sie sich zum Teil erheblich widersprochen haben – sowohl in der Beschreibung der Situation nach dem Suizid des Patienten als auch in ihrer Bewertung. Das klingt unlogisch und widersinnig – und es ist doch eine Parabel darauf, wie unlogisch und widersinnig die moderne Gesellschaft aufgebaut ist, in der wir uns alle bewegen. Soziologisch spricht man von einer radikalen *Perspektivendifferenz.*

Unter logischen Gesichtspunkten sind wir daran gewöhnt, dass Widersprüche darauf verweisen, dass eine Menge von n unterschiedlichen Beschreibungen wenigstens $n-1$ falsche Beschreibungen enthält, dass also nur eine die richtige sein kann. Dieser Blick wäre aber auf die Gesellschaft bezogen naiv. Er würde der Komplexität der modernen Welt schlicht nicht gerecht werden. Und genau deshalb konnte ich aus soziologischer Perspektive keinen Rat geben, was konkret zu tun sei, denn auch das würde ja nur eine der Perspektiven in den Mittelpunkt stellen – und dann auch noch eine mit wenig Sachverstand in den Dingen, um die es hier ging.

Ich verstehe meine Aufgabe darin, Experte für Perspektivendifferenzen zu sein, für unaufhebbar unterschiedliche Herangehensweisen, die häufig auf den ersten Blick aussehen, als handle es sich um eigennützige Interessen. Das Besondere an einem Gremium wie dem Ethik-Komitee besteht in dem Versuch, diese Differenzen nicht wegzuarbeiten, zu verstecken, zu verleugnen. Was wir hier und vielerorts brauchen, sind konkrete Situationen, in denen man ein Verständnis dafür entwickelt, warum andere Praxisformen andere Probleme lösen müssen oder warum andere Probleme einen anderen Lösungstyp erfordern. Das ist es, was ein solches Ethik-Komitee leisten kann: nicht mehr, aber auch nicht weniger, als im Rahmen einer gemeinsamen Praxis ein Verständnis für andere Perspektiven zu wecken.

Dazu verhilft schon allein die *zivilisierende* Wirkung des Zusammentreffens, so spannungsgeladen sie auch zwischenzeitlich sein mag. Sind die Beteiligten ausschließlich unter ihresgleichen, dürften die Sätze über die Abwesenden ganz anders ausfallen. Sitzt man gemeinsam um einen Tisch, wird man geradezu gezwungen, sich verstehbar zu machen. Ich habe am Ende der Sitzung meine Überzeugung bekräftigt, dass solche Foren interdisziplinärer, interprofessioneller Kommunikation ein Modell für andere Problemfelder sind. Denn diese Gesellschaft kann sich immer weniger darauf verlassen, dass sich Probleme eindimensional, mit Hilfe einer einzigen Logik lösen lassen. Wo in früheren Zeiten vielleicht der ärztliche Habitus ausgereicht hat, alle Teilperspektiven eines Krankenhauses zu integrieren, tauchen nun immer mehr Sprecher und Sprecherperspektiven auf. Die Sitzung dieses Vormittags habe das sehr deutlich gezeigt.

Das war alles Andere als ein pathetisches Schlusswort – aber ein Schlusswort war es, denn ich musste die Runde verlassen, um mein Taxi zu erreichen. Jedenfalls war ich froh, dass sich die Dinge am Ende so versöhnlich entwickelt hatten.

Der Taxifahrer begrüßte mich mit großem Hallo. »Und, hamses den Jungs dort ordentlich gezeigt?« Ich war etwas konsterniert. »Na ja, ich hab Ihnen doch erzählt, wie die mit meiner Frau umgegangen sind. Es geht ihr heute übrigens ein bisschen besser, habe gerade mit ihr telefoniert.« Noch ganz unter dem Eindruck der Sitzung, gab ich zu bedenken, dass es den Leuten, die im Krankenhaus arbeiten, bisweilen genauso gehe wie meinem Fahrer. Die eine

Seite weiß nicht, was die andere tut, und irgendwie sieht es aus, als wäre das unvermeidlich.

»Das können Sie mir nicht erzählen, ich glaube das nicht. Das sind doch alles Leute, die das gelernt haben, die das studiert haben, die wissen doch, was sie tun. Aber unsereins gilt da wahrscheinlich nix.« Es fiel mir schwer, zu widersprechen, denn letztlich hat der Mann das genau so erlebt. Stattdessen ging mir die Frage durch den Kopf, ob die Ärzte des Krankenhauses nicht das Gleiche über einen beratenden Experten wie mich sagen konnten: Dessen Betrachtung hatte letztlich kein Verständnis dafür, womit wir uns hier abrackern. Und dieses Fachchinesisch mit der Perspektivendifferenz mag unter Soziologen ja weiterhelfen, aber uns?

Wir waren inzwischen am Bahnhof angekommen. Die Verabschiedung fiel recht herzlich aus, und ich fand es rührend, dass mir der Taxifahrer Grüße seiner Frau übermittelte, der er von unserem kurzen Gespräch am Vormittag erzählt hatte. Auf dem Gleis wartete schon mein Zug, und während der anschließenden Rückfahrt nach München sollte ich ausreichend Zeit haben, das Geschehen des Vormittags noch einmal zu betrachten.

Was für eine komische Position der Soziologe in der Runde doch hatte – irgendwie ein beteiligter Unbeteiligter, der sich dort hinsetzt und den Anderen zuschaut, wie sie ihre Dinge sehr authentisch tun, mit großem Einsatz, Ernst und auch mit großer Sachkenntnis. Trotzdem war auch hier wieder zu beobachten, wie die Dinge geradezu programmiert ablaufen. Die Beteiligten konnten kaum anders agieren, als sie es dann auch taten. Und doch mussten sie selbst hervorbringen, was sie tun. Mir fiel das berühmte Diktum von Karl Marx ein, die Menschen machten ihre Geschichte selbst, aber nicht aus freien Stücken. Ich glaube, es ist gerade umgekehrt: Sie machen sie nicht wirklich selbst, aber aus freien Stücken. All die engagierten und sachverständigen Menschen am runden Tisch der Klinik haben wenig Alternativen gehabt, ihre Dinge zu tun. Aber was sie getan haben, haben sie aus freien Stücken gemacht. Es ging ihnen stets um etwas. Das ist es, was ich als Soziologe von all den unterschiedlichen Professionen und Berufsgruppen gelernt habe, mit denen ich sowohl in der Forschung als auch als Berater immer wieder zu tun habe.

Und es macht eben einen Unterschied, ob man als Jurist handelt, als Pflegekraft, als Seelsorger, als Verwaltungschef, als Arzt – oder als Philosoph. Am meisten hat mich deshalb der junge Assistenzarzt beeindruckt, weil er an sich selbst gespürt hat, wie die unterschiedlichen Kräfte der Gesellschaft an Menschen zerren: einerseits ist er beseelt von einer ethisch richtigen Handlungsweise, andererseits kennt er die Notwendigkeiten und Restriktionen eines ärztlichen Alltags. Und lösen lässt sich das Problem nicht prinzipiell, sondern nur praktisch.

Praktisch – das bedeutet: in den Anforderungen der jeweiligen konkreten Situation. Für den Arzt heißt das: Wenn ein Patient oder eine Patientin vor ihm steht, ist das eine kompakte, zeitlich begrenzte Situation, in der die unterschiedlichen Kontexte nur abstrakt voneinander getrennt sind. Es muss gehandelt werden – jetzt, sofort, mit Blick auf das Gegenüber. In einer Situation, aber gleichzeitig in unterschiedlichen Kontexten. Das ist es, was die Erfahrung von Modernität ausmacht: dass unterschiedliche Kontexte an uns zerren, manchmal gleichzeitig. Wir sind daran gewöhnt, die Kontexte zu wechseln.

Das Besondere einer Komiteesitzung wie dieser ist, dass die unterschiedlichen Kontexte an einem Tisch zusammentreffen und in ihrer ganzen Unkoordiniertheit und Unversöhnlichkeit sichtbar werden, wobei alle Beteiligten recht haben, auch wenn sie radikal Unterschiedliches beitragen. Selbst in einem Krankenhaus, wo die Leute doch an sehr ähnlichen Dingen arbeiten und durchaus gemeinsame Ziele haben – dass es den Patienten besser geht und dass die Arbeit professionell und auch menschlich gemacht wird –, selbst dort sind die Perspektiven unvereinbar unterschiedlich. Das zeigt, dass die Gesellschaft, in der wir leben, eben nicht in erster

Linie durch Ähnlichkeit und Gemeinsamkeit geprägt ist, sondern durch Verschiedenheit, durch unterschiedliche Sichtweisen und Haltungen.

Ein angemessenes Verständnis der modernen Gesellschaft erreichen wir nur, wenn diese prinzipielle Unterschiedlichkeit, wenn die unaufhebbare Differenz von Perspektiven und wenn die unterschiedlichen Kontexte, in denen wir uns bewegen, von uns mitbedacht werden. Dabei geht es mir nicht nur um ein abstraktes Verständnis, sondern um einen Sinn fürs Praktische. Der Sinn fürs Praktische bestand in früheren Gesellschaften vermutlich darin, zu tun, was getan werden musste – immer wieder gleich und jeder an seinem verordneten Ort, wie aus einem Guss. Der Sinn fürs Praktische heute ist – im wahrsten Wortsinne – ein *Wider*sinn. Er muss sich bewähren inmitten einander entgegenstehender Bedeutungen, Interessen, Implikationen, Aufgaben und Anforderungen.

Vielleicht brauchen wir deshalb heute einen abstrakten Begriff unversöhnlicher Sprecherpositionen und Perspektiven, um praktisch entdecken zu können, wie wir uns in dieser Welt bewegen können. Vielleicht ist es das, worunter die meisten Beobachter der modernen Welt am meisten leiden: dass die Gesellschaft nicht aus einem Guss ist, dass sie nicht auf Gemeinsamkeit aufgebaut ist, sondern eher auf Konfrontation und Differenz, dass die Differenzen nicht einfach durch Kommunikation aus dem Weg geräumt werden können, sondern dass Kommunikation geradezu von solchen Differenzen lebt und sie befeuert.

Ich selbst erlebe in solchen Situationen praktisch, was theoretisch ganz einfach zu verstehen ist: dass wir unser Gegenüber immer nur in einer Gegenwart sehen und mit ihm zu tun haben, dass diese aber viel Vergangenheit und andere Gegenwarten mit sich herumschleppt. Es ist deshalb auch gar nicht einfach, solche Situationen zu beschreiben. All die »Typen«, die ich in der Gremiensitzung beschrieben habe, waren einerseits sehr individuelle Menschen mit sehr individuellen Biografien, andererseits aber eben auch Repräsentanten von sagbaren Sätzen. Was der Jurist sagen kann und der Arzt, die Schwester und die Seelsorgerin, finden die Beteiligten in sich selbst – aber auch als Ressource unserer Gesellschaft, in der wir mit solchen Formen rechnen können und daran gewöhnt sind, dass die Gesellschaft aus ganz unterschiedlichen Orten besteht, die füreinander unsichtbar sind und nach ganz unterschiedlichen Regeln funktionieren, die aber zugleich auch miteinander klarkommen müssen.

Am meisten kann man über die moderne Gesellschaft tatsächlich dort erfahren, wo die Dinge sich nicht einfach routinemäßig lösen lassen, wo nicht alles wie von selbst geht, wo Problemlösungen nötig werden, die andere Perspektiven zulassen. Diese Einsicht verdanke ich einem Kollegen aus einer ganz anderen Fakultät, mit dem sich in den letzten Jahren eine Freundschaft entwickelt hat. Ich habe von Gian Domenico Borasio, mit dem ich eng zusammenarbeite, viel gelernt. Er ist Palliativmediziner im Münchner Universitätsklinikum in Großhadern und zugleich Inhaber des Lehrstuhls für Palliativmedizin. Ich war ihm immer wieder begegnet, da ich mich als Soziologe schon längere Zeit mit der Frage befasse, wie in unserer Gesellschaft gestorben wird und welche Rolle die beteiligten unterschiedlichen Professionen und Berufsgruppen dabei spielen. Die geschilderte Sitzung gehörte auch in diesen Zusammenhang.

Gian und ich kommen innerhalb einer großen Universität wie der unsrigen aus maximal unterschiedlichen Welten – er ein Mediziner, ich ein Sozialwissenschaftler, mit völlig unterschiedlichen Aufgaben und auch völlig verschiedenen Erwartungen und Konzepten, wie die Rolle eines Hochschullehrers zu interpretieren ist. Gian ist Neurologe und hat mit enormer Energie das Palliativzentrum in Großhadern aufgebaut – mit Sachverstand und Penetranz, auch mit dem Charme eines Italieners, der die sprichwörtliche südeuropäische Kommunikationsform meisterhaft versteht. Er hat unterschiedliche medizinische Fächer an einen Tisch gebracht, arbeitet eng mit Seelsorgern zusammen, hat trotz eines paternalistischen medizinischen Habitus ein Verhältnis auf gleicher Augenhöhe mit den Pflegekräften, sorgt für Finanzierungen, stellt im politischen Raum deutliche Forderungen und lässt nicht locker, wenn es um rechtliche Formen geht. Er hat professionelle Grenzen und Zuständigkeiten in Frage gestellt – und ich plaudere hier kein Geheimnis aus, wenn ich sage, dass er erheblichen Anfeindungen ausgesetzt war.

Mit solchen Informationen im Kopf bin ich Gian immer wieder begegnet – und wurde im positiven Sinne immer wieder enttäuscht, weil sich die Dinge doch ganz anders dargestellt haben. Ich erinnere mich daran, wie er mich einmal nach einer langen Sitzung spätabends nach Hause gefahren hat. »Weißt du«, sagte er, als wir durch die völlig dunkle Südliche Auffahrtsallee auf das Nymphenburger Schloss zufuhren, nachdem wir ausführlich darüber gesprochen hatten, wie schwer es ist, die unterschiedlichen professionellen Perspektiven an einen Tisch zu bekommen, »ich habe am meisten von meinen Patienten, von den sterbenden Patienten, gelernt. Das ist zum Teil sehr belastend und schwer – aber ich möchte die Gespräche mit ihnen nicht missen.«

Ich muss gestehen, dass mich dieser Satz zunächst ratlos gemacht hat. Er klang wie einer der pathetischen Sätze, die man von Angehörigen klassischer Professionen gerne hört. Juristen, Priester, Ärzte haben allesamt einen paternalistischen Habitus entwickelt, mit dem die eigene Tätigkeit nach außen mit der Aura des Unnahbaren versehen wird. Diese klassischen Professionen bearbeiten die grundlegenden Konflikte menschlicher Existenz – der Jurist lebt von der Aura der Unparteilichkeit und kann Recht sprechen, der Priester ist Gesprächspartner in den letzten Dingen und der Arzt zuständig für die körperliche und psychische Integrität des Menschen. Diese Professionen sind nicht einfach Experten ihrer Fächer. In der bürgerlichen Gesellschaft waren sie es, die mit Pathos fürs Ganze sprechen konnten. Das Problem der Perspektivendifferenz haben sie dadurch gelöst, dass Widerspruch zwecklos war. An der Verunsicherung gerade dieser drei Professionen lässt sich sehr schön deutlich machen, wie sehr sich die Gesellschaft verändert hat – denn was diese drei Professionen heute vor allem gewärtigen müssen, ist *Widerspruch*. Geblieben ist allerdings die Fähigkeit der pathetischen Rede.

Vielleicht werde auch ich einmal bei meiner Emeritierungsfeier sagen, dass ich am meisten von meinen Studenten gelernt habe. Abgesehen davon, dass das keineswegs gelogen wäre, hört es sich außerhalb einer Situation, die traditionell auf Pathos setzt, irgendwie komisch an. Als Gian mein Zögern bemerkte, fügte er hinzu: »Sterbende Patienten sind kompromissloser. An ihnen kann man nicht nur genauer sehen, wie sich all unsere professionellen Tätigkeiten wie in einem Brennglas fokussieren, sondern auch, was es bedeutet, die Dinge aus einer grundlegend anderen Perspektive zu betrachten.«

»Aber«, fragte ich, »ist das denn nicht wieder die altbekannte Dramatisierung der Sterbesituation, die wir etwa aus der Kunst kennen? Der letzte Moment, in dem sich alles noch einmal zeigt, das Sterbebett als Fokus des ganzen Lebens? Ist das nicht ein Klischee?« Gian sah spöttisch herüber: »Was Anderes könnt ihr Soziologen nicht, als nach solchen Mustern zu suchen, was? Ja, vielleicht ist es ein Klischee – aber es ist sicher auch mehr. Es ist die Erfahrung, dass sich die unterschiedlichen Perspektiven all der beteiligten Gruppen praktisch doch irgendwie in wenigen Situationen bündeln.« Das kam mir vertraut vor – und ich gab zu bedenken, er rede schon wie ein Soziologe, ob das denn gut für seine Patienten sei. »Nein, ich rede nicht wie ein Soziologe, aber ich habe erfahren, dass sich unsere Arbeit ändert, wenn wir den Mut haben, die eingefahrenen Zuständigkeiten in Frage zu stellen. Was meinst du, warum ich als Arzt sogar mit Soziologen rede?« Das saß.

Die durchaus ärztlich-pathetischen Sätze von Gian waren für mich ein deutlicher Hinweis, dass sich in der medizinischen Praxis neue Aufgaben stellen, für die es noch keine Routinen gibt. Auf einmal mussten Leute miteinander reden, die zuvor arbeitsteilig so effizient eingebunden waren, dass sie auf weitere Reflexion verzichten konnten. So stellen wir uns ja einen gelungenen professionellen Alltag vor, mit möglichst wenig Energieverlust durch Koordinationsbedarf. Das funktioniert auch hervorragend – aber sobald neue Herausforderungen entstehen, werden solche Routinen in Frage gestellt. Die Palliativmedizin ist die inkarnierte Infragestellung bestehender Routinen: Patienten werden nicht nur älter und leben länger mit schweren Krankheiten. Patienten treten auch verstärkt als selbstbewusste Sprecher auf, man kann ihre Forderungen nicht länger ignorieren, indem man auf eingespielte Formen setzt. Das Thema der medizinischen Begleitung von Sterbeprozessen steht auf der Agenda – und muss bearbeitet werden. Das stößt alle Beteiligten darauf, dass sich eingespielte Perspektiven neu arrangieren müssen.

Eine Basis für unsere Freundschaft war übrigens auch, dass wir beide aus ganz unterschiedlichen Positionen heraus sehen konnten, dass es den verschiedenen Perspektiven jeweils wirklich um etwas geht. Das muss der Soziologe erst wieder lernen, weil wir über Generationen mit einem coolen Besserwisser-Blick durch die Welt gegangen sind und bei Anderen immer nur ideologische Beschränkungen oder mangelnde Aufklärung diagnostiziert haben. Aber ein Mediziner muss das erst recht lernen. Die Figur des Arztes galt ja geradezu als Verkörperung, wenn nicht sogar als Karikatur einer Zentralperspektive, als Angehöriger oder Nachfahre einer klassischen Profession eben, ausgestattet mit klarer Definitionsmacht, der man nicht widersprechen konnte. Was ich an Gian so schätze, ist, dass er sich den Widerspruch ins Haus holt, dass er sich davon verunsichern lässt – und bereit ist zu lernen.

Lernen, das ist ein Begriff, der nun immer wieder aufgetaucht ist. Er begegnete uns immer dort, wo es darum geht, sich auf andere Perspektiven einzulassen, auf andere Sprecherpositionen, darauf, dass auch andere Sichten auf die Welt legitime Sichten sind. Oder lässt sich eine der professionellen Perspektiven aus der geschilderten Gremiensitzung wegdenken? Die ökonomische vielleicht? Könnten wir auf den Juristen verzichten, oder auf die Seelsorger?

Lernen, das ist immer weniger etwas, das nur mit Informationen und Fertigkeiten zu tun hat. Lernen öffnet die Augen für das, was man aus seiner jeweiligen Perspektive tut beziehungsweise tun kann. Und das gilt im Hinblick auf die Anderen ebenso wie für einen selbst. Deshalb ist Lernen etwas, das die eigene Perspektive relativiert.

Was ich von und durch Gian gelernt habe, ist nicht nur, *dass* es auch Anderen um etwas geht, sondern *wie* es Anderen um etwas geht, wie all dies praktisch bewerkstelligt werden muss. Dabei sehe ich die Palliativmedizin als ein spannendes Beispiel dafür, wie sich das Konzept von Kompetenz und professioneller Exzellenz verändert. Professionalität ist nicht mehr nur Kennerschaft auf dem eigenen Gebiet, sondern ein aktives Rechnen mit anderen Fertigkeiten und Fähigkeiten. Das mag den Verlust althergebrachter Steuerungskompetenzen und -phantasien bedeuten, aber es ist zugleich der Gewinn einer neuen Idee von Elite, die mit der Verschiedenheit, der Differenziertheit der modernen Gesellschaft besser umzugehen weiß.

Aus all dem folgt eine grundlegende Einsicht: Jeder Blick auf die Gesellschaft ist nur ein Blick aus einer bestimmten Perspektive. Wir begehen einen schwerwiegenden Fehler, wenn wir uns die Dinge stets nur aus der Perspektive ansehen, die wir gewöhnt sind. Überall und ständig konkurrieren Beschreibungen und Lösungen miteinander, die eine der möglichen Perspektiven verabsolutieren.

Eine eher ökonomielastige Beschreibung etwa setzt nicht nur auf das Geld als Maß aller Dinge, sondern auch auf eine bestimmte grundlegende Lebenseinstellung: dass jeder gewissermaßen ein Unternehmer seiner selbst sei und an sich arbeiten müsse, um seine Startchancen zu verbessern. Die Welt erscheint dann wie ein

Markt, und alles wird nach diesem Muster beobachtet. Eine eher politiklastige Beschreibung wird darauf zielen, Lösungen für alle, kollektiv bindend, zu suchen und eher zentral zu regulieren, statt auf dezentral marktförmige Lösungen zu setzen. Aus der Perspektive der Kunst dagegen wird man auf individuellen Ausdruck und ästhetisches Erleben setzen.

Es sind aber noch andere Muster im Umlauf. Das pädagogische etwa, das mit der bürgerlichen Gesellschaft einen vorderen Rang erklommen hat: Lernprozesse – individuelle und kollektive – müssen die Probleme lösen. Eng verwandt damit sind ethische/moralische Beschreibungen. Die Realität erscheint dann als eine ethisch regulierte Handlungswelt, in der sich alles, was geschieht, vor dem Gerichtshof guter Gründe verantworten muss. Auch eine rein gesundheitsförmige Beschreibung ist denkbar, die ihre Argumente in der Pathologisierung von Abweichungen findet.

Auch wenn das etwas überstilisiert wirkt: Zumeist kämpfen diese Perspektiven unmittelbar miteinander, statt das übergreifende Szenario dieses Kampfes in den Blick zu nehmen. Die öffentliche Diskussion gesellschaftlicher Themen, Probleme und Herausforderungen reflektiert selten die grundlegende Multiperspektivität der Gesellschaft – und sie kümmert sich wenig darum, wie die Argumente von Sprechern zustande kommen.

Ich bin überzeugt, dass es an der Zeit ist, sich dieser Multiperspektivität nicht im Habitus der Kritik oder im Sinne einer Abwehrhaltung zu stellen, sondern aktiv und offensiv. Wir müssen aufhören, die Perspektivendifferenzen zu bekämpfen. Wir sollten sie als Kampfmittel einsetzen! Denn ich bin mir sicher, dass sich die drängendsten Probleme dieser Welt – von der Ökologie über die globale Ungleichheit, von der Demografie bis zur Weltfinanzkrise, von der Versorgung der Menschheit mit Lebensmitteln bis zur Energieversorgung der Zukunft – weder im Kampf um eine dieser Perspektiven lösen lassen noch dadurch, eine dieser Perspektiven zur einzig richtigen zu erklären. Seit dem 19. Jahrhundert ist vor allem eine Suprematie des Politischen und der politischen Ökonomie zu beobachten, die in den Totalitarismen des 20. Jahrhunderts ihren extremsten Ausdruck fand. Bis heute beharrt aber nicht zuletzt eine Mehrheit der sozialwissenschaftlichen Intelligenzija immer noch auf einer solchen Zentralperspektive.

Mit dem angeblichen Sieg des Westens über den sowjetisch kontrollierten Machtbereich scheint die Logik des Ökonomischen den Rang als herrschende Perspektive zu beanspruchen. Jedenfalls gelten die Semantiken der Selbstaktivierung, des Wettbewerbs und des individuellen Unternehmertums inzwischen in allen Bereichen der Gesellschaft als mindestens ebenso verführerisch und überzeugend, wie es die politischen Chiffren des Volks, der Volkssouveränität oder später der kosmopolitischen Einsicht der Menschheit in ihr kollektives Schicksal einmal waren.

Der besondere Beitrag einer soziologischen Beobachtung der Welt liegt meiner Überzeugung nach darin, sehen zu können, dass Lösungen weder in der Konkurrenz noch in der Verschmelzung der Perspektiven gefunden werden können, sondern in etwas Anderem: darin, die Verschiedenheit der Perspektiven und Kontexte nicht zu bekämpfen oder überwinden zu wollen, sondern sie produktiv zu wenden. Die Differenz, traditionell als Schwäche angesehen, muss zu einer Stärke umgemünzt werden.

Ich plädiere deshalb dafür, den Satz vom ausgeschlossenen Widerspruch – immerhin einen der grundlegenden Sätze der klassischen europäischen Logik – auf den empirischen Prüfstand zu stellen. Mathematisch und im Sinne der klassischen, kontextfreien Logik mag es stimmen, dass etwas entweder wahr oder falsch ist, nicht aber beides zugleich sein kann. Gesellschaftlich und praktisch gilt dieses Prinzip nicht. Was ökonomisch richtig ist, kann im selben Moment politisch falsch sein. Das ist eine nicht zu leugnende Grunderfahrung gesellschaftlicher Modernität. Und das spricht nicht gegen die Gesellschaft und erst recht nicht dagegen, etwas Praktisches zu unternehmen, sondern dafür, genauer hinzusehen.

Vielleicht lässt sich dies an folgendem Beispiel erläutern: Ich bin zugegebenermaßen ziemlich begeistert von der DESERTEC-Initiative des Club of Rome, die zum Ziel hat, Lösungen für die Energieversorgung der Zukunft unabhängig von Öl und Gas sowie von Nuklearenergie zu erarbeiten. Ziel ist ein Verbund von solarthermischer Energie, Wind- und Wasserkraft, verteilt über ganz Europa und die europäischen und nordafrikanischen Mittelmeeranrainer bis zur arabischen Halbinsel. Das hört sich zunächst nach einer Frage der technischen Machbarkeit und der wissenschaftlichen Berechnung an, wie viel Energie gebraucht wird und erzeugt werden kann, ob der Energieertrag den Energieeinsatz aufrechnet, ob die Energie transportiert, gespeichert und dosiert werden kann.

Von Anfang an aber hatte die DESERTEC Foundation eine viel weitere Bandbreite von Fragestellungen im Blick: die Frage nach der ökonomischen Machbarkeit, die Frage nach den politischen Wirkungen eines solchen Großprojekts, die Frage nach den kulturellen Implikationen angesichts der Verwerfungen, die das Öl in der Region in den letzten beiden Generationen verursacht hat, die Frage nach Rechts- und Vertragssicherheit, nicht zuletzt die Frage nach politischer und ökonomischer Leadership angesichts der Dimensionen des Projekts.

Was ich hier nicht diskutieren will, sind die technischen Aspekte sowie Aspekte der ökonomischen und politischen Machbarkeit selbst. Worauf ich aber hinweisen möchte, ist wiederum die grundsätzliche Haltung des Projekts, das mit der im Sommer 2009 erfolgten Gründung der DESERTEC Industrial Initiative durch zwölf führende Unternehmen aus Energie-, Maschinen-, Finanz- und Assekuranzbranchen einen erheblichen Schub erfahren hat. Das Großartige an dieser Initiative ist, dass hier tatsächlich von Akteuren unterschiedlicher Perspektiven versucht wird, an einem gemeinsamen Projekt zu arbeiten, ohne die Unterschiedlichkeit der Perspektiven zu verleugnen.

Man muss nämlich *ökonomisch* wissen, dass eine solche Initiative nur funktionieren kann, wenn man damit mittelfristig Gewinne, und zwar in bedeutendem Maßstab, machen kann. Denn ohne die Aussicht auf ökonomischen Erfolg kann man ökonomische Akteure nicht gewinnen, Risiken einzugehen und sich wirklich zu engagieren.

Man muss *staatspolitisch* wissen, dass eine solche Initiative nur unter Beteiligung aller Staaten der Region Erfolg haben kann und dass der gesamteuropäische oder sogar globale Benefit sich nur dann einstellen wird, wenn die erstrebten technischen Lösungen auch aus der Perspektive etwa der maghrebinischen Länder oder Arabiens sozial positive Auswirkungen vor Ort haben werden – etwa durch langfristige Lieferverträge oder politisch kontrollierte Preisgestaltung oder durch eine verbesserte Wasserversorgung durch Meerwasserentsalzungsanlagen, die von überschüssiger Energie solarthermischer Anlagen profitieren könnten.

Man muss *bildungs- und beschäftigungspolitisch* wissen, dass sich mit der Platzierung neuer Technologien Bildungs- und Beschäftigungsmöglichkeiten für Menschen aus der Region eröffnen. Erst dadurch wird es gelingen, die Initiative wirklich in der Region zu verankern und sie nicht als eine Intervention von außen erscheinen zu lassen. Bildungs- und beschäftigungspolitische Perspektiven haben womöglich den größten Nachhaltigkeitseffekt auf die Region.

Man muss *juristisch* wissen, dass eine Instanz gebraucht wird, die für Erwartungssicherheit und vertragliche Kontinuitätsbedingungen sorgt, denn sonst werden weder die politischen noch die ökonomischen Ziele der Initiative erreicht werden können – von den technischen, um die es eigentlich geht, ganz zu schweigen. Eine solche juristische Perspektive versetzt die Akteure auf gleiche Augenhöhe und macht sie zu Vertragspartnern – eine Form der Partnerschaft, die ohne Pathos auskommt und deshalb sehr praktikabel ist.

Man muss *religiös-kulturell* wissen, dass vertrauensbildende Maßnahmen auch etwas damit zu tun haben, dass man auf angestaute Probleme der Ehre in den eher patriarchal geformten religiösen Gemengelagen der Region Rücksicht nehmen muss. Und man muss in den Blick bekommen, dass dies bereits aus einer vergleichsweise eurozentrischen Perspektive formuliert ist und die Dinge aus der Sicht der angesprochenen Regionen mit ähnlichen, dann reziproken Argumenten diskutiert werden.

All das *muss* man wissen – dann *kann* man aber auch wissen, dass etwas, das ökonomisch in einer bestimmten Situation vernünftig sein mag, politisch oder juristisch oder kulturell unvernünftig wäre. Und sobald man das wissen kann, lässt sich damit rechnen. Damit ist zwar noch kein Problem gelöst – aber das Problem wird als lösbares überhaupt erst sichtbar!

Die hier kurz vorgestellte Initiative zeichnet aus, dass sie diese unterschiedlichen Perspektiven explizit anspricht und offensichtlich so klug ist, sie als unterschiedliche Perspektiven einzubinden und dabei auf jegliche romantische Attitüde zu verzichten – denn es geht hier auch um unterschiedliche Interessen, um Konflikte und nicht zuletzt um Akteure, die naturgemäß ihren eigenen Vorteil im Blick haben und nicht das Ganze.

Etwas Anderes zu erwarten wäre hochgradig naiv – auch wenn die zentralen Erzählchiffren von Intellektuellen darum kreisen, das Ganze im Blick haben zu sollen: versehen mit guten Gründen oder mit der Einsicht in eine historische Notwendigkeit oder kosmopolitische Schicksalsgemeinschaft. Diese Art intellektuelle Postulitis ist eine *bürokratische* Attitüde – denn Bürokratie heißt wörtlich nichts Anderes als die Herrschaft der Schreibstube, aus deren Perspektive und Praxis es eben in erster Linie auf konsistente Beschreibungen, auf stimmige Erzählungen, auf die stilisierbare Gedankenführung ankommt. Die Lösung dieser Art von Bürokratie ist eben die Lösung des packenden Textes – das ist ihre Praxis.

Man sollte diese auch nicht gering achten – schon gar nicht jemand wie ich, der in erster Linie Texte produziert. Aber die entscheidende Frage ist die nach den Bezugsproblemen, die womöglich nicht im Büro zu finden sind. Insofern braucht die intellektuelle Argumentation weniger bürokratische Attitüde, dafür mehr Sinn für das Wirken unterschiedlicher Kräfte und Zugzwänge in den Perspektiven unterschiedlicher Akteure. Wenn die intellektuelle Beschreibung selbstkritisch erkennt, dass auch sie nur eine Perspektive unter anderen ist, die mit eigenen praktischen Zugzwängen zu tun hat, wird sie sich von selbst entbürokratisieren. Der öffentliche Intellektuelle ist womöglich heute nicht mehr der Sachwalter allgemeiner moralischer Sätze, die für alle gelten sollen. Ich stelle ihn mir inzwischen eher als jemanden vor, der darüber aufklären kann, dass die Bedingungen für Sätze, die für alle in gleicher Weise gelten, immer schlechter werden. Und ich stelle ihn mir als jemanden vor, der zugleich noch mit subtiler Ironie formulieren kann, dass wenigstens dieser Satz für alle Perspektiven gleichermaßen gilt.

Die DESERTEC-Initiative ist für mich ein Beispiel dafür, wie Lösungen für diese Gesellschaft aussehen könnten: Sie müssen mit der Perspektivendifferenz ihrer Akteure und ihrer Funktionen rechnen und sie so aufeinander beziehen, dass Lösungen nicht trotz, sondern aufgrund von Perpektivendifferenz denkbar und machbar werden. Sie setzen nicht mehr auf das Entweder-oder exklusiver Planung von oben *oder* Partizipation. Stattdessen machen sie die wechselseitigen Perspektiven und Akteure voneinander abhängig. Das versucht DESERTEC, indem es sich so aufstellt, dass der ökonomische Erfolg nur mit dem politischen Erfolg funktioniert, dass Ausbildung und technische Lösungen voneinander abhängig werden. Wechselseitige Abhängigkeit ist auch eine Form der Anerkennung – und zwar eine viel handfestere als die gut gemeinte kulturelle Anerkennung des Anderen, der dann ja doch nur ein Anderer bleibt.

Was verbindet die engagierte Auseinandersetzung zwischen Fachleuten in einer Klinik mit dem DESERTEC-Projekt? Dass die wesentliche Herausforderung – zumindest in unserer Region der Welt – nicht mehr in erster Linie von der Frage nach sozialer Ungleichheit oder Partizipation, politischer Freiheit oder Versorgungssicherheit ausgeht, sondern von der Frage, wie es gelingen wird, für Akteure unterschiedlicher Couleur, unterschiedlicher Perspektiven, für Akteure, die in bestimmten Situationen von unterschiedlichen Kontexten zehren, für Akteure mit unterschiedlichen, aber legitimen Interessen, für Akteure, deren Wahrheiten über die Welt zwar unterschiedlich, aber doch allesamt wahr sind, Formen zu finden, ihre Praxisformen aufeinander zu beziehen.

Gesellschaft – das ist nichts Geselliges, nicht etwas Gemeinsames. Gesellschaft, das ist ein Konglomerat von unterschiedlichen Haltungen und Sichtweisen, die aber in konkreten Situationen zusammenkommen. Die gebotene Ästhetik der Problemlösung ist deshalb nicht mehr die Figur der zentralen, alles lösenden, auflösenden und integrierenden Idee von oben, sondern die Anerkennung von Perspektivendifferenz.

Fremdheit

Warum Distanz für unser Zusammenleben eine entscheidende Ressource ist

Ich war froh, den ICE nach Frankfurt noch bekommen zu haben – meine S-Bahn von zu Hause hatte Verspätung, der Münchner Hauptbahnhof war voller Leute, zwischen denen ich mich durchschlängeln musste, und mein Sitzplatz befand sich in einem der vorderen Wagen des Doppelzuges. Ich musste fast ans Ende des Bahnsteigs laufen, bis ich den passenden Wagen fand, meinen Sitzplatz einnehmen und mich nach dieser hektischen Reise vor der Reise endlich für die nächsten Stunden häuslich niederlassen konnte. Bevor ich meine Tasche in der Gepäckablage verstaute, nahm ich noch einige Unterlagen heraus. Denn ich war auf dem Weg zu einer größeren Veranstaltung, bei der ich über die Bedeutung des sozialen Gedächtnisses sprechen sollte.

Der Vortrag war noch nicht ganz fertig, und ich wollte noch an meinen Karteikarten feilen, auf denen ich Stichpunkte festhalte, um mich selbst durch die Rede zu führen. So etwas unmittelbar vor einem Auftritt zu machen, bietet sich an, weil man dabei das Kurzzeitgedächtnis überlisten kann. Denn beim Erstellen der Notizen arbeitet man bereits vorher an der Erinnerung, die man später braucht, um einen Vortrag frei, aber eben doch nach einem Fahrplan halten zu können. Diese Art Gedächtnis liegt also nicht in der Vergangenheit, sondern gewissermaßen in der Zukunft, weil es vorbereitet werden kann. Auch ein Archivar ordnet die Dinge so, dass spätere Nutzer darauf zurückgreifen können. Ich sortierte meine DIN-A5-Karten und begann mit der Arbeit an den Notizen. Von dem, was um mich herum geschah, nahm ich praktisch keine Notiz. Der Zug hatte bereits München-Pasing passiert und bewegte sich nun mit steigender Geschwindigkeit Richtung Nürnberg auf die neu gebaute Hochgeschwindigkeitsstrecke zu, die man mit 300 Stundenkilometern befährt, ohne davon etwas zu bemerken. Die Arbeit ging gut von der Hand, und ich kam schneller voran, als ich dachte. Das ist meist so, weil ich doch besser vorbereitet bin, als ich es mir selbst eingestehe. Vielleicht hat die Arbeit an den Karten auch nur eine Art Alibifunktion, vielleicht braucht mein Gehirn die Gewissheit, dass ich mich noch einmal mit den Dingen beschäftigt habe, um mich dann mit den Gedanken zu überraschen, die ich für den Vortrag brauche. Dass mir nun gerade eine Erklärung einfällt, in der das Gehirn vorkommt, ist sicher kein Zufall – wenn man auf den vorherigen Satz schaut, dann ist das Gehirn das grammatikalische Subjekt und Ich das Objekt des Satzes –, denn ich freute mich darauf, nach meinem eigenen Vortrag einer Podiumsdiskussion beizuwohnen, auf der sich einer der bedeutendsten deutschen Hirnforscher mit einem Kunsthistoriker unterhalten würde. Ich werde davon noch berichten.

Jetzt hatte ich jedoch erst noch einmal meine Notizen durchzusehen und passte mich der ereignislosen Dauer des Zugfahrens an, die eine merkwürdige Mischung aus Konzentration und Kontemplation erzeugt. Man ist beschäftigt und wird zugleich von Gedanken überrascht, denn das Bewusstsein kann sich kaum an etwas Äußerem festmachen, weil einfach zu wenig passiert – auch bei Tempo 300.

»Können Sie bitte kurz auf meine Tasche aufpassen, junger Mann? Ich muss kurz verschwinden.« Dieser Satz riss mich aus meinen Gedanken. Ich hatte die ältere Dame neben mir noch gar nicht bewusst wahrgenommen. Sie schälte sich umständlich aus dem Sitz und verschwand in Richtung Zugtoilette. Jetzt erst bemerkte ich auch den gestresst wirkenden Mann, der an unserem Vierertisch mir gegenüber, ebenfalls am Fenster, saß und offenbar unter großem Zeitdruck Daten in seinen Laptop eingab, sowie neben ihm eine junge Frau, die eine Textkopie mit einem Textmarker traktierte. Auch diese beiden schienen durch die Bitte der älteren Dame auf die Mitreisenden aufmerksam geworden zu sein. Der arbeitende Mann blickte nur kurz auf, seine Augen signalisierten »Alles okay!« und wendeten sich wieder dem Bildschirm zu. Die junge Frau schaute sehr genau hin, mit wem sie da am Tisch saß, vermied aber jeglichen Blickkontakt. Auch ich hatte keine Lust auf Kommunikation, setzte ein neutrales Gesicht auf und kümmerte mich aktiv darum, möglichst passiv zu wirken.

Man kann in solchen Situationen am eigenen Verhalten ablesen, dass es tatsächlich eine Aktivität ist, die Anderen wahrzunehmen, aber nicht an diese Wahrnehmung anzuschließen. Wir saßen also da als Fremde und blieben es auch, nicht weil wir uns ignorierten, sondern gerade weil wir uns *nicht* ignorierten.

Die ältere Dame kam wieder zurück zu ihrem Platz und bedankte sich sehr freundlich. Auch hier reichte mein ebenso freundlicher wie unverbindlicher Blick, um einerseits den Takt zu wahren, andererseits zu zeigen, dass der Dank nicht unbedingt der Beginn eines Gesprächs sein musste. Der Blick der jungen Frau – ich nehme an, sie war eine Studentin – traf kurz den meinen, nun etwas freundlicher als zuvor, wohl um zu signalisieren, dass sie es sehr schätzte, dass es nicht zu einem Gespräch kommen würde. Der arbeitende Mann hatte sehr wohl gehört, aber so deutlich nicht reagiert, dass dies deutlicher war als jedes ausgesprochene Wort.

In der Folgezeit kam es immer wieder zu kleinen Blickkontakten zwischen uns vier Personen am Tisch, aber nicht zu mehr. Irgendwie hatte sich eine Art gegenseitigen Einverständnisses etabliert, dass man einander in Ruhe ließ, ohne dass dies gesagt werden musste. Dieses Einverständnis ermöglichte dann mit der Zeit freundliche Blicke und recht risikofreie Formen des Umgangs miteinander. Der arbeitende Mann musste kurz an der mutmaßlichen Studentin vorbei, die Körper bewegten sich auf dem engen Raum geradezu perfekt so, dass sie sich irgendwie koordinierten, ohne sich zu berühren, die Blicke machten Koordination möglich, ohne dass darüber räsoniert werden musste. Ich gewann das Gefühl, letztlich nicht mehr auf die Anderen achten zu müssen, weil das irgendwie von selbst ging. Fast entstand so etwas wie Vertrauen – das aber vermutlich sofort verschwunden wäre, wenn man es hätte benennen müssen.

Selbst kurze Episoden, in denen sich das Reden nicht vermeiden ließ, änderten nichts an dem Arrangement. Etwa als ich mir wie die ältere Dame einen Kaffee servieren ließ und wir beide kurz mit dem Schaffner sprechen mussten, um die Getränke zu bezahlen, oder als sie ihre Zeitschrift etwas zur Seite schob, um meinem Kaffee Platz zu machen, und von mir lächelnd einen Dank erwartete, der in epischer Sparsamkeit dann auch in Form eines Einwortsatzes folgte.

Warum lohnt es sich, diese Alltagssituation zu erzählen, die letztlich jeder kennt? Weil wir viel zu wenig zu schätzen wissen, dass man in dieser Gesellschaft ohne großes Misstrauen fremd bleiben kann. Fremdheit wird landläufig zunächst mit Bedrohlichem assoziiert, mit etwas, das wir nicht kalkulieren können, weshalb wir möglichst genau hinsehen müssen, so, wie man sich die biologische und evolutionäre Funktion von Angst vorstellt: als besonderes Aufmerksamkeitsmanagement Unbekanntem, Unkalkulierbarem, also potenziell Bedrohlichem gegenüber.

Exakt das Gegenteil freilich ist in der geschilderten Situation der Fall: Wir vier sehr unterschiedlichen Leute am Tisch eines ICE-Großraumwagens waren uns zwar fremd, aber es bestand kein Grund für Angst, weil diese Fremden zwar fremd waren, aber überhaupt nicht unkalkulierbar. Deshalb war es möglich, sie eben nicht mit dem natürlichen Reflex des genauen Abscannens ihrer Bewegungen auf unterstellte Absichten oder gar Drohgebärden zu taxieren. Sie konnten sogar geradezu unsichtbar bleiben, bis die ältere Dame darum bat, auf ihre Sachen aufzupassen.

Das ist genau besehen ein *unnatürliches* Verhalten, wenn man die evolutionäre Funktion von Angst und Bedrohtheitsgefühl ins Kalkül zieht. In der Tat ist es das Ergebnis eines *zivilisatorischen* Standards, den man kaum hoch genug schätzen kann: dass wir vielen Menschen begegnen, die wir nicht kennen, auch nicht kennen müssen oder wollen, deren Handlungen aber gerade deswegen koordinierbar beziehungsweise koordiniert sind. Dass wir vier auf Kommunikation verzichteten, ist keineswegs ein Zeichen mangelnder sozialer Beziehungen, sondern Ausdruck jener *starken* sozialen Beziehung, die in Zügen und anderen öffentlichen Verkehrsmitteln, auf öffentlichen Plätzen, auf der Straße, in Parks oder an anderen allgemein zugänglichen Orten die vorherrschende ist: *Indifferenz*.

Wer hier auf den ersten Blick einen Mangel an menschlicher Nähe und Interesse der Menschen untereinander assoziiert – so die gängige Kritik am großstädtischen, modernen Leben, das die angebliche soziale Nähe der alten Welt verloren habe –, sollte einen zweiten Blick wagen! Geht man mit offenen Augen durch den normalen Alltag, wird man feststellen, dass man es quantitativ gesehen hauptsächlich mit Fremden zu tun bekommt – in der U-Bahn, auf dem Gehweg, im Aufzug, in Geschäften, auf Ämtern und an Arbeitsplätzen mit Kundenverkehr.

Aber nicht der quantitative Befund ist das Entscheidende, sondern die Tatsache, dass wir uns daran gewöhnt haben, es gewissermaßen den ganzen Tag über mit Personenschablonen zu tun zu haben, die nicht als konkrete Personen erscheinen, sondern entweder nur als Körper, an denen man vorbeikommen muss, oder als Träger von Rollen, auf die man verwiesen ist, ohne aus der Anonymität des konkreten Rollenaspekts heraustreten zu müssen. Wir halten das für selbstverständlich, weil Fremdheit und Indifferenz eine wesentliche Ressource für unser Zusammenleben in Ballungsräumen bilden. Wir schätzen es, dass wir den Lokführer und den Flugkapitän, unseren Postboten oder Müllmann und die Apothekerin nicht näher kennen müssen. Wir nehmen letztlich das Privileg in Anspruch, in Ruhe gelassen werden zu können. Und es ist vermutlich eine der größten Errungenschaften des modernen, vor allem des städtischen Alltags, auf unmittelbare soziale Kontrolle weitgehend verzichten und stattdessen auf Fremdheit setzen zu können.

Das heißt übrigens nicht, vertraute Beziehungen abzuwerten – ganz im Gegenteil. Vertrautheit und Nähe haben erst in einer Gesellschaft Informationswert, in der die meisten Beziehungen eher anonymer Natur sind. Im Gegenzug zur stärkeren Anonymisierung der Gesellschaft bekommen nahe Beziehungen eine erheblich größere Bedeutung – man denke etwa an die emotionalen Erwartungen an Liebes- und Ehepartner, die es so in früheren Gesellschaften nicht gegeben hat. An die Wenigen im Nahbereich werden die emotionalen Erwartungen größer – so wie sie an alle Anderen eher kleiner werden.

Tatsächlich ist es hochgradig voraussetzungsreich, nicht die Fremdheit für bedrohlich zu halten, sondern ihr Gegenteil, zum Beispiel starke soziale Kontrolle durch Nachbarn oder Polizei. In vielen Weltregionen sind diese Voraussetzungen schlicht nicht gegeben, etwa dort, wo staatliche Kontrolle in Form von Polizei und öffentlicher Ordnung zusammengebrochen ist oder wo man sich nicht darauf verlassen kann, dass Vereinbarungen zur Not rechtlich abgesichert werden können. In Kriegsgebieten wie derzeit in Afghanistan oder dem Irak oder in Krisenregionen, in denen jegliche staatliche oder wirtschaftliche Ordnung außer Gefecht gesetzt worden ist wie in manchen Regionen Afrikas, ist Fremdheit keine Ressource, sondern eine Bedrohung. Die hier dringend benötigte Ressource wäre starke soziale Kontrolle.

Dies scheint mir leicht nachvollziehbar zu sein. Zugleich schärft es den Blick dafür, dass gesellschaftliche Ordnung ganz wesentlich damit zu tun hat, wie man mit anderen Kontexten umgeht. In unserem modernen Alltag sind wir es gewohnt, dass andere Kontexte sich vor allem dadurch gegenseitig ermöglichen, dass sie füreinander fremd bleiben können beziehungsweise dass man zwischen ihnen wechseln kann. Die angedeuteten Beispiele aus Krisenregionen machen darauf aufmerksam, welche gesellschaftlichen Leistungen gegeben sein müssen, damit man fremde Kontexte nicht erst einmal auf Herz und Nieren prüfen muss. Deshalb geben Hilfsorganisationen ihren Mitarbeitern Handbücher mit Verhaltensmaßregeln für den Einsatz in solchen Krisengebieten mit auf den Weg. Ihr Tenor lautet: Gehe, anders als du es von zu Hause kennst, davon aus, dass du niemandem vertrauen kannst und dass nicht das passiert, was du erwartest!

Vor diesem Hintergrund ist es in der Tat ein Segen, in Ruhe gelassen werden zu können. Wie voraussetzungsreich dieser Segen, wie fragil dieses Privileg bisweilen ist, zeigt sich jedoch auch bei uns. Was in den USA schon viel verbreiteter ist, scheint sich auch in Deutschland zu etablieren: *gated communities*, also Wohnquartiere, deren öffentlicher Raum nicht für alle zugänglich ist, sondern durch Schranken und Kontrollen reguliert wird. An solchen Einrichtungen kann man sehen, wie unwahrscheinlich es eigentlich ist, Fremde und Fremdes nicht bedrohlich zu finden. Hier darf nur rein, wer dazu das Recht erworben hat. Das heißt übrigens ganz und gar nicht, dass innerhalb der Umfriedung persönliche Nähe herrscht. Mir ist eine solche *gated community* in München bekannt, deren Bewohner vor allem in Rechtsstreitigkeiten um Gartengrenzen oder Automobilstellplätze verwickelt sind. Entscheidend ist: Die Anderen müssen draußen bleiben. Sie scheinen so bedrohlich zu sein, dass sie nicht einmal bei diesen Konflikten mitwirken dürfen.

Ein anderes Beispiel sind etwa Frauenparkplätze in Parkhäusern. Hier wird auf eine Gefahr reagiert, der Frauen ausgesetzt sind und die Männer sich wohl kaum vorstellen können. Wenn ich den Hinweis »Frauenparkplätze« lese, dann sehe ich stets die Gefahr des Fremden, nicht seine Ressource.

Von solchen Bedrohungsszenarien waren wir vier in unserem ICE Richtung Frankfurt weit entfernt. Wir hatten Nürnberg erreicht, und es gelang uns nach wie vor ohne Anstrengung, jedoch nicht ohne Kontaktaufnahme, auf explizite Kommunikation zu verzichten. Genau genommen strotzte die Situation geradezu vor impliziten Kommunikationsformen – das Aushalten von Blicken, das Aushalten von Nicht-Blicken, die rücksichtsvolle Form der körperlichen Distanziertheit trotz permanenter Kollisionsgefahr an Ellenbogen oder Füßen, an Beinen und Knien unterm Tisch.

Schließlich machten sowohl die vermeintliche Studentin als auch die ältere Dame Anstalten, ihre mitgeführten Gegenstände zu verstauen, offensichtlich um sich fürs Aussteigen in Nürnberg zu präparieren. Während der Zug in den Nürnberger Hauptbahnhof einfuhr, standen beide auf, die ältere Dame versuchte, einen Trolley aus dem oberen Gepäckfach zu heben, was die vermeintliche Studentin dann für sie übernahm, bevor ich helfen konnte. Diese warf sich einen kleinen Rucksack über die Schulter und verabschiedete sich mit einem freundlichen Blick und einem Lächeln, während die ältere Dame mit einem »Guten Tag, die Herren!« Richtung Ausgang schritt.

Die unverbindliche, in diesem Sinne risikofreie Kommunikation zehrte ganz offenbar davon, dass wir paradoxe Fremde füreinander waren: *Fremde, die sich kennen*, wenigstens so weit, dass sie ungefähr wissen, wie sich der Andere verhält. Wir beobachten so etwas zumeist nur bei Anderen – aber es gilt auch je für uns selbst. Wir tun in solchen Situationen sehr sicher, was zu tun ist. Wir tun dies aus eigenem Antrieb und folgen dabei doch recht eingeschliffenen Mustern und Erwartungen, die uns gar nicht als soziale Erwartungen erscheinen, sondern als wären wir dies selbst. Und das sind wir ja auch.

Man kann an unserem Verhalten im Zug sehen, dass die Gesellschaft uns nichts Äußerliches ist. Soziale Ordnung ist nicht außerhalb des Individuums angesiedelt. Soziale Ordnung geht durch uns hindurch, sie nutzt uns als Medien ihrer Stabilisierung. Wir vier an unserem Tisch im ICE waren es selbst, die jene Ordnung der Fremdheit aufrechterhalten haben – und zugleich war es diese äußere Ordnung, die durch uns hindurch wirkte.

Einen Großteil unseres Lebens verbringen wir damit, soziale Ordnung an uns selbst einzuüben. Wir lernen lebenslang, wir schauen uns erfolgreiches Verhalten ab, wir erleben Scham und Peinlichkeit bei Abweichung, wir üben Strategien der Handlungskoordinierung ein, wir gewöhnen uns an Enttäuschungen und deuten Notwendigkeiten zu eigenen Entscheidungen um. Soziale Ordnung erwächst daraus, dass wir unser eigenes Verhalten daran orientieren, wie es sich im sozialen Raum bewährt. Und so schränken wir unser Verhalten, etwa in einem ICE-Waggon, auf eine Weise ein, dass tatsächlich eine Ordnung entsteht, auf die man sich in der Regel wechselseitig verlassen kann.

Der Zug setzte sich gerade wieder in Bewegung, als die beiden nun freien Plätze an dem Vierertisch von zwei Männern belegt wurden, Endvierziger würde ich schätzen. Beide hatten jenen selbstbewussten Habitus des Erfolgsmenschen, dessen Bewegungen, Geräusche und Gesten Raum in Anspruch nehmen. Die beiden waren schon beim Herankommen miteinander ins Gespräch vertieft. Wie ich mithören konnte, ging es um eine Firmenfusion und dabei um durchaus detaillierte Beschreibungen von Prozessschwierigkeiten bei der Umsetzung des Fusionsplans. Einer der beiden war der Auffassung, man hätte eine bestimmte Abteilung gleich schließen sollen, da deren Leiter leider »eine Null« sei. Der Andere sah die Null eher dort walten, wo man den Fusionsplan ersonnen hatte.

Die beiden Männer signalisierten mit kurzen Blicken, dass sie den arbeitenden Mann am Tisch sowie mich durchaus wahrnahmen, dann haben sie sich lange in ihr Gespräch vertieft, immer wieder unterbrochen durch Hantieren an ihren mobilen Kommunikationsgeräten. In der Zwischenzeit hatte ich meine Notizen weggelegt, meinerseits E-Mails gecheckt und geschrieben, aber auch ein wenig vor mich hin gedöst.

Daran, wie die beiden Männer durchaus engagiert miteinander redeten, ohne dass sie auch nur annähernd den Versuch machten, für die anderen Fahrgäste unhörbar zu wirken, wird ein weiterer Aspekt moderner Fremdheit deutlich. Wir gehen offensichtlich davon aus, dass in öffentlich zugänglichen Räumen das, was wir tun, vergleichsweise folgenlos bleibt. Hätten die beiden in der Kantine ihres Unternehmens gesessen oder auf einer Tagung des Verbandes der Branche, in der sie tätig waren, sie hätten sicher nicht so frank und frei miteinander gesprochen. Aber in unserem Großraumwagen hatte das, was sie zu erzählen hatten, keinen Informationswert – nicht obwohl, sondern weil beliebige Andere zuhören konnten.

Auch das kennt jeder, der sich mit öffentlichen Verkehrsmitteln bewegt, und wir haben uns so daran gewöhnt, dass wir es kaum registrieren. Aber auch das folgenlose Reden der beiden Geschäftsleute ist – wie das gemeinsame Schweigen mit ihren beiden Vorgängerinnen an unserem Vierertisch – durchaus voraussetzungsreich. Es setzt die stabile Struktur eines bemerkenswerten Managements von Aufmerksamkeit und Unaufmerksamkeit voraus.

So konnte man zwar deutlich mithören, worüber die beiden geredet haben, es wäre jedoch eine Grenzüberschreitung gewesen, sich an der Unterhaltung zu beteiligen. Dabei hätte ich durchaus ein paar gute Argumente zu dem Gespräch beitragen können: dass die Erregung über detaillierte Fusionspläne normal ist und dass sich die Dynamik zweier fusionierender Unternehmen nicht mit Hilfe eine Plans still stellen lässt. Dass man Entscheidungen über Pläne und Strukturen trifft, weil man über das meiste Andere in einem Unternehmen nicht entscheiden kann. Dass deshalb die in der Hierarchie unten Stehenden die Nullen immer über ihnen lokalisieren, weil dort die Pläne gemacht werden – und dort die Nullen immer weiter unten lokalisiert werden, weil man da die Pläne nicht richtig umsetzt.

Ich weiß übrigens nicht nur als Beobachter von Unternehmen, wovon ich rede, denn auch Universitätsreformen ändern nur das, was sie ändern können – nicht mehr, aber auch nicht weniger. Es wäre also ein gutes Argument gewesen. Gleichzeitig wäre es aber völlig undenkbar, sich, noch dazu im Habitus des belehrenden Hochschullehrers, einfach so an dem Gespräch zu beteiligen. Es hätte eben jene Ressource *Fremdheit* außer Kraft gesetzt, die uns im modernen Alltag damit versorgt, in Ruhe gelassen werden zu können, selbst wenn wir für Andere sichtbar werden – wie die beiden Männer, die sich in großer, souveräner Individualitätsgeste vielleicht für manchen lästig, aber doch zugleich sehr erwartbar verhalten haben.

Selbstverständlich ist es denkbar, dass sich jemand einmischt – und auch das erlebt man in solchen Situationen bisweilen, in denen sich Fremde auf engstem Raum vorfinden. Aber es verändert eben den Charakter der Situation. Hätte ich mit jener Karikatur eines belehrenden Professors reagiert – selbst wenn das Argument ja durchaus stimmt –, hätten die beiden Herren das als Störung, Einmischung, vielleicht als Affront gewertet – oder mich als sonderlich beziehungsweise gestört abgestempelt. Jedenfalls wäre es ihnen danach kaum mehr möglich gewesen, in ihrem Gespräch einen sozialen Raum entstehen zu lassen, den man zwar mithören und -sehen kann, an dem man aber nicht weiter partizipiert.

Gerade an einer solchen Situation lässt sich Fremdheit als Ressource sehr deutlich nachverfolgen. Aus dieser Ressource ist das entstanden, was man die *Urbanität* der modernen Gesellschaft nennen könnte. Urbanität ist, wie der Begriff schon sagt, eine Form des Zusammenlebens, die historisch vor allem in Städten entstanden ist, also dort, wo Unterschiedliches zusammenkommt und sich gegenseitig tolerieren muss. Urbanität, die längst nicht mehr auf Städte beschränkt ist, lebt davon, dass man von Unbekanntem und Fremdem nicht befremdet ist, sondern mit Unerwartetem rechnet, das sich irgendwie an die in der Stadt geltenden Regeln hält: Indifferenz trotz räumlicher Nähe, Distanz trotz räumlicher Erreichbarkeit. Urbanität in diesem Sinne ist es auch, die an einem Vierertisch in einem ICE Richtung Frankfurt so etwas wie kommunikationsloses Einverständnis ermöglicht und dabei den Anderen nicht bedrohlich erscheinen lässt.

Die Urbanität der Städte lebt vom bürgerlichen Privileg, in Ruhe gelassen werden zu können. Nur in Städten kann es gelingen, Hunderten von Fremden zu begegnen und niemanden von ihnen bedrohlich zu finden. Nur in Städten kann man wirklich allein sein – weil so viele Andere da sind. Nur in Städten bleibt man unbeobachtet – weil der Andere eben ein Fremder ist. Die Möglichkeit, in Ruhe gelassen zu werden, setzt voraus, dass viele Andere da sind, die auch in Ruhe gelassen werden wollen. Und all das setzt Verhaltensweisen voraus, an die sich die Anderen ohne Einwirkung von außen auch halten. Urbanität lebt von Innenregulierung, nicht von Außenregulierung.

Aber auch Fremdheit muss eingeübt werden. Der indifferente Blick, nicht auf den Anderen zu reagieren, sich trotz Sichtbarkeit unbeobachtbar zu machen, Blicke ebenso wie Nicht-Blicke aushalten zu können, all das muss der Körper, muss die innere Aufmerksamkeit und der eigene Wille praktisch einüben. Als Praxis liegt Urbanität in der Wechselseitigkeit der Bewegungen, gewissermaßen in einem aktiven Nichts-Tun, in differenzierter Indifferenz. Wir vier an unserem Tisch haben das mühelos absolviert.

Wie weit eine Gesellschaft das Privileg zulässt, in Ruhe gelassen zu werden, kann letztlich als Maß für Modernität herangezogen werden. Merkwürdig ist deshalb, dass Fremdheit und Distanz, Indifferenz und emotionale Neutralität in dem angedeuteten Sinne eine traditionell schlechte Presse haben. Die Geschichte der modernen Sozialutopien ist voll von Erzählungen, die das Gegenteil von Fremdheit und Indifferenz postulieren – und zwar von rechts wie von links. Die Verbrüderungsforderung der Nation will aus Unbekannten Volksgenossen oder wenigstens Landsleute machen.

Die Arbeiterbewegung in ihren unterschiedlichen Ausprägungen erwartet Solidarität von Leuten, die sich weder kennen noch lieben, sondern nur eine abstrakt ähnliche Klassenlage haben. In der Demokratie wird die Herrschaft des Volkes hergestellt, indem man sich eine Gemeinschaft von Staatsbürgern denkt, die sich aus Solidarität mit den staatsbürgerlichen Verfahren auch mit solchen Entscheidungen identifizieren, die nicht der eigenen Überzeugung entspringen. In eine ähnliche Richtung gehen auch die gegenwärtigen Versuche, Europa plausibel zu machen, indem man eine Gemeinschaftsidentität herbeischreibt, die den Fremden zum Eigenen macht – und nicht zuletzt die wohlmeinende Intellektuellenideologie des neuen Kosmopolitismus, der das schlechte Gewissen der eigenen Kolonialgeschichte mit der linken Idee der Solidarität der Geknechteten sowie die Idee der Nation auf die gesamte Menschheit überträgt, als Solidarität mit allem Fremden.

Es würde mir große Freude machen, hier polemisch weiter zu argumentieren – gegen diese Gemeinschaftsideologien, die etwas konterkarieren, was ich gerade stärker machen würde: Fremdheit als Ressource. Statt aber selbst in die Polemik einzusteigen, möchte ich den Aufbau des sozialutopischen Arguments näher beleuchten. Dass die Moderne mit solchen Ideologien der Solidarität und der Substitution früherer Gemeinschafts- und Näheversprechen arbeitet und ihnen Pathosformeln beiseitestellt, die nach wie vor funktionieren – bis hin zur Betroffenengemeinschaft mindestens der gesamten Menschheit –, ist ein untrügliches Anzeichen dafür, dass solche Formen von Nähe und Gemeinschaftlichkeit unwahrscheinlicher geworden sind.

Schon die Idee der Nation und des Nationalstaats, wie sie im 19. Jahrhundert in Europa entstanden ist, reagiert darauf, dass die Gesellschaft komplexer geworden ist: Wirtschaft und Politik, Wissenschaft und Religion, Bildung und Familie haben sich unabhängiger voneinander gemacht. Die räumliche und soziale Mobilität ist gestiegen. Vor allem wurde das Leben eines Menschen aufgrund individueller Auf- und Abstiegsmöglichkeiten immer weniger eindeutig durch seine Schicht-, Gruppen- und Konfessionszugehörigkeit bestimmt. Das setzte Verkehrsformen voraus, die Indifferenz und Fremdheit unter den Gesellschaftsmitgliedern geradezu erforderten – es setzte voraus, dass die Leute ihre Dinge selbst erledigten. Sie konnten nicht mehr bei jedem Schritt von außen kontrolliert werden.

Und so entwickelte sich nach und nach ein städtischer Lebensstil, in dem Unterschiedliches seinen Platz hatte, in dem man das Andere zwar verachten konnte, aber letztlich tolerieren musste. Das Mannigfaltige, das Unterschiedliche rückt in der Stadt nahe zusammen, wird aufeinander bezogen, befindet sich in unmittelbarer Wechselwirkung in Echtzeit. Dies macht die Kraft, auch die Erotik des Urbanen aus und ließ die Stadt zum Zentrum von Modernisierung werden.

Städte synchronisieren an einem Ort, was sachlich unterschiedlich ist – Wirtschaft und Politik, Bildung und Kunst, Wissenschaft und Religion, Stile, Meinungen, Lebensformen. Städte waren deshalb stets der Ort, an dem sich der *logos*, das Wort, entfaltete. Es entstanden Öffentlichkeiten – im Sinne der Beobachtbarkeit des Anderen und der permanenten Gefahr kommunikativer Negation, als Widerspruch und als Erfahrung sozialer Ungleichheit. Denn Wohlhabende und Arme rückten näher zusammen, und mit dem Siegeszug nationalstaatlicher und nationalökonomischer Modernisierung entwickelten sich die neuen, an Erwerbsarbeit orientierten Lebensformen.

Tatsächlich setzen die meisten Formen organisierter Solidarität in modernen Gesellschaften die Ressource Fremdheit nicht außer Kraft, sondern zehren von ihr. So unterstützt der Sozialstaat nicht konkrete Menschen, die er kennt und schätzt, sondern Anspruchsberechtigte, deren Anspruch ohne Ansehen der Person gilt. Wessen Haus abbrennt, der bekommt seine Hilfe nicht von den Genossen aus der Nachbarschaft, mit denen er zuvor eine enge symbiotische

Lebensform ohne Abweichungsmöglichkeit pflegen muss, sondern zunächst durch die Feuerwehr und dann durch seine Versicherungsgesellschaft. Überhaupt ist die versicherungstechnische Kollektivierung individueller Schäden ein geradezu paradigmatisches Beispiel dafür, wie Anonymität und Fremdheit als Ressource eingesetzt werden. Der Andere und sein Verhalten tauchen hier nur versicherungsmathematisch auf – in Form der Prämienhöhe, die ein Informatiker berechnet. Von den Instanzen des Staates wie administrativen Bürokratien, Polizeidienststellen oder Sozial-, Jugend- und Versorgungsämtern erwarten wir als Bürger ein Verhalten, das auf »moralischer Anonymität« beruht. Das Fazit lautet also: Solidarität in unserer Gesellschaft ist gegründet auf Fremdheit – und deshalb ist Fremdheit als kulturelles Gut zu schützen!

Ich habe eine taiwanesische und eine japanische Doktorandin, die beide mit Stipendien des DAAD zwei Jahre an meinem Lehrstuhl in München arbeiten und ihre Doktorarbeiten schreiben – zwei ebenso sympathische wie kluge junge Wissenschaftlerinnen. Beide haben unisono berichtet, wie ihnen in Deutschland immer wieder gerade jene Fremdheitsressource abgesprochen wurde. Dabei ging es nicht um die staatlichen Bürokratien, die überall auf der Welt bei Angehörigen anderer Staaten genauer hinsehen als bei den eigenen Bürgern und dabei bisweilen merkwürdige Praktiken an den Tag legen. Das kenne ich selbst nur zu gut, als jemand, der erst seit seinem 15. Lebensjahr deutscher Staatsbürger ist und zuvor eine Staatsbürgerschaft hatte, die heute auf der *Achse des Bösen* angesiedelt wird. Was die beiden jungen Frauen berichtet haben, waren Vorurteile und Unverschämtheiten, mit denen gerade »unbekannte« Fremde sie immer wieder konfrontierten. Von verschiedenen Leuten, vor allem Männern, sogar von Kommilitonen, wurden sie darauf angesprochen, dass sie als Asiatinnen sicher nur in Deutschland seien, um einen Europäer heiraten zu können beziehungsweise um hier zu arbeiten und die Sippe zu Hause zu unterstützen.

Was an diesem Beispiel deutlich wird, ist, dass es Gruppen in der Gesellschaft gibt, die von der Ressource Fremdheit nicht zehren können, Angehörige von Minderheiten, deren Fremdheit sichtbar wird oder, anders formuliert: deren Fremdheit faktisch und bekannt erscheint. Was meine beiden Doktorandinnen berichteten, war, dass sie nicht unsichtbar bleiben konnten.

Urbanität lebt aber von Unsichtbarkeit. In Gefahr ist Urbanität dann, wenn sich Ordnung und Anonymität ausschließen. In den Städten sind die Bedingungen für Minderheiten – ethnischer, sexueller, kultureller Art – am besten, weil sie dort sichtbar sein können, ohne aufzufallen. In den Städten kann man leben, als sei der Andere nicht da – gerade weil er da ist. In den Städten kann man auf Dauerbeobachtung verzichten – weil immer Andere gucken. Wenn die Ordnung in den Städten nur noch durch Polizeipräsenz, durch Überwachungskameras, nur noch durch Umgehung von gefährlichen Räumen, durch Homogenität und Segregation gelingen kann, werden die Städte zwar weiter existieren – aber die Urbanität wird verschwinden.

Urbanität lebt von der Begrenzung der Gemeinschaft und von der Abwesenheit äußerer Kontrolle. Städte setzen aber zunehmend auf zu viel Gemeinschaft und zu viel äußere Kontrolle. Das ist die größte Gefahr für das urbane Leben. Der Lackmustest für Urbanität ist die Frage, wie viel soziale Ungleichheit sie aushält, wie viel Pluralität sie gewährt, ob auch Migranten und sexuelle Minderheiten, Behinderte und Skurrile fremd und *unsichtbar* bleiben können – damit man sie *sehen* kann. Urbanität ist mehr als eine Idee, mehr als eine Theorie, mehr als ein Anlass für hehre normative Sätze, mehr als ein Konzept. Urbanität ist eine Praxis, die eingeübt werden will.

Diese Fremdheit als Ressource war in einem ICE wie dem, in dem wir saßen, deutlich spürbar. Ich habe mich umgesehen – und entdeckte Personen, die irgendwie auf mehr verwiesen als auf das, was gerade hier stattfand, die dabei aber doch prinzipiell Fremde blieben – füreinander, für mich und ich für sie. Jeder von uns bildet sogleich Hypothesen über Leute, denen er begegnet. Ich habe meine Mitreisenden ja selbst so beschrieben: die junge Frau, die in Nürnberg ausgestiegen ist, verwies mit ihrer Textkopie und dem Textmarker darauf, eine Studentin zu sein, es passte von Alter und Habitus, und sie stieg in einer Universitätsstadt aus. Die ältere Dame wirkte wie eine Großmutter auf dem Weg zu den Enkeln. Der Mann am Laptop – allerlei ließe sich hineinphantasieren in das, was er tat. Und die beiden Erfolgsmenschen – ich konnte mir fast vorstellen, wie sie leben, in was für einer Art von Häusern, mit was für einer Art von Familie, sogar Freizeitaktivitäten oder die Wahl des Automobils ließen sich vielleicht erschließen. Die Fremdheit ermöglicht uns Hypothesen, die nicht stimmen müssen, die irgendwie folgenlos bleiben, die uns aber den Umgang miteinander erleichtern.

Diese Gesellschaft ist eine Gesellschaft des punktuellen Kontakts zueinander. Es ist eine Gesellschaft, in der das ganze Spektrum der Ungleichheit dadurch ästhetisch abgemildert wird, dass sich so etwas wie eine Benutzeroberfläche etabliert hat, die den Anderen wirklich fremd bleiben lässt. Erst wenn zu viel sichtbar wird, wird es problematisch – wenn etwa die Folgen von Ungleichheit durchschlagen, wenn man von einem Merkmal auf die ganze Person schließt. Man denke etwa an Migranten, die gerne in allem, was sie tun, auf ihren »Migrationshintergrund« festgelegt werden, der dann ein Migrationsvordergrund wird. Oder man denke an ein schwules Paar, bei dem es vermeintlich leichter scheint, von diesem Merkmal auf alle Anderen zu schließen, als bei einem gemischten Paar. Behinderte, Transsexuelle oder Nonnen könnte man ebenso nennen wie Träger oberbayerischer Trachten, die man womöglich aufgrund dieses Merkmals für Hinterweltler hält.

Kann man sich nicht länger hinter der Konvention der Benutzeroberfläche verstecken, wird Anonymität aufgehoben – und das Gegenüber sieht aus wie ein offenes Buch, auch wenn das in den genannten Fällen vermutlich noch weniger stimmt als bei unseren konventionellen Zeitgenossen. Vielleicht kann diese Gesellschaft auch deshalb so viel Ungleichheit und Ungerechtigkeit ertragen, weil sie eher auf Unsichtbarkeit als auf Sichtbarkeit setzt, auf Fremdheit statt auf Vertrautheit, auf Distanz statt auf Nähe.

Unsere Vierertisch-Begegnung war eine wirklich banale Konstellation – sie findet täglich hunderttausendfach statt. Dass wir vier so geübt indifferent miteinander umgegangen sind, lag schlicht daran, dass es in einer Gesellschaft stattfand, die sich an solche Formen der Distanz nicht nur gewöhnt hat, sondern sie als Ressource verwendet – auch wenn wir liebevoll das Pathos von Solidarität, gemeinsamer Betroffenheit und Gemeinwohl pflegen. Gelungen sind Lebensformen wie die unsere freilich erst dann, wenn es gelingt, dies in der Realität umzusetzen als Solidarität unter Fremden, als eine Betroffenengemeinschaft von Fremden, als Gemeinwohl für Fremde.

Vielleicht ist das ein besonders europäisches Leitbild, direkt verknüpft mit der Entstehung der modernen Gesellschaft aus den Erfahrungen Europas – mit all seinen fehlgeleiteten, zwanghaften, gewaltsamen Gemeinschaftsideologien. Und vielleicht sollten wir diese europäische Errungenschaft stolz und selbstbewusst pflegen. Denn was man in der Weltgesellschaft an neuen Versuchen zu starker Vergemeinschaftung zu sehen bekommt – religiös, politisch, national oder kulturell –, führt eher zurück in unser 19. Jahrhundert. Für die Zukunft sollten wir weniger die Idee der Gemeinschaft globalisieren als die der Fremdheit – ohne hier behaupten zu wollen, dass sich das verordnen ließe.

Beteiligen möchte ich mich jedenfalls nicht am europäischen Defätismus der Selbstverleugnung jener Form, die auch weltgesellschaftlich offensichtlich immer noch ein attraktives Modell zu sein scheint – nicht umsonst orientiert sich politischer Protest etwa in China oder im Iran an diesem europäischen Modell. Was man dort vor allem wünscht, ist jene Ressource, in Ruhe gelassen werden zu können, ganz im Sinne jenes europäischen Erfolgsmodells, ganz unabhängig von kulturellen Besonderheiten und Differenzen. Sich schlicht auf kulturelle Unterschiede zu verlassen und Differenzen damit zu erklären, hat womöglich etwas mit Denkfaulheit zu tun, auch mit der Unfähigkeit, die Potenziale dieses europäischen Modells wirklich schätzen zu lernen. Kulturalisierendes Appeasement fällt dagegen viel leichter und sieht auch noch tolerant aus.

Die beiden Männer an unserem Tisch waren inzwischen verstummt. Jeder arbeitete an seinem eigenen Laptop und tätigte kurze, geschäftsmäßige Telefonate. Zwischenzeitlich hielten sie ihr Zwiegespräch mit kurzen Äußerungen am Laufen – ohne dass daran je kompliziert angeschlossen werden musste. Von mir und meinem Nachbarn nahmen sie kaum Notiz, und wir hielten es ebenso. Darin sind wir alle uns so einig, dass man dies getrost als eine Form der Solidarität unter Fremden bezeichnen kann: Lass mich in Ruhe, dann lasse ich dich auch in Ruhe. Wenn es sich ergäbe, könnten wir sogar gute Freunde werden. Denn Freundschaft in unserem Sinne kann es nicht in einer Gesellschaft geben, wo jeder des Anderen Freund sein *muss*, sondern nur dort, wo sich die meisten prinzipiell fremd bleiben.

Ob einer unserer Mitreisenden dieses Potenzial zur Freundschaft mitgebracht hätte, konnten wir nicht in Erfahrung bringen, denn der Zug hatte die Bankenmetropole erreicht, und wir mussten alle vier dort aussteigen. Der Abschied war ebenso freundlich wie wortlos. Und in dem Moment, in dem wir den Zug verließen, hatten wir uns bereits vergessen – jedenfalls fast.

Wille

Warum wir eingekeilt zwischen Gehirn und Gesellschaft doch frei sein können

Die Veranstaltung in Frankfurt fand in der Messe statt. Mein Vortrag stand unter dem Titel »Lob des Vergessens« und vertrat eine zentrale These: Gedächtnis und Erinnerung sind keine Speicher, sie sind keine Abstellkammern mit Ereignissen aus der Vergangenheit, aus denen man sich für den Anlass des Gedenkens und Erinnerns bedienen kann und nur noch zu entscheiden hat, welche der alten Requisiten hervorgekramt werden sollten, um dem Anlass gerecht zu werden. Denn wäre es so, dann ließe sich anhand einer solchen Abstellkammer die Wahrheit des Gedenkens und Erinnerns überprüfen, nach dem Motto: »Gibt es für jedes Erinnerungspartikel auch einen korrespondierenden Gegenstand in der Abstellkammer? Und sieht dieses auch genau so aus wie das Original?«

Öffentliche Debatten ums Gedenken und Erinnern folgen meist einem solchen Schema – und verkennen dabei, dass Erinnern eben kein Abrufen von Gespeichertem ist, sondern ein gegenwärtiges Geschehen. Insofern greift Erinnern auch nicht partiell oder unvollständig auf Vergangenes zu, sondern erzeugt eine Vergangenheit je neu – als *gegenwärtige Vergangenheit*.

Transparenter wird das womöglich – ich habe es im Vortrag an diesem Beispiel zu erläutern versucht –, wenn man sich sein eigenes Erinnern vergegenwärtigt: Wie wir uns an vergangene Ereignisse oder auch an unser gesamtes Leben erinnern und wie wir es erzählen und beschreiben, wird mindestens ebenso stark vom aktuellen Erzählanlass, von unseren gegenwärtigen Stimmungen, Intentionen und Wünschen, von unseren gegenwärtigen Interessen und Zielen sowie nicht zuletzt vom Adressaten unserer Erzählung bestimmt wie durch die vergangenen Ereignisse selbst. Außerdem müssen Erzählungen und Beschreibungen sich dadurch selbst plausibilisieren, dass sie schlüssig erzählt und beschrieben werden, dass sie eine stimmige Geschichte ergeben – womöglich stimmiger als die »Wirklichkeit« selbst, die ja als solche der Beschreibung gar nicht zugänglich ist.

Der Beginn einer Liebesgeschichte etwa wird anders erzählt werden, wenn die Liebe noch voll im Saft ist und man sich gemeinsam daran erfreut, als am Ende der Beziehung, wenn die »gleichen« Ereignisse möglicherweise eine ganz andere Bedeutung bekommen. Hat etwa die Erinnerung an gemeinsame Ausdrücke unter Liebenden im ersten Fall noch das ganze Flair gegenseitiger romantischer und erotischer Verstrickung und Verschworenheit gegen die Außenwelt, die diese Privatsprache nicht versteht, erhält sie im zweiten Fall schnell einen peinlichen Beigeschmack. Spannend ist daran, dass man nicht genau sagen kann, welche der beiden Versionen nun stimmt – und was man damit meint: dass sie mit der vergangenen Wahrheit übereinstimmt oder dass sie stimmig und damit plausibel vorgetragen wird?

Das Beispiel zeigt zweierlei: Gedächtnis und Erinnerung sind kontingent, das heißt, sie können nicht einfach eins zu eins Vergangenes wiedergeben. Und – auch wenn es banal klingen mag: Alles, was wir tun, findet in einer Gegenwart statt. Wir erinnern die Vergangenheit stets in einer Gegenwart, und wir erwarten auch die Zukunft stets in einer Gegenwart – und da sich die Gegenwart stets verändert, verändern sich mit ihr auch unsere Zukünfte und Vergangenheiten. Für die Zukünfte ist das vielleicht unmittelbarer plausibel als für die Vergangenheiten, da Erstere noch völlig offen erscheinen, Zweitere aber nicht mehr verändert werden können.

Aber letztlich kann man viel plausibler Unterschiedliches über die Vergangenheit sagen, weil Erzählungen über Zurückliegendes wenigstens so tun können, als hielten sie sich an etwas Realem fest.

Mein Vortrag hat dies dann vom biografischen Blickwinkel auf solche Perspektiven übertragen, in denen auch Staaten oder Gesellschaften, Städte, Unternehmen oder Universitäten ihre eigene Erinnerung pflegen. Stets bekommt man mehrere Versionen davon vorgelegt – ohne dass man davon ausgehen kann, dass nur eine davon zutreffend ist. Daraus habe ich dann ein »Lob des Vergessens« abgeleitet – in dem Sinne, dass man, um das Erinnern besser verstehen zu können, genauer darauf blicken muss, was wir alles ausblenden müssen, um angemessen erinnern zu können. Ich habe also für einen Paradigmenwechsel vom Speichern zum Löschen plädiert.

Dabei wollte ich vor allem den Gedanken stark machen, dass letztlich nur die Gegenwart zählt und erzählt, dass alles, was wir tun, in einer Gegenwart stattfindet, dass wir letztlich von unserer eigenen Gegenwart überrascht werden – dass wir gar nicht anders können, als in der Gegenwart zu handeln, gefangen in unserer je eigenen operativen Praxis.

Die anschließende Diskussion war sehr lebendig. Bereits der erste Diskutant feuerte eine Breitseite ab: »Ihr Programm ist eine akademische Verbrämung völliger Verantwortungslosigkeit. Gerade wir in Deutschland haben doch Erfahrungen darin, was es bedeutet, die Vergangenheit zu verleugnen und uns aus der Verantwortung zu stehlen.« Und der zweite Diskussionsbeitrag sekundierte: »Sie ebnen den Holocaust-Leugnern den erkenntnistheoretischen Boden – und Sie helfen jenen, die sich aus der Verantwortung stehlen wollen.«

Wie sollte ich darauf reagieren? Selbstverständlich geht es mir nicht darum, Verantwortung zu leugnen und historisch zweifelhaften Interpreten das Wort zu reden. Aber alle Dementis und Bekenntnisse haben den Nachteil, dass sie dem Vorwurf schon ein wenig recht geben. Ich habe deshalb darauf hingewiesen, wie erwartbar es ist, dass allein die Thematisierung der Relativität der Beschreibung von Vergangenem vor einem deutschen Publikum automatisch solche Reaktionen hervorruft. Man hätte fast nervös werden müssen, wären diese Argumente nicht gekommen. Sehen könne man daran sehr deutlich, wie sich das Erinnern stets in jenem Erwartungsraum verfängt, in dem man erinnert. Diese Erwartungen werden bisweilen verbindlich und vorhersehbar wie ein Ritual.

Ich habe an den Eklat um die Rede des damaligen Bundestagspräsidenten Philipp Jenninger vom 10. November 1988 erinnert. Vor mehr als zwanzig Jahren wollte Jenninger im Bundestag der sogenannten »Reichskristallnacht« gedenken. Er hat gewissermaßen aus der Perspektive der kleinen Leute gesprochen, hat den damaligen Sprachgebrauch paraphrasiert und darauf hingewiesen, wie unspektakulär die spektakulären Ereignisse im Alltag vorgekommen sein mögen. Dabei hat Jenninger so naiv geredet, dass man die Anführungsstriche in seinem Redemanuskript nicht mithören konnte. Und die politische Öffentlichkeit war so vor den Kopf gestoßen, dass Jenningers politische Karriere nach 24 Stunden beendet war.

Ganz offensichtlich hatte er die Gesetze eines Rituals verletzt, indem er aus der Täter-, nicht der Opferperspektive sprach und nicht abgründige Unerklärbarkeit und Singularität, sondern Normalität und Gewohnheit beobachtete. Letztlich hat er als Repräsentant des Staates gegen die Erzählerwartungen des politischen Diskurses verstoßen. Bei allem sehr konkret vorgetragenen Erinnern hat er das subkutane Gedächtnis, die unsichtbar mitlaufende Struktur des politischen Systems beschädigt. Jenninger ist nicht an falschem oder gar unangemessenem Erinnern gescheitert. Vieles von dem, was er in geradezu rührender Naivität über den Alltag im NS-Deutschland erzählt hat, erscheint mir zutreffender – und darin: aufregender und beunruhigender – als das, was man in den üblichen staatstragenden Ritualreden zu hören bekommt. Gescheitert ist er daran, dass er nicht mitbedacht hat, dass man das Erinnern kontextualisieren muss, gerade *weil* es stets in einer Gegenwart stattfindet und von der Gegenwart bestimmt wird.

Übrigens nutzen das die bekannten Holocaust-Leugner ebenso schamlos wie geschickt aus. Es geht diesen Leuten mit ihren Geschmacklosigkeiten doch gar nicht um die historischen Ereignisse der 1940er Jahre, sondern um die Gegenwart. Es geht um den Kampf um die Sagbarkeit von Sätzen.

Die weitere Diskussion rankte sich dann darum, wie man Kriterien für angemessenes Erinnern entwickeln könne und wie man damit umgeht, dass das gleiche Ereignis unterschiedlich erinnert werde – sowohl auf der Ebene der inviduellen Lebensgeschichte als auch auf der Ebene sozialer Gedächtnisformen. Ich habe immer wieder betont, aus all dem könne man nur lernen, dass alles, was geschieht, stets in einer Gegenwart stattfindet und dass uns diese Gegenwarten nur zum Teil transparent sind, weil wir uns ja stets in ihnen aufhalten. Wie das so ist bei solchen Veranstaltungen, diktiert knappe Zeit das Geschehen. Eine freundliche Moderatorin dankte allen Beteiligten, besonders natürlich mir, und kündigte an, dass nach einer kurzen Pause auf der gleichen Bühne das Podiumsgespräch zwischen dem Hirnforscher und dem Kunsthistoriker stattfinden sollte, auf das ich mich bereits gefreut hatte und das ich mir unbedingt ansehen wollte.

Die Mittagspause habe ich genutzt, um einen kleinen Imbiss zu nehmen. Dabei setzte ich mich an einen Tisch, an dem ich dem ersten Diskutanten begegnete, der mich noch einmal darauf ansprach, dass er sich nicht damit abfinden könne, dass man sich nur die Struktur des Erinnerns anschaue, völlig losgelöst von moralischer oder politischer Verantwortung dafür, was erinnert wird. Ich fand es sehr sympathisch, wie er dies noch einmal angesprochen hat, denn es machte auf mich tatsächlich den Eindruck, dass die Dringlichkeit der Frage offensichtlich dadurch entstand, dass der junge

Mann beide Argumente plausibel fand: *sein* moralisch-politisches und *mein* soziologisch-wissenschaftliches.

Ich habe versucht, unsere Positionen so miteinander zu verbinden, dass die beiden unterschiedlichen Argumentationskontexte letztlich in unterschiedlichen Welten stattfinden – die eine zielt auf kollektiv angemessene, verallgemeinerbare, richtige, moralisch integre Erinnerung und Gedächtnisformen; die andere zielt auf die erkenntnistheoretischen Strukturen des Erinnerns, völlig unabhängig davon, was erinnert wird und wie es erzählt wird. Diese beiden, die politische und die wissenschaftliche Perspektive, seien eben nicht aufeinander abbildbar und könnten sich schon gar nicht wechselseitig ersetzen: »Ähnlich wie man beim Erinnern auf unterschiedliche Versionen kommen kann, kommt man auch auf unterschiedliche Versionen, wenn man die Sprecherpositionen eines politischen und eines wissenschaftlichen Sprechers vergleicht. Keine davon ist wahrer als die andere – aber beide gibt es. Das ist eine Erfahrung gesellschaftlicher Modernität, und es hat jahrhundertelange Kämpfe gebraucht, zwischen solchen Sprecherpositionen eine friedliche oder wenigstens indifferente Koexistenz zu stiften.«

Das fand mein Gesprächspartner nicht wirklich befriedigend, aber meinen Hinweis, dass sich die Dinge bei weniger politisch und moralisch belasteten Themen wie dem Erinnern und Gedenken der NS-Vergangenheit womöglich deutlich weniger brisant darstellen, konnte er dann doch nachvollziehen. Er brachte schließlich selbst Beispiele für solche Erinnerungsdifferenzen, wie sie in Familien oder im Arbeitsleben stets vorkommen. Unser sehr freundliches Gespräch endete damit, dass ich noch bemerkte, dass ich mich sehr auf das nun gleich beginnende Podiumsgespräch freute und erwartete, dass ganz ähnliche Themen in der Diskussion wiederauftauchen würden.

Wir verabschiedeten uns voneinander, und ich ging zurück in den Saal, in dem inzwischen die Bühne für das moderierte Zweiergespräch umgebaut worden war. Ich suchte mir einen unauffälligen

Platz in der hinteren Hälfte des Saales und lauschte der Vorstellung der beiden Podiumsteilnehmer durch den Moderator.

Die beiden Diskutanten begannen jeweils mit kurzen Statements. Der Hirnforscher betonte, dass aus wahrnehmungsphysiologischer Sicht die bildliche Wahrnehmung, das Sehen in Bildern, die Bedeutung visueller Reize einen stärkeren Eindruck hinterlasse als jegliche andere Form der semantischen Informationsverarbeitung, etwa sprachliche oder gar schriftliche. Er sei deshalb als Hirnforscher besonders an der Kunst interessiert, weil sie dem bildlichen Wissen, der ästhetischen Erfahrung jenen Raum gebe, den unsere an Schrift und Sprache orientierte Kultur womöglich nicht angemessen würdige. Aus der Sicht des Hirnforschers jedenfalls müsse man das Sehen, die ästhetische Erfahrung, viel ernster nehmen, wenn man die Funktionsweise unserer Welt- und Selbsterfahrung verstehen wolle. An das Publikum gewandt, rief der Hirnforscher die Anwesenden auf, an sich selbst nachzuverfolgen, wie sie erinnern und was sie tun, wenn sie an etwas denken. Es seien in erster Linie Bilder und erst in sekundärer Hinsicht Abstraktionen in semantischen Formen. Und das, was jeder leicht an sich selbst nachverfolgen könne, lasse sich sowohl an Hirnaktivitäten messen wie auch evolutionstheoretisch erklären.

Der Kunsthistoriker replizierte, ohne dem Hirnforscher zu widersprechen. Auch er machte die Bedeutung ästhetischer Erfahrung stark und wies auf den *iconic turn* in den Kulturwissenschaften hin, die dabei seien, die systematische Unterschätzung des Bildes und der bildlichen Wahrnehmung zu überwinden. Unsere Kultur sei eine visuelle, keine Schriftkultur mehr – dies zeige die hohe Zahl an Piktogrammen im städtischen Alltag, an visuellen Formen der Präsentation von Informationen sogar in der wissenschaftlichen Kommunikation und nicht zuletzt die Bedeutung des Fernsehens und die immer stärkere Rolle des Bildhaften im Internet.

Ich wurde schon ein bisschen unruhig, weil die beiden Antipoden auf dem Podium sich gegenseitig nur bestätigten. Jetzt fehlte nur noch der Hinweis darauf, dass man die Geschichte des modernen Denkens keineswegs nur als Geschichte des Wortes *(logos)* und der eindeutigen Begründung, keineswegs nur als Geschichte der rationalen Erklärung und der logischen Schlussfolgerung rekonstruieren dürfe. Vielmehr sei es stets auch die ästhetische Erfahrung gewesen, die das eigentliche, wenigstens ein ebenbürtiges Mittel der Weltaneignung gewesen sei.

»Von Schiller bis Adorno, von Goethe bis zur Romantik, von Nietzsche bis in die Postmoderne, überall wird die ästhetische Erfahrung als ein klares Gegengewicht gegen die kalte Rationalität des guten Grundes gesetzt. Gewissermaßen die ästhetische Rationalität des guten Lebens!« Da kam das Argument wirklich, und ich weiß nicht mehr genau, wer von den beiden Diskutanten es formuliert hat, aber das ist auch egal. Nun brauchte man nur noch Goethes »Wär nicht das Auge sonnenhaft, die Sonne könnt' es nicht erblicken«, um den Natur- und den Geisteswissenschaftler so weit zu versöhnen, dass sich ein Podiumsgespräch gar nicht mehr gelohnt hätte.

Aber dann kam doch noch etwas Kampfgeist auf. Der Kunsthistoriker und Bildwissenschaftler setzte nämlich mit einem Gedanken nach. Er nahm nun seinerseits die Hirnforschung, vor allem ihre feuilletonfähige, popularisierte Variante, als Beispiel dafür, wie sehr sich die Plausibilität der Hirnforschung selbst über Bilder erschließe. Das Leib-Seele-Problem sei ein altes Problem – und die ästhetische Seite des Problems habe unter anderem darin bestanden, dass der Leib leibhaftig sei, sichtbar, sinnlich erfahrbar und zugleich Grund unserer Sinnlichkeit. Seele und Bewusstsein aber, wiewohl durchaus Subjekte sinnlicher Erfahrung, seien nicht sinnlich erfahrbar, sondern notorisch verborgen. Und nun komme die Hirnforschung und zeige uns – Bilder. Zwar Bilder vom Gehirn, aber immerhin Bilder von Aktivitäten, die die andere, die unsichtbare Seite sichtbar machen sollten. Geradezu *schön* sähen die Bilder aus, auf denen Hirnregionen aufleuchten, und das in verschiedenen Farben und Rhythmen. Das, so der Kunsthistoriker, sei ein Hinweis darauf, dass die Hirnforschung ihre Inhalte auf die gleiche Weise vermitteln müsse wie alle anderen Kulturbereiche. Da sei es kein Zufall, dass sie ihre Plausibilität – und zwar nicht nur in der breiten Öffentlichkeit, sondern auch vor dem eigenen Fachpublikum – nicht in erster Linie mit ihren Argumenten erzeuge, sondern mit Bildern.

Ich fand, das war ein gutes Argument. Wie bei allen bildgebenden Verfahren wird auch hier nichts abgebildet, sondern es wird etwas bildhaft erzeugt. Die bunten Hirnregionen gibt es nicht – sie sind Artefakte des Verfahrens, wie ja auch die Kurve eines Elektrokardiogramms nicht unser Herzschlag ist, auch wenn wir uns so sehr daran gewöhnt haben, sie so zu lesen, dass wir Angst vor falschen Ausschlägen auf dem Papier oder dem Bildschirm des Kardiografen bekommen.

Ich hatte den Eindruck, dass der Hirnforscher danach zwischen zwei Reaktionen hin- und herschwankte. Zum einen freute er sich irgendwie darüber, dass seine Hirnbilder unter Kunstverdacht gerieten, und bekannte sich dazu, dass er die Bilder auch irgendwie schön finde. Zum anderen geriet er in die Defensive und redete sich ein wenig damit heraus, dass Naturwissenschaft die Natur nicht eins zu eins abbilde, sondern dass Ergebnisse methoden- und verfahrensabhängig seien.

Die Diskussion der beiden kam damit zu einem merkwürdigen Ende. Der Kunsthistoriker war zu klug, um nun aus seiner Kritik Kapital zu schlagen und auf die Unsichtbarkeit der Seele und des Bewusstseins zu schließen, um damit der Hirnforschung ihre Zuständigkeit für dieses Gebiet abzustreiten; der Hirnforscher war zu klug, um seinerseits darauf zu beharren, dass die richtige Methode auch zu richtigen Erkenntnissen komme. Sie ließen beide offen, wie die letzte Bedeutung der Dinge sei – und machten damit auf kluge Weise deutlich, was sich wissenschaftlich tatsächlich vertreten und rechtfertigen lässt.

Spannend wurde es freilich, als die Diskussion fürs Publikum geöffnet wurde – was vor allem den Hirnforscher im Laufe der Diskussion dann doch zu dezidierteren Sätzen nötigte. Eine sehr aufgebrachte Diskussionsteilnehmerin wollte unbedingt wissen, ob denn der Hirnforscher nun behaupten wolle, dass ästhetische Erfahrung reine Biologie sei, ob sich ästhetische Erfahrung und Qualität tatsächlich auf bloße Hirnphysiologie zurückführen lasse.

»Ja, das ist exakt der Ansatz, den ich vertrete. Wir gehen in der Tat davon aus, dass das Bewusstsein und die Erfahrung das Ergebnis von Hirntätigkeit ist. Aber das schmälert nicht den Erfahrungswert des Ästhetischen, denn Sie erfahren das Ästhetische eben so, wie es das Gehirn vorgibt. Subjektiv, also in Ihrer Innensicht, sehen Sie nicht das Gehirn, sondern sich und Ihre Erfahrung. Aber was wir sehen können, ist, dass diese Innensicht eine Funktion des Gehirns ist. Ist das so unplausibel? Dass Sie sich körperlich wohlfühlen, ist unter anderem auch das Ergebnis für Sie völlig unsichtbarer Regelsysteme, die Blutdruck, Puls und Atmung oder auch etwa die Pupillenöffnung regeln, subjektiv aber fühlen Sie sich wohl und registrieren nicht, dass hier ein kybernetischer Kreislauf Informationen verarbeitet.«

Diese Antwort war nicht angetan, die Fragestellerin zu besänftigen: »Sie wollen doch wohl ästhetische Erfahrung und unseren Willen nicht mit der vegetativen Steuerung unserer Lebensfunktionen vergleichen?« »Nein, das ist ein anderer Mechanismus, aber eben auch ein Mechanismus. Letztlich bin ich davon überzeugt, dass sich in der Tat unsere spezifisch menschliche Bewusstseinstätigkeit aus den Aktivitäten unseres Gehirns nicht nur erklären, sondern auch unmittelbar darauf zurückführen lässt.«

Ein anderer Diskussionsteilnehmer sekundierte der ersten Sprecherin: »Ich bin für das, was ich tue, selbst verantwortlich. Ich bin keine Handpuppe meines Gehirns. Was Sie da vertreten, ist das Ende des verantwortlichen, des selbstverantwortlichen, des zu moralischem Urteil fähigen Menschen.« Dies wurde mit schriller

Stimme vorgetragen, und der Hirnforscher reagierte darauf mit der Gelassenheit dessen, der mit solchen Argumenten schon häufiger konfrontiert worden ist: »Ich spreche Ihnen und auch mir selbst ein solches Selbstverhältnis überhaupt nicht ab. Aus der Perspektive des Ichs, also aus Ihrer und meiner Innenperspektive, erscheinen wir in der Tat als die Urheber unserer Handlungen. Die Idee des freien und autonomen Willens, auch der angemessenen ästhetischen Erfahrung übrigens, ist eine kulturelle Konvention, die sich historisch bewährt hat und die uns das Leben erleichtert. Aber aus der Perspektive des Gehirns müssen wir von einem Determinationsverhältnis von Hirnaktivität und Verhalten ausgehen.«

Der Ärger war ebenso authentisch wie erwartbar, ebenso einmalig wie unvermeidbar. Diskussionen über dieses Thema landen immer bei der Frage nach der Autonomie, nach dem freien Willen, bei einer starken Opposition zwischen Natur- und Kulturwissenschaft und auch bei dem Vorwurf, dass die Hirnforschung dem Menschen offensichtlich jegliche Verantwortungsfähigkeit abstreitet und damit der Unmoral Tür und Tor öffnet. Schuld, Verbrechen und schlicht Unangemessenes würden relativiert und der Einzelne pauschal und im Vorhinein freigesprochen.

Dieses Argument kannte ich schon von der Diskussion nach meinem Vortrag. Wir beide, mein Gehirn und ich, wollten nun die Veranstaltung verlassen, weil wir beide zu wissen schienen, wie die Diskussion weitergehen würde. Wir gingen deshalb – und da ich abends noch mit einem befreundeten Kollegen aus Frankfurt zum Abendessen verabredet war, verließ ich das Messezentrum, ging zu Fuß zu meinem nahe gelegenen Hotel und freute mich, bis zu dem Treffen am Abend noch einige Zeit zu haben, die ich mir mit einem Besuch des nahe gelegenen Städel-Museums verkürzen wollte.

Dort hatte ich Gelegenheit abzuschalten und erfreute mich an den ausgestellten Werken. Vor allem zwei Gemälde fesselten meine Aufmerksamkeit: Botticellis »Weibliches Idealbildnis« von zirka 1480 und der berühmte »Goethe in der römischen Campagna« von

Tischbein, 300 Jahre später gemalt. Beide sind Porträts, und beide bilden das Abgebildete nicht ab, sondern erzeugen einen zusätzlichen Sinn, den man mit Worten nur schwer erklären kann, weil sich dieser zusätzliche Sinn letztlich nur durchs Sehen erschließt. Botticellis »Idealbildnis« gibt keine reale Frau wieder, sondern eine geradezu mystische Erscheinung, deren Perfektion anzeigt, dass das Ideal immer nur ein Bildnis sein kann. Und das berühmte Bild des Dichterfürsten, das in mir spontan den Gedanken an Marilyn Monroe wachrief, ist keine naturalistische Darstellung des Italienreisenden, sondern eine idealisierte Darstellung seines Genius. Beide Bilder zeigen etwas, das sich nur in Bildern zeigen kann. Und auch meine Assoziation an Marilyn Monroe hat mit diesem Vorrang des Ikonischen vor dem Semantischen zu tun, denn Goethe und Monroe haben herzlich wenig miteinander zu tun – außer dass Tischbeins Bild Vorlage war für Andy Warhols vierfarbigen Druck Goethes und die berühmteste Version dieser Werkreihe Marilyn Monroe zeigt.

Die beiden Podiumsteilnehmer hatten ganz offenbar recht. Die ikonische, bildhafte Realität erzeugt in der Tat etwas, das weit über das Semantische hinausgeht und durch Erklärungen wohl eher verliert als gewinnt. Jedenfalls war mein Gehirn von den beiden Bildern außerordentlich angetan und schien irgendwie angeregt worden zu sein, nun seinerseits aktiv zu werden. Es vergegenwärtigte mir noch einmal die Podiumsdiskussion und vor allem den anschließenden Schlagabtausch mit dem Publikum.

Dass derzeit gerade die Hirnforschung so feuilletonfähig ist, hat sicher mit dem zu tun, was der Kunsthistoriker angesprochen hat: dass bildhaft und sichtbar dargestellt wird, was zuvor als das Unsichtbarste schlechthin galt. »Ich habe so viele Leichen seziert und nie eine Seele gefunden«, soll der Mediziner und Begründer der modernen Pathologie Rudolf Virchow (1821–1902) gesagt haben. Dies ist vielleicht eine der paradigmatischsten und selbstbewusstesten Äußerungen eines Naturwissenschaftlers, der mit dem

Skalpell eine ganze Welt wegschneiden konnte – eine Welt, die zuvor als unzweifelhaft sicher galt und nun zur reinen Spekulation wurde. Ähnlich soll der Sowjetrusse Juri Gagarin, der erste Mensch im Weltall, ausgerufen haben, im Orbit keinen Gott getroffen zu haben – *urbi et orbi* zum Trotz.

Nun scheint die Hirnforschung sichtbar zu machen, was zuvor nicht nur unsichtbar war, sondern sogar als inexistent decouvriert wurde – die Seele des Menschen ebenso wie sein letztendlich in Gottesvorstellungen mündendes kulturelles Bedürfnis nach konsistenten Weltbeschreibungen. Wie das Gehirn letztlich ein Wahrnehmungsapparat mit der Tendenz zur Bestätigung seiner eigenen Hypothesen über die Welt ist, so sucht das Innenverhältnis des Menschen nach konsistenten Selbstbeschreibungen. Aus der objektivierenden Außenperspektive der Hirnforscher sind diese allerdings Illusionen – nützlich, jedoch nicht realitätshaltig.

Das ist natürlich der Stoff, aus dem man Feuilletons und interessante Konflikte zaubern kann. Und selbst wenn die beiden Antipoden auf dem Podium zu klug waren, um sich ganz und gar auf den gängigen »Neuro-Pop« einzulassen, wie mein Kollege und Freund, der Hirnforscher Ernst Pöppel, diese Zeiterscheinung nennt – in der Diskussion hatten sie keine Chance, ihm zu entkommen. Zu sehr scheint die hirnphysiologische Erzählung dem zu widersprechen, was den Menschen in ihrer Selbstbeschreibung plausibel erscheint.

Manche starken Sätze von Hirnforschern, besonders solche, in denen sie sich über die Konsequenzen ihrer Forschung für philosophische Fragen des menschlichen, subjektiven Selbstverhältnisses äußern, scheinen mir auch allzu sehr davon bestimmt, dass sie selbst nicht wissen, wie artifiziell die Idee eines unbedingten freien Willens bereits lange vor der Hirnforschung war. *Nihil enim minus in nostra potestate est quam animus,* nichts ist nämlich weniger in unserer Macht als unser Geist. Dieser Satz stammt keineswegs aus einem Manifest der aktuellen Hirnforschung, sondern von dem französischen Frühscholastiker Petrus Abaelardus aus dem 12. Jahrhundert.

Dass unser Geist nicht wirklich in unserer Macht steht, ist also ein altes Thema. Man kann sogar sagen, dass es die Grundlage aller religiösen Erfahrung bildet. In der Sprache der Theologie würde man von *Unverfügbarkeit* sprechen. Diese Erfahrung legt auch die Hirnforschung nahe. Und wollte man dies religiös wirklich ernst nehmen, könnte man wohl kaum das Gehirn als Materielles gegen die Seele und das Bewusstsein ausspielen, ist doch beides Teil jener Schöpfung, deren Grund sich eben nicht vollständig beschreiben lässt. Wir finden uns in beidem vor, im Materiellen und in seiner Vorstellung, man könnte auch sagen: viel weniger *als* ein Ich, sondern eher *in* einem Ich.

Diese Denkfigur hat die gesamte moderne europäische Philosophie des Subjekts bestimmt. Immanuel Kants Idee vom *Ich, das all unsere Vorstellungen muss begleiten können*, war ja bereits so formuliert, dass hier nicht einfach ein Ich vorausgesetzt wurde, sondern dass sich Bewusstseinstätigkeit tatsächlich nur praktisch, also unhintergehbar in sich selbst vorstellen lässt: Das Ich findet sich in sich selbst vor und hat deshalb keine andere Chance, sich auf sich selbst zu beziehen, als durch sich selbst. Schon hier wird das Bewusstsein, das sich stets als ich-förmig-eigenes Bewusstsein vorfindet, gewissermaßen praktisch begründet – als Vollzug einer Tätigkeit, die das Vollziehende nicht schlicht voraussetzt, sondern eben vollzieht.

Und: Das Bewusstsein findet sich in einer Gegenwart vor, die für es selbst nicht vollständig transparent ist. Wir werden von unserer eigenen Gegenwart irgendwie überrascht, weil es vor dieser Gegenwart nur andere Gegenwarten gibt. In der philosophischen Tradition kannte man dieses Problem als Problem des unendlichen Regresses. Wenn ein Ich sich wahrnehmen will, muss es ein weiteres Ich hinter dem Ich geben, das dann wiederum ein weiteres voraussetzen musste und so weiter. Das führte zu einem unendlichen Begründungsproblem, bis man dann ein *transzendentales* Ich vorausgesetzt hat, das das Problem löst – etwas Unsichtbares, eine merkwürdige Vertrautheit mit sich selbst, die dem Ich eine besondere, unsichtbare Würde verlieh.

Ich will hier nicht die unterschiedlichen Spielarten dieser Lösung referieren – nur dies: Heute würden wir wohl eher auf Zeitprobleme stoßen. Das Ich ist sich immer schon vorweg, wenn es sich selbst wahrnimmt, von einer Wahrnehmungsgegenwart zur nächsten. Auch insofern werden wir stets von unseren Gegenwarten überrascht, in ihnen finden wir uns geradezu unhintergehbar vor. So muss auch die Idee des freien Willens davon ausgehen, dass das, was wir wollen, nicht noch einmal gewollt werden kann, weil wir unhintergehbar im zeitlichen Verlauf unserer eigenen Bewusstseinstätigkeit gefangen sind. Was wir intendiert tun, geht zwar auf Intentionen zurück, aber diese sind uns womöglich nicht transparent, weil sie jeweils in einer Gegenwart stattfinden, von der wir eher überrascht werden, als dass wir sie distanziert hervorbringen.

All das konnte man bereits aus den sehr unterschiedlichen Spielarten der Bewusstseinsphilosophie wissen – wenn auch deren Rezeption eher so tut, als sei das Bewusstsein ein für sich transparenter Apparat, der wollen kann, was er will. Was man heute stark machen muss, ist eher das Staunen darüber, dass wir in einer ganz eigentümlichen Geschlossenheit unseres eigenen Intendierens, Wollens und Denkens stecken – gefangen in den Gegenwarten unserer selbst, die unsere Freiheit auf das einschränkt, was wir vermögen, uns damit aber exakt diese Freiheit ermöglicht.

Interessant ist nun die Parallele zu dem, was die Hirnforschung behauptet. Ich habe die Diskussionsveranstaltung ja frühzeitig verlassen – aber ich bin mir sicher, dass in der Diskussion noch die berühmten Libet-Experimente zur Sprache gekommen sind. Benjamin Libet hat gezeigt, dass bereits 300–500 Millisekunden bevor dem Handelnden sein Handlungsmotiv bewusst wird, entsprechende Erregungszustände im Gehirn nachweisbar sind. Dies wird gerne als Beweis ins Feld geführt, dass der Mensch nicht »Herr im eigenen Haus« und die Idee des freien Willens nicht mehr als eine nützliche Illusion sei, hervorgebracht von einer Kultur, die die Welt aus der Sicht des Ichs, nicht aus der Sicht des Gehirns beschreibe. Dieser Argumentation zufolge habe das Gehirn bereits entschieden, bevor dem Bewusstsein etwas als Entscheidung bewusst werde.

Nun fürchte ich, dass die Interpreten der Libet-Experimente Schlüsse auf Feldern ziehen, von denen sie womöglich zu wenig verstehen. Denn ob man aus den Erregungszuständen des Gehirns semantisch und sinnhaft wirksame Entscheidungen ableiten kann, scheint mir sehr zweifelhaft. Wer so redet, überträgt ja all das, was vorher fantasmatisch einem Subjekt, einem Individuum, zugerechnet wurde, nun auf das Gehirn, dem wohl eine gewisse Freiheit zugestanden werden muss. Was heißt denn Determination? Dass das Determinierte determiniert ist, nicht das Determinierende!

Bei vielen philosophierenden Hirnforschern liegt das Problem weniger in der Hirnforschung selbst, die wir Kultur- und Sozialwissenschaftler viel ernster nehmen sollten. Das Problem liegt darin, dass sie mit Begriffen und deren semantischen Konsequenzen mit der gleichen Kompetenz umgehen, wie ich den Oszillografen eines Elektroenzephalogramms auswerten würde. Ich verstehe davon jedenfalls nichts. Von den begrifflichen Konsequenzen dessen, was man damit behaupten kann, verstehe ich allerdings etwas.

Insofern rekonstruieren die Libet-Experimente etwas, das man auch vorher schon wissen konnte: dass das Bewusstsein sich selbst in seiner unmittelbaren Gegenwart nicht wirklich transparent sein kann. Es ist nicht leicht zu beschreiben, aber ich denke, man kann an sich selbst bisweilen nachverfolgen, wie ein Wunsch, ein neuer Gedanke, eine Assoziation, ein Wille, sogar ein gesprochener Satz entsteht, ohne dass dies zuvor transparent und bewusst vorbereitet worden ist. Man muss sich nur bei einem engagierten Gespräch beobachten. Hier nimmt man sich selten den Satz vor, den man gleich spricht, sondern wird oft von Sätzen überrascht, die man selbst sagt, oder von Einfällen, die exakt das sind, was das Wort sagt: ein *Einfall*, also das, was irgendwie von außen einfällt, und eben nicht ein *Auswurf*, der etwas ejakuliert, was schon da ist.

Das gilt übrigens auch fürs Schreiben – wenn ich mich vor ein leeres Blatt setze oder an den Computer, dann gibt es natürlich Sätze, die man sich regelrecht vornimmt, über die man nachdenkt, die richtig erzwungen werden müssen. Aber wenn es einmal läuft, dann geht es irgendwie von selber, dann kann ich im besten Fall am Bildschirm mitlesen, was mir gerade eingefallen ist. Das würde nicht funktionieren, wenn ich mir jeden Satz vornehmen müsste. Genau deshalb sind wir auch in unserer Muttersprache kreativer als in Sprachen, die wir im Vollzug bewusster gestalten müssen. Sich selbst beim Schreiben und Reden zu beobachten, aber auch beim assoziativen Denken, vermittelt einen Eindruck davon, dass es keinen Unterschied gibt zwischen dem Ich, das etwas will und etwas intendiert, und dem Ich, das da etwas tut.

Ich glaube sogar, dass wir uns praktisch an unser eigenes Reden gewöhnen – nicht umgekehrt. Manchmal macht es sogar den Eindruck, dass wir uns zu unserem eigenen Willen regelrecht *überreden* müssen. Wir erfahren uns praktisch, wir hören uns zu, wir gewöhnen uns an die Sätze, die sich bewähren. Und unser eigener Wille entsteht beim Reden. Obwohl wir uns letztlich über eine Art äußeren Umweg dazu überreden müssen, was wir wollen, sind wir es jedoch selbst, die wir diese äußere Perspektive einnehmen, die unserer Innenwelt eine Form gibt.

Das ist zugegebenermaßen ein schwieriger Gedanke – aber er ist weniger abstrakt, als es zunächst den Anschein hat. Man muss es nur an sich selbst testen. Niemand kann gedanklich den Denkapparat verlassen, mit dem er denkt. Sich selbst zu reflektieren, über sich nachzudenken, etwas zu wollen, setzt voraus, eben dies selbst zu tun – und dabei können wir uns nicht zugleich selbst vorweg sein. Was wir also intendieren, geschieht womöglich unintendiert. Und was wir wollen, geschieht letztlich ungewollt. Und all das nicht, weil wir es nicht intendieren und nicht wollen, sondern weil wir vor dem Intendieren und Wollen nichts intendieren und wollen können. Unser Selbstverhältnis ist deshalb paradox! Ich bin davon überzeugt, dass das berühmte Problem des Subjekts, also des Selbstverhältnisses des Menschen, in die Irre führt, wenn man hier freien Willen und völlige Selbsttransparenz zum Maßstab macht. Spannend wird die Frage nach dem Selbstverhältnis erst dann, wenn man sieht, wie vertraut und gleichzeitig wie fremd wir uns sind. Das hat damit zu tun, dass alles, was geschieht, in einer Gegenwart geschieht, deren praktische Struktur im Moment des Geschehens uns weder vollständig transparent ist noch vollständig verfügbar.

Man kann die Libet-Experimente auch als eine Reflexion darüber lesen, wie sehr wir uns immer schon in einer praktischen Gegenwart aufhalten und wie sehr wir dies stets erst im Nachhinein merken. Dieses unentrinnbare Gefangensein wird hier eben über die Chiffre des Gehirns ausgedrückt. Sieht man es so, braucht es dann auch nicht mehr die merkwürdige Scheidung von Gehirn und Ich, als sei unser Gehirn jemand Anderes als wir selbst – und als seien wir selbst etwas Anderes als das, was auch physiologisch in und mit uns geschieht.

Die Idee übrigens, dass dem Handeln von Einzelnen bereits Erregungszustände vorausgehen, dürfte aus soziologischer Perspektive nicht allzu sehr erstaunen. Wie es nämlich offensichtlich *neuronale Erregungszustände* gibt, die uns womöglich erst im Nachhinein oder gar nicht bewusst werden, gibt es auch *soziale Erregungszustände*, die wir nicht wirklich im Griff haben. Die wirklich interessante Frage lautet dann, wie und warum es einer Gesellschaft gelingt, Individuen »richtige« Motive einzupflanzen und ihnen Ich-Freiheit zu gewähren. Für die Idee des freien Handelns bedeutet dies, dass man wohl davon Abstand nehmen muss, die Unbedingtheit des freien Willens für realistisch zu halten. Er ist nicht *unbedingt* gegeben, sondern *bedingt* – bedingt durch eine körperlich-neuronale Umwelt und eine soziale Umwelt, die beide Voraussetzung dafür sind, ob und wie sich der Handelnde als frei und autonom erlebt beziehungsweise erleben kann.

Es ist recht heilsam, die Frage nach dem freien Willen und nach allem, was daran hängt, nicht immer nur an den hehren Fragen der Autonomie, des moralischen Urteils und des guten Lebens, an den großen Fragen von Schuld und Sühne festzumachen. Eine Nummer kleiner wird womöglich klarer, worum es geht. Wir leben in einer Gesellschaft, in der wir die Dinge, die wir täglich verwenden, nicht selbst herstellen, sondern kaufen. Wir sind umstellt von Produkten und Dienstleistungen, deren Verteilung keineswegs nur von unserer ökonomischen Potenz abhängt. Es geht nicht mehr nur um *ob* oder *nicht*, nicht mehr nur um *mehr* oder *weniger*, sondern vor allem um *was*! Wenn uns täglich Entscheidungen abverlangt werden, dann bei der Wahl von Produkten – und hier kann jeder an sich selbst feststellen, wie unglaublich erwartbar wir uns verhalten. Wenn ich allein daran denke, was für ein Automobil ich fahre, welche Art und welche Marken an Kleidung ich gerne trage, welche Uhr ich besitze, welche Geräte der Unterhaltungselektronik, aber auch welche Urlaubsorte und -formen mir zusagen, wie mein Musikgeschmack aussieht, welche Zeitschriften und Bücher ich gerne lese, welche Restaurants ich besuche, dann ist das alles sehr individuell und ganz auf mich zugeschnitten – und zugleich auch ziemlich erwartbar und kalkulierbar.

Und in einer ähnlichen Weise geht es weiter: Wen finden wir sympathisch? Mit welcher Art Leute sind wir gerne zusammen? In wen verlieben wir uns? All das ist weder determiniert noch sonst wie festgelegt – nicht durch das Gehirn und nicht durch die Gesellschaft. Aber dass es offensichtlich in sehr erwartbaren Bahnen stattfindet, ist kein Zufall, sondern Ausdruck davon, dass unsere Individualität, unsere soziale Existenz, unser So-Sein praktisch erzeugt wird und praktisch plausibel gemacht werden muss.

Dass ich in der kurzen freien Zeit ins Städel-Museum gegangen bin und nicht in einen Spielsalon, in einen Elektronikmarkt oder mich im Hotelzimmer vor den Fernseher gesetzt habe, ist sicher ein Zufall – aber dann auch wieder erwartbar. Und gerade weil es so vorhersehbar ist, erscheint die Beschreibung irgendwie merkwürdig. Man könnte mir unterstellen: »Er stilisiert sich hier wie ein professoraler Bildungsbürger, der demonstrieren muss, dass er es mit der Kultur hat und sowohl Botticelli als auch Warhol kennt.« Hätte ich aber etwas völlig Unerwartbares geschrieben, das irgendwie nicht gepasst hätte, hätte das wie Koketterie ausgesehen – selbst in den Beschreibungen gibt es kein Entrinnen aus dem Spiel der *eingebetteten Freiheit*, wie ich es mal nennen will.

Der freie Wille scheint heute eingekeilt zu sein – *eingekeilt zwischen Gehirn und Gesellschaft*. Was man aus der Debatte um die Hirnforschung lernen kann, ist, auch die soziale Situiertheit allen Handelns und die gesellschaftliche Zurechnungspraxis nicht auszuspielen gegen eine unrealistische Idee unbedingter Willensfreiheit.

Über diesen Überlegungen hatte ich die Kunst vergessen und fand mich im Städel-Museum wieder. Ich hatte mehrere Ausstellungsräume durchschritten und dabei die Bilder mit halber Aufmerksamkeit angesehen, während ich innerlich anderweitig beschäftigt war. Ähnliches passiert bisweilen beim Lesen, wenn die Gedanken abschweifen – man liest dann Seite für Seite, blättert sogar um und merkt erst nach einiger Zeit, dass man gar nichts aufgenommen hat. Bei genauer Betrachtung ist mir bei meinem Nachdenken im Museum genau das passiert, worüber ich nachgedacht habe: dass nämlich unser Bewusstsein, unsere innere Welt, aber auch unsere Tätigkeit je gegenwärtig geschieht und dass diese Gegenwart so unmittelbar ist, dass sie uns überrascht, dass wir bisweilen erst hinterher merken, was wir denken, sagen oder tun – gefangen in der Unmittelbarkeit der Gegenwart.

Von derselben Sache handelten auch mein Vortrag vom Vormittag und die Podiumsdiskussion am Nachmittag: Beide haben je auf ihre Weise die Einsicht stark gemacht, dass alles, was geschieht, in einer Gegenwart geschieht und dass es aus der Praxis der unmittelbaren Gegenwart kein Entrinnen gibt. Und beide haben gezeigt, dass dies irgendwie quersteht zur Idee der völligen Selbsttransparenz und Autonomie.

Es zeigte sich aber auch, dass die anschließende Diskussion – mit dem Insistieren auf dem *angemessenen Erinnern* in dem einen Fall und auf der *Autonomie des Individuums* in dem anderen Fall – eine ganz andere Haltung ins Spiel bringt: Hier geht es um eher politische und moralische Statements, die stets aus einer Position sprechen, die etwas postuliert, was erkämpft werden muss, aber nicht wirklich erreicht werden kann. Wer moralisch für angemessenes Erinnern und für Verantwortung eintritt, weiß, wovon dies stets bedroht ist; wer politisch die Selbstbestimmung des Individuums fordert, weiß um die Restriktionen, die die soziale Existenz dem Menschen immer schon auferlegt. Andernfalls wären diese starken Postulate gar nicht nötig.

Ich denke, die Bedeutung von Verantwortung und Selbstbestimmung wird erst dann wirklich klar, wenn wir auch die Restriktionen, in denen wir uns stets vorfinden, mit in den Blick nehmen. Die Restriktionen unserer gegenwärtigen Erwartungen und aktuellen Möglichkeiten beim Erinnern, die Restriktionen der Intransparenz unserer eigenen Existenz zeigen uns immer schon verstrickt in Praxisgegenwarten und ihre Dynamik. Vollkommen frei verfügbar sind unser Wille und unser Tun unter diesen Umständen nicht. Dessen ungeachtet unbeirrt von einer allenfalls normativ plausiblen Idee völliger Selbsttransparenz und Willensfreiheit auszugehen, ist schlicht unrealistisch. Und diese Tatsache dementiert Freiheit nicht, im Gegenteil.

Genau besehen ist es stets ein Ringen um Willen und Freiheit gewesen, ein Ringen darum, das Richtige zu tun, ein Ringen um die Frage, wer man denn sei. Und auf diese Weise entpuppen sich die Restriktionen, die wir von innen und von außen erleben, paradoxerweise gerade als Bedingung dafür, frei sein zu können – frei nämlich in dem Sinne, uns innerhalb dieser Restriktionen zu bewegen, aber eben nicht programmiert. Andernfalls würden wir sie gar nicht als Restriktionen wahrnehmen. Wer an sich merkt, wie er an Grenzen des Möglichen stößt, an Erwartungen und unerfüllbare Bedingungen des Lebens, wer an sich merkt, wie sehr er gefangen ist in all den Restriktionen seines gegenwartsbasierten Bewusstseins, der erlebt den Horizont der Freiheit. Denn Freiheit kann man nur dort erleben, wo sie eingeschränkt wird, wo sie in Gefahr gerät, wo es andere Möglichkeiten gibt, wo nichts so determiniert geschieht, dass ein Automatismus herrscht.

Unser Erleben von Freiheit ist also gerade Ausdruck jener unvermeidlichen Restriktionen, die wir stets erfahren – eingekeilt zwischen dem *Gehirn*, als Chiffre für unsere unmittelbare Selbstgegenwart und unverfügbare Disposition, und der *Gesellschaft*, als Chiffre für die Erwartungen, Routinen und Praxen, in denen wir uns vorfinden und einrichten. Eine Restriktion der zweiten Art betraf mich nun ganz konkret. Die Zeit war so weit vorgeschritten, dass ich mich beeilen musste, um pünktlich zu dem verabredeten Treffen zu kommen. Ich verabschiedete mich von Idealbildern und Gedankengängen, verließ zügig das Museum und ging zu Fuß Richtung Frankfurter Stadtzentrum.

Abwesenheit

Warum auch auf einer kleinen Vernissage die ganze Gesellschaft anwesend ist

»Ins Glockenbachviertel, bitte«, sagte ich dem Fahrer, während ich auf der Rückbank Platz nahm. Das Taxi setzte sich in Bewegung, und als ich es mir dort bequem machte, wusste ich noch nicht, dass der Abend ereignisreicher werden sollte, als es zu erwarten war. Ich freute mich auf gute Gespräche in stilvollem Ambiente und hatte mich vergleichsweise schick gemacht: gediegene schwarze Hose, entsprechendes Hemd, mein neues Sakko eines japanischen Modedesigners und sogar einen schwarzen Seidenschal, ein bis dahin ungenutztes Geschenk. So bin ich sonst nicht angezogen, aber ich war auf dem Weg zu einer kleinen, exklusiven Galerie.

Den Künstler, dessen Werke dort präsentiert wurden, hatte ich bei der Veranstaltung einer Bank kennengelernt, für die er schon mehrfach künstlerisch und beratend tätig war. Wir sind damals gut ins Gespräch gekommen. Ich erinnere mich an einen gemeinsamen Abend, an dem wir uns sehr engagiert unterhalten haben – ich habe soziologisch versucht, die Frage nach dem Ort und der Funktion der Kunst in der Gesellschaft zu beantworten, er wehrte sich gegen eine solche akademisierende Vereinnahmung. Und dann hatte er mich zu der Vernissage eingeladen, die an diesem Abend stattfand.

Zwar kannte der Taxifahrer die kleine Galerie nicht, aber in das Münchner Viertel mit seinen ausgefallenen Geschäften,

Kunstadressen, Kneipen und Cafés hatte er schon häufig Fahrgäste gefahren. Er erkundigte sich, ob in der Galerie eine besondere Veranstaltung stattfinden sollte. Als ich ihm von der Vernissage erzählte, freute er sich. »Dankbare Taxikunden«, meinte er und offenbarte damit seine ganz persönliche Perspektive auf die Welt der Kunst.

Im entspannten Abendverkehr kamen wir zügig durch, und so erreichte ich meinen Bestimmungsort ein wenig zu früh. Immerhin war ich nicht der erste Gast. In dem nicht allzu großen Ladenraum wurde bereits Schaumwein gereicht, auch wenn von meinem Bekannten noch nichts zu sehen war. Da ich niemanden kannte und mich auch keiner der Anwesenden in ein Gespräch verwickelte, wandte ich mich den Kunstwerken zu. Es waren etwa 10–15 cm dicke Blöcke aus weißem Wachs, ab einer Größe von etwa DIN A 4 bis zu zwei Quadratmetern. In die meisten waren Stoffreste eingelassen, zum Teil farbig bedruckt, manche hatten angedeutete farbige Flächen, aber stets ragten Teile von Gegenständen aus dem letztlich undurchsichtigen Wachs heraus, was irgendwie darauf hindeutete, dass man nur die Spitze des Eisbergs sah, nicht aber, was dahintersteckte. Die Werke ähnelten einander sehr, hatten keine Namen, waren lediglich nummeriert, und eine ausliegende Liste taxierte die kleineren Stücke auf 3000 bis 7000 Euro, mittelgroße erreichten den fünfstelligen Bereich, und die Preise der beiden größten Exponate waren nur auf Anfrage zu erfahren.

Ich bin nicht gerade ungeübt in der Betrachtung von Kunstwerken, aber das unmittelbare Erleben dieser Stücke hat mich doch ratlos hinterlassen – und zwar nicht in dem naiven Sinne, dass ich nicht verstanden habe, was die Werke bedeuteten oder was der Künstler damit sagen wolle. So naiv darf man ohnehin nicht fragen. Ästhetische Erfahrung ist etwas Anderes als eine Erfahrung, aus der klare Informationen, konstative Sätze, eindeutiger Sinn zu ziehen wären. Erst einmal gilt es, sich darauf einzulassen, dass die in Wachs eingelassenen Stoffreste und Gegenstände eben etwas Anderes sind als in Wachs eingelassene Stoffreste und Gegenstände, obwohl man genau das sieht.

Während ich so an den Exponaten vorbeiging, mich dabei ertappte, die einzelnen Werke gar nicht mehr unterscheiden zu können und meine Aufmerksamkeit irgendwie auch erzwingen zu müssen, schweiften meine Gedanken einige Monate zurück. Während einer Reise mit meinem 14-jährigen Sohn nach New York habe ich mit ihm das MoMA, das Museum of Modern Art, besucht.

Das Murren im Vorfeld war nur dadurch zu besänftigen, dass erst einmal drei Blocks entfernt an der Fifth Avenue die für ihn spannenden Ausstellungsstücke in Augenschein genommen wurden – T-Shirts, Hosen, Hemden, Turnschuhe. Bei Abercrombie & Fitch zum Beispiel, einem Laden direkt gegenüber dem Trump Tower, in dem die Musik so laut gespielt wurde, dass dies hierzulande zweifellos gegen geltende Lärmschutzrichtlinien verstoßen und allerlei Gewerkschaften auf den Plan gerufen hätte. Ein Laden übrigens, in dem Leute meines Alters allenfalls an den Kassen geduldet waren, wo die Favoriten der Jugendlichen zu bezahlen waren. Zufriedengestellt durch den Besuch dieses Konsumtempels, war er dann auch in den Musentempel zu bewegen.

Aus der Münchner Pinakothek der Moderne wusste er bereits, dass Alltagsgegenstände manchmal Kunstwerke sind, manchmal nicht und dass manche Kunstwerke so aussehen, als hätte man sie auch selbst machen können. Ich erinnere mich noch, dass er über ein Bild von Gerhard Richter regelrecht empört war: »Studie für Parkstück«, 1971 entstanden, Öl auf Papier, bestehend letztlich aus grauen bis erdfarbenen, übereinanderliegenden breiten Schlangenlinien oder Wellen. »Das kann ich auch. So was hab ich in der Grundschule gemalt, Papa! Und jetzt erzähl mir nicht wieder deine endlosen Geschichten.«

Er wusste, was kommen musste, nämlich eine akademische Erläuterung seines überdidaktisierenden Vaters, der ihm nun erklären musste, dass ein Kunstwerk nicht dadurch zum Kunstwerk wird, dass es schwierig zu malen ist. Ein solches Bild müsse man aus seiner Zeit heraus verstehen, als Protest gegen gewohnte Routinen des Sehens, als Versuch, die Form als Form zu verstehen, nicht als Abbild von etwas, sondern als Abbildung des Abbildens. Und so weiter und so weiter. Aber ich war gewarnt, und so habe ich gerade noch die Kurve gekriegt, ihn in Ruhe zu lassen. Es ist ohnehin besser, dass sich die jugendlichen Augen einfach daran gewöhnen, solche Dinge zu sehen – dann lernen sie die Kunst lieben, und dann lernen sie auch das Sehen, und nur darum geht es im Museum, aber dazu später!

Im MoMA ist es mir gelungen, hinreichend lange zu bleiben, um zu sehen, was ich unbedingt sehen wollte, den Besuch aber hinreichend kurz zu gestalten, um meinen pubertierenden Sohn bei Laune zu halten. In diesem Sinne beide zufriedengestellt, haben wir uns dann Richtung Ausgang begeben und im Foyer noch eine Installation bewundert. Sie bestand aus einem weißen Apple MacBook, auf dessen G-Taste eine Bleikugel lag, der Titel des Werks lautete »Lead Ball«. Der Computer war an, es lief das Textverarbeitungsprogramm »Word«, und die Bleikugel sorgte dafür, dass Zeile für Zeile mit kleinen G-Buchstaben gefüllt wurde. Das Kunstwerk, entstanden 2008, stammte von einem britischen Künstler namens James Strange, geboren 1984. Und im ersten Moment wusste man nicht genau, ob der Name bereits Teil der Installation sein sollte, denn *strange* war die Sache schon.

Mein Sohn freilich war total fasziniert. Er konnte die Augen kaum mehr von dem Werk nehmen, betrachtete es ebenso belustigt wie konzentriert und hat es wie kein anderes während unseres Museumsrundgangs beachtet. Ihn beschäftigte irgendeine Frage – und ich wartete ab, was denn nun kommen würde. Eine tiefsinnige Interpretation des Werkes? Wollte er seinem Vater recht geben, dass dies alles mit dem Sehen zu tun hatte? Oder war er schlicht ästhetisch fasziniert? Immerhin haben die Sattelzeitphilosophen, auch wenn sie noch keine MacBooks kannten, der Kunst ein enormes Erkenntnispotenzial zugeschrieben. Hegel vermutete im Künstler den Argus Panoptes, den Alleseher. Und Schelling sah in der Kunst die Darstellung des Unendlichen am Werk. Sollte dieses Werk meinen Sohn mit einem Sprung diesen Sphären näher gebracht haben? Ich war wirklich gespannt.

»Papa, ist das noch ein G4-Chip von Motorola, oder hat dieses MacBook schon den Intel-Prozessor?« Irgendwie war ich erleichtert. Das war vielleicht in dieser Situation die angemessenste Frage zu dem Kunstwerk. »Das ist das neue Modell. Also Intel.« Wir verließen das MoMA gut gelaunt und wurden auf die 53. Straße in Manhattan gespült, wo wir uns in einer Traube von Menschen wiederfanden, die mehr geschoben wurden, als dass sie selbst gesteuert haben, wo sie hingingen.

Aus diesem Gedanken auftauchend, wandte ich meine Aufmerksamkeit wieder der Galerie im Glockenbachviertel zu. Der Raum hatte sich gefüllt, man wurde nun auch eher geschoben, und ich fand mich ebenfalls in einer Menschentraube wieder, mit einem Glas Sekt in der Hand, der allerdings etwas schal geworden war. »Das könnte ich auch«, hätte mein Sohn bestimmt angesichts der Wachsblöcke gesagt. Tatsächlich unterschieden die Kunstwerke sich kaum voneinander, und der Produktionsprozess wirkte dadurch weniger ästhetisch-kreativ als handwerklich gelungen. Vielleicht hebt sich das Ästhetisch-Kreative vom Handwerklichen dadurch ab, dass es Unikate hervorbringt, während das Letztere auf Wiederholung und wenig Variation setzt. Mir waren da auf einmal zu viele ähnliche Unikate. Ich ertappte mich dabei, ganz ähnlich wie mein Sohn auf solche Werke zu reagieren und es plausibel zu finden, dass ich das auch hingekriegt hätte. Fast habe ich mich vor mir selbst geschämt, denn eine solche Haltung ist der Super-GAU für einen Kunstbetrachter. Wollte man sich nach Strich und Faden blamieren, müsste man lediglich diesen Satz in die Runde streuen. Ich bin mir übrigens sicher, dass ich jenseits des räsonierenden Erzählens, das ich gerade anstelle und mit dem ich diese Haltung zugleich kunstvoll relativiere, eine solche Aussage nur unter Folter von mir geben würde.

In meiner unmittelbaren Umgebung bewegten sich die Zweifel auf einer ganz anderen Ebene. »Das hat er letztes Jahr noch ganz anders vorgetragen, farbiger und irgendwie origineller«, sagte der eine. »So was habe ich schon vor fünf Jahren in jeder zweiten New Yorker Galerie gesehen«, der Nächste. Eine Besucherin meinte: »Starker Eindruck, aber wenig Ausdruck«, eine andere gab kund: »Ich finde, das Material verschwindet hinter dem Material.« Ich hätte noch anfügen können, dass hier der Sinn hinter dem Satz zu verschwinden drohe, habe aber darauf verzichtet und mir ein frisches Glas Sekt geholt.

Inzwischen hatte sich der Raum stark gefüllt, und der offizielle Teil der Eröffnung stand kurz bevor. Der Galerist sagte ein paar Worte, der Künstler, den ich zuvor gar nicht bemerkt hatte, bedankte sich bei allen Beteiligten und ließ es sich nicht nehmen, auf die ausliegende Preisliste hinzuweisen. Er kündigte einen Professor für Kunstgeschichte an, der die Vernissage mit einigen launigen Bemerkungen eröffnen sollte. Es trat ein gut aussehender, hoch gewachsener Mann in die Mitte des Raumes und begann, darüber zu erzählen, wie er den Künstler kennengelernt hatte. Er wolle nichts über die Kunstwerke sagen, die als Meisterwerke ohnehin für sich stünden, sondern mehr über den Künstler sprechen, dessen ganzes Leben in den Werken aufbewahrt sei, der sich immer wieder »riskant und mutig«, aber auch »mit großer Sensibilität« neuen Formen stelle und der nicht umsonst »zu den gefragtesten Künstlern« gehöre, die er derzeit kenne.

Im Grunde hat der Redner eher über sich selbst gesprochen – genau genommen: über all die anderen Reden auf Vernissagen, die er schon halten durfte. Das Ganze erinnerte ein wenig an das Gespräch des berühmten Autors mit einem jüngeren Kollegen, der in dem altbekannten Witz nach einiger Zeit meint: »Junger Freund, jetzt haben wir die ganze Zeit nur über mich gesprochen. Lassen

Sie uns doch einmal über Sie reden: Haben Sie schon mein neues Buch gelesen?« Wirklich fesseln konnte dieser Vortrag meine Aufmerksamkeit nicht.

Weitaus spannender fand ich, wie diese Situation funktionierte: nämlich durch die starke Wirkungsmacht von etwas scheinbar Abwesendem. Die Exponate waren nicht einfach Wachsblöcke mit eingelassenen Gegenständen, so wie das Werk »Lead Ball« im MoMA nicht nur ein MacBook neuerer Bauart mit einer Bleikugel auf der G-Taste war, sie waren Kunstwerke. Und als solche konnten sie nur deshalb erscheinen, weil wir in einer Welt leben, in der wir mit Kunst, mit künstlerischem Erleben, mit der angeblich zweckfreien Formung von Gegenständen, Tönen, Farben, Texten oder Ereignissen rechnen und entsprechende Phänomene unter Kunstverdacht stellen, wenn dies plausibel erscheint. Dass die anwesenden Galeriebesucher die Werke an der Wand als Kunstwerke begriffen und willig einem Redner lauschten, der ihnen sein eigenes Erleben der Werke präsentierte, hing unmittelbar von Ressourcen ab, die nicht unmittelbar anwesend waren.

Diese Gesellschaft rechnet mit Kunst. Man kann das sehr schön daran erkennen, dass selbst diejenigen, die keinerlei Ahnung von Kunst haben und einen Affekt vor allem gegen moderne, abstrakte Kunst pflegen, in ihrem Protest und in ihrem Unverständnis von Kunst ausgehen – auch wenn ihr Verständnis eher vom röhrenden Hirsch oder von Landschaftsschinken geprägt ist. Wir wissen auch ziemlich genau, dass sich eine ästhetische Kritik und Beurteilung von einer technischen Kritik oder einer anderen Nutzenbetrachtung unterscheidet. In bestimmten Situationen kann sogar der Name eines Künstlers unter Kunstverdacht geraten, wie es mir mit James Strange im MoMA ergangen ist.

Mit Kunst zu rechnen beziehungsweise damit, dass es Kunst gibt, ist eine sehr stabile Erwartung. Was Kunst generell ist, was im Einzelnen als Kunstwerk durchgehen soll, was als meisterhaft gelten darf, ist dagegen eher unklar und offen. Deshalb sind Sätze möglich wie jene, die ich den Galeriebesuchern abgelauscht habe – dass Material hinter dem Material verschwindet oder dass andere Künstler Ähnliches schon zuvor gemacht haben. All diese Sätze und unser gesamtes Erleben von Kunst hängen davon ab, dass diese Gesellschaft mit Kunst rechnet und dass wir durchaus auch als Laien in Kunstangelegenheiten einen bestimmten Erwartungsstil teilen.

Insofern wird eine Situation wie die in der Galerie massiv von Abwesendem bestimmt, also von durchaus abstrakten Erwartungen, die das Verhalten der Anwesenden deutlich strukturieren und einschränken: Im Grunde könnten die Anwesenden viel mehr tun, als sie es in der konkreten Situation dann tatsächlich tun. Auf einer Vernissage verhalten sich die Leute in der Regel – wie auf einer Vernissage. Man kann Sätze wie die vom verschwindenden Material von sich geben, man behält seine Zweifel über den Status der Kunstwerke für sich, man klatscht und lacht an den richtigen Stellen der sowohl einmaligen als auch tausendmal gehaltenen und gehörten Rede. Ich weiß übrigens, wovon ich rede, da ich bereits selbst solche Reden zur Eröffnung von Ausstellungen gehalten habe, in denen ich ebenso viel- wie nichtssagend etwas über die Kunst und den Künstler auf den Punkt gebracht und mit einiger Anstrengung die Leichtigkeit des Augenblicks zelebriert habe.

Überhaupt weiß man meist irgendwie, wie man sich zu verhalten hat. Das schränkt die Handlungsmöglichkeiten erheblich ein, es gibt Situationen eine kalkulierbare, erwartbare Struktur und entlastet davon, sie immer wieder neu definieren zu müssen. Als gäbe es einen unsichtbaren Fahrplan, scheint das Verhalten der Menschen in den meisten Situationen bereits koordiniert zu sein, bevor man bewusst koordiniert. Ein Phänomen, für das die Soziologie den Begriff des Habitus parat hält. Dabei handelt es sich um eine halb bewusste, damit aber auch halb unbewusste Disposition, die den Willen, den Geist, das Bewerten und die Semantik strukturiert, ebenso aber auch den Körper, die Choreografie der

Bewegungen, die Dramaturgie der Abläufe, die Kleidung und die Gesten.

Das ist es letztlich, was Situationen strukturiert: dass die Leute sich an jene Dispositionen halten, die gerade passen. Wo anders wäre es denkbar, zu sagen, dass das Material hinter dem Material verschwindet, vorgetragen mit dem herablassenden Engagement des Kunstkenners und einer Geste, die zeigt, dass man in einem solchen Satz »zu Hause« ist? Wo anders schwirren die Leute durch einen Raum und sehen sich Objekte an, die an Wänden hängen und sowohl nur Wachsblöcke sind, in denen Alltagsgegenstände versteckt sind, als auch veritable Kunstwerke zu durchaus bedeutenden Preisen? Am Ende ist es unmöglich zu entscheiden, ob die Leute um die Objekte schwirren, weil es Kunstwerke sind, oder ob es nicht vielmehr ihr Herumschwirren ist, das die Metamorphose vom Wachs zur Kunst bewerkstelligt.

So ein Habitus steht nirgendwo als Regel geschrieben – er muss praktisch erzeugt werden. Was die Leute in der Galerie vorführen, ist ein praktisches Spiel, eine Praxis, etwas, das nur deswegen funktioniert, weil es funktioniert. Und wie es funktioniert, kann man testen, indem man sich nicht an die ungeschriebenen Regeln dieser Praxis hält, etwa indem man nachhakt: »Was meinen Sie damit, dass das Material hinterm Material verschwindet? Ist das nicht widersinnig?« Oder indem man arglos fragt, wo denn nun die Kunstwerke seien? Das sei doch eine Vernissage, oder? Ich kann mir eigentlich nur vorstellen, dass solche »Querschläge« geradezu von der Praxis der Situation aufgesogen würden. Man würde beides für einen Scherz halten – oder für eine besonders »wissende« Einlassung. Jedenfalls dürfte es einige Zeit dauern, bis die Störung tatsächlich als solche auffällt – und genau das ist ein Hinweis darauf, wie stabil die Erwartungen in einer solchen Situation gebaut sind.

Wer also wissen will, wie eine moderne Gesellschaft funktioniert, muss nur eine Vernissage besuchen. Dabei kann man einerseits feststellen, dass die Leute, die dort sind, schlicht und einfach machen, was sie machen. Man wird aber zugleich feststellen, dass sie das, was sie tun, nur tun können, weil sie in einer Gesellschaft leben, in der mit eben diesem Verhalten gerechnet wird. Sieht man auf diese Weise im Verhalten der Menschen einen je wirksamen gesellschaftlichen Habitus walten, wird man in den unterschiedlichsten Situationen mitsehen können, wie sehr Anwesendes von Abwesendem abhängig ist.

Mir geht es bei diesem Beispiel nicht in erster Linie um die Kunst, auch nicht um Vernissagen oder Leute, die wissen, wie man sich dort verhält – oder besser: die sich dort so verhalten, als wüssten sie, was sie da tun. Ich hätte auch eine andere Situation wählen können.

In meinen einführenden Vorlesungen pflege ich ein Blatt an die Wand zu projizieren, auf dem von oben bis unten in grafischer Regelmäßigkeit das Wort »Ja« steht, an einigen wenigen Stellen allerdings das Wort »Nein«. Ich lasse meine Studenten dann interpretieren, was sie da sehen. Die Interpretationen reichen von einem Gedicht, einem grafischen Kunstwerk bis zu inhaltlichen Interpretationen. Für eine Studentin war es sogar eine Parabel auf die Evolution, denn nur wenn es zu wenigen Neins komme, sei Variation und Selektion möglich, ohne dass die Gesamtstruktur zusammenbricht. Ein anderer hat die Folie so interpretiert, dass ich wohl zeigen wolle, dass unsere Gesellschaft zu viele Jasager habe, aber kaum mutige Neinsager. Andere Interpretationen wollen sogar eine Metapher auf die Schöpfung des Menschen als freiem Wesen sehen, das in der Lage ist, Ja oder Nein zu sagen.

Was ich hier zeigen will, ist dies: Die Situation in einem Hörsaal erzwingt in den Köpfen der Studierenden geradezu, dass das projizierte Bild an der Wand etwas Sinnhaftes bedeuten muss. Deshalb wird die Frage beflissen beantwortet, und obwohl in einem solchen Hörsaal bisweilen 800 Menschen sitzen, schwindet die Angst, ins Mikrofon zu reden, weil das in einer solchen didaktisierten

Situation erwartbar ist. Ich habe das schon oft gemacht – und es ist noch nie passiert, dass das Spiel nicht aufgegangen wäre.

Es ist aber keineswegs so, dass ich diese Möglichkeit geschaffen hätte. Ich bin als Hochschullehrer selbst das Produkt einer solchen Situation, die in einer Gesellschaft stattfindet, in der man in bestimmten Situationen mit Didaktik und lehrender Kommunikation rechnet. Alle wissen latent, was sie dann tun können und müssen – mich eingeschlossen. Eine solche Situation zehrt von etwas, das nicht in der Situation selbst liegt. Überall zehrt das sichtbar Anwesende von Abwesendem, aber überall müssen die Dinge jeweils praktisch, gegenwärtig hergestellt werden – das, was ich alle zwei Semester im AudiMax der Universität München vorführe, ebenso wie das, was in der Galerie im Glockenbachviertel stattgefunden hat.

Lasse ich meinen Besuch in der Galerie vor diesem Hintergrund Revue passieren, fallen mir immer mehr Voraussetzungen auf, die erst ermöglichen, was da praktisch geschehen ist. Schon mit dem Taxi die etwa 14 Kilometer von meiner Wohnung bis ins Glockenbachviertel zurückzulegen, erscheint nur deshalb eine wenig anspruchsvolle Aktion, weil eine Infrastruktur bereitgehalten wird, damit man eine Nummer anruft, wenige Minuten später ein Taxi da ist, mit einem Fahrer, mit dem man über nichts weiter reden muss als über das Fahrtziel, mit relativ stabilen ökonomischen Erwartungen darüber, was das wohl kosten wird, und in einer Stadt wie München auch mit der Erwartung, dass einem nicht wirklich etwas passieren kann beziehungsweise dass das Taxi so versichert ist, dass im Falle eines Falles der Schaden auch für mich reguliert werden wird, sogar mit der Erwartung, dass bei unangemessenem Verhalten des Taxifahrers Beschwerde- und Klagemöglichkeiten zur Verfügung stehen und so weiter. All das bleibt unsichtbar – solange keine Störungen auftreten.

Ein schöner Indikator für den Anteil stabiler Erwartungen sind die Beschreibungen solcher Situationen. Bleiben wir zunächst bei der einfachen Taxifahrt. Beschrieben wird in der Regel nur, was sichtbar ist: Vielleicht beginnend damit, dass man in der Taxizentrale anruft, dann, dass das Taxi kommt, dass man mit dem Fahrer spricht, dass man ankommt, eventuell noch, dass man dafür bezahlen muss. All das Andere, das als strukturelle Voraussetzung gesellschaftlich immer schon gegeben sein muss, wird gar nicht erst mitbeschrieben – etwa wie man einsteigt oder dass der Taxifahrer sich tatsächlich an rote Ampeln hält und man darauf auch vertraut, bevor man mit ihm an die erste rote Ampel gefahren ist. All das – und noch viel mehr – bleibt unsichtbar. Schaut man so auf Beschreibungen, wird deutlich, was man alles nicht zu sehen bekommt – obwohl es doch unleugbar wirksam ist.

Unsere Erfahrungen sind letztlich alle in dieser Weise strukturiert. Wir haben es gewissermaßen mit *Benutzeroberflächen* der verschiedensten Infrastrukturen und Tätigkeitsfelder zu tun, die wir nicht wirklich begreifen müssen. Kein Bahn- oder Flugpassagier weiß um die Tätigkeiten hinter den Kulissen, die scheinbar einfache Dinge wie eine Bahnfahrt oder einen Flug ermöglichen; er muss die technischen Zusammenhänge auch nicht kennen, die Tausende von Zügen in einem Schienennetz koordinieren oder mehrere Dutzend Tonnen zum Fliegen bringen, um mehr oder weniger pünktlich an sein Ziel zu kommen. Kein Kunde eines Fischgeschäfts braucht sich Gedanken darüber zu machen, wie in Bayern am Tag zuvor gefangener Nordseefisch über die Ladentheke gehen kann oder gar Fische aus den Tropen noch frisch sein können, ohne zuvor tiefgefroren gewesen zu sein. Kein Kunde einer Apotheke muss sich darum scheren, wie das für ihn womöglich lebenswichtige Antibiotikum rechtzeitig in der Apotheke verfügbar ist.

Vor allem muss niemand die Leute kennen, die all das tun und bewerkstelligen, wie ja auch diesen völlig egal ist, wer da eine Bahn oder einen Flieger besteigt, einen Hering kauft oder ein Antibiotikum einnimmt. Die Koordination all dieser Tätigkeiten, die Tätigkeiten von uns in der Regel Fremden sind, wird nicht »organisiert«

im Sinne einer zentralen Entscheidungsinstanz – in ihr spiegelt sich gesellschaftliche Ordnung als etwas Abwesendes, das maßgeblich auf das Anwesende wirkt.

Deutlich wird das schlagartig dann, wenn etwas *nicht* funktioniert, wenn etwa das Antibiotikum fehlt oder der Fisch schlecht ist. Dann stoßen wir darauf, dass hinter den Benutzeroberflächen etwas Entscheidendes waltet: eine Gesellschaft, die all das bereitstellen muss, was wir erwarten, ohne dass es jemanden gibt, der irgendwie koordiniert, was da alles bereitgestellt werden soll. Das gilt übrigens genauso für Situationen, in denen die Versorgung nicht in jenem Maße gesichert ist wie in den reichen Industrienationen. Auch in der Mangelwirtschaft der ehemaligen DDR, wo die Dinge anders beschafft werden mussten, haben sich intransparente, aber kalkulierbare Regelmäßigkeiten herausgebildet. Ordnung entsteht letztlich überall – auch in der chaotischsten Situation.

Und solange sich Fehler und Unkalkulierbares nicht häufen oder bedrohlich werden, ist das Vertrauen in die Stabilität all dieser fragilen Abläufe erstaunlich groß. Wir besteigen die U-Bahn, obwohl sie mit hoher Geschwindigkeit in dunklen Tunneln verschwindet; wir setzen uns in ein Flugzeug, obwohl wir weder den Flugkapitän noch das Fluggerät inspiziert haben; wir lassen uns Narkosen verpassen, obwohl wir wissen, dass wir dann Männern mit scharfen Messern wehrlos ausgesetzt sind, die sich, während sie an uns hantieren, womöglich über Abrechnungsmodalitäten oder das letzte Golfturnier unterhalten.

All das ermöglicht es auch einem Galeriebesucher wie mir, beim Vortrag eines klugen Mannes interessiert und aufmerksam auszusehen – und doch innerlich ganz woanders zu sein. Ich bin mir sicher, dass ich während des Vortrages an den richtigen Stellen geschmunzelt oder mit dem Kopf genickt habe. Ein deutliches Zeichen dafür, wie sehr wir auch ohne unmittelbare kognitive Präsenz in die jeweilige Situation eingelassen sind.

Wir können uns irgendwie aufeinander verlassen, und zwar gerade nicht, weil das, was wir tun, vollständig von uns selbst abhängig ist, sondern weil es von Ressourcen außerhalb unserer selbst gespeist wird, von Ressourcen, die uns erst zu dem machen, was wir je sind. Wir sind *verstrickt in Praxen*, in praktische Lösungen von Situationen, in Erwartbarkeiten, in eine Welt, die eben so ist, wie sie uns praktisch erscheint. Wir werden mit der Ressource ausgestattet, uns angemessen zu verhalten, und zehren jeweils davon, dass Abwesendes abrufbereit ist: mein Sohn mit der Erwartung, dass es bei Abercrombie & Fitch interessanter ist als im MoMA. Ich, indem ich wie von selbst didaktisierend und belehrend etwas über ein Kunstwerk sage, das mir selbst irgendwie merkwürdig erscheint – verstrickt in einen Habitus, den man nicht einfach ablegen kann. Ich bin mir übrigens sicher, mein Sohn wäre sehr verunsichert gewesen, wenn ich nicht so geredet hätte, wie ich es getan habe. Er hatte das Verhalten ja sogar antizipiert. Vom Taxifahrer kann man erwarten, dass er die Vernissage daraufhin abscannt, ob es dort fahr- und damit zahlungswillige Kunden gibt, und dass er einen Habitus pflegt, der es dem Fahrgast ermöglicht, mit ihm auf engstem Raum zu sitzen und unter Umständen fast vollständig auf Kommunikation zu verzichten – etwas, das unter anderen Umständen taktlos wäre.

Die Verstrickung in eine jeweilige Praxis zeigt sich an den vier Kommentatoren der Kunstwerke, die Sätze sagen, die woanders zumindest merkwürdig wären, und die diese Sätze wohl, wenn sie das nicht zum ersten Mal tun, *wie von selbst* sagen. Sie zeigt sich bei mir selbst, der ich diese Situationen erzähle und aufschreibe, denn auch die Beschreibung ist eine Praxis, die es erfordert, in bestimmter Weise getan zu werden. Beschreibungen leben nicht in erster Linie von dem, was man beschreibt, sondern von dem, was man getrost weglassen kann. Wer beschreibt, muss Elemente dessen, was ich die Benutzeroberfläche genannt habe, in eine stimmige Form bringen, die Textteile aufeinander beziehen und genau das irgendwie unsichtbar machen. Er wird nicht eins zu eins abbilden, was da ist, denn dann funktionieren Beschreibung und Erzählung nicht. Das gilt erst recht für den vortragenden Kunstprofessor, der eine Form abruft und dem selbst die Abweichung von der Form eines Vortrages zum Vortrag gerät.

Als dieser Vortrag zu Ende ist, tauche ich langsam aus meinen abschweifenden Gedanken auf. Mein Körper aber hat sofort in dem Moment, in dem Ohren und Augen »Klatschen« gemeldet haben, mitgeklatscht. *Nicht* klatschen kann man in einer solchen Situation nur willentlich. Zu klatschen geht von selbst, auch ohne ausgeprägten Klatschwillen. Der Vortrag muss launig, anregend und geistreich gewesen sein, denn wir applaudierten euphorisch und lang anhaltend. Im Anschluss folgte jene Phase der Vernissage, in der man sich frei bewegen, Kontakte knüpfen und vor allem die Exponate würdigen sollte. Es kam zu üblichem Small Talk, der selbst wiederum eine Praxis ist, in die man irgendwie verstrickt wird. Man redet und redet und merkt vielleicht erst in der Mitte des eigenen Satzes, wie dieser angefangen hat.

Da ich selbst niemanden in der Galerie kannte außer dem Künstler selbst, hatte ich Gelegenheit, mich ausführlich umzusehen und mich ab und an von dem sehr gelungenen Buffet zu bedienen. Die anderen Besucher vermittelten in dieser distanzierten Betrachtung den Eindruck einer stark eingeübten Inszenierung. Sie bewegten sich auf dem engen Raum sehr gekonnt und sicher. Unsere Körper haben es offenbar gelernt, mit einem Glas oder einem Teller in der Hand ohne Kollision zu manövrieren, auszuweichen, Passagen zu finden, sich niederzulassen oder weiterzugehen, Aufmerksamkeit Personen gegenüber zu symbolisieren oder sich unansprechbar zu präsentieren. Wie sehr man all das lernen muss, kann man sich an der Hilflosigkeit eines Menschen vergegenwärtigen, der völlig unvorbereitet und ohne entsprechende Erfahrungen in ein solches Setting gerät.

Das Eingespielte zeigt sich nicht nur in den Bewegungen der Körper, sondern ebenso im gesprochenen Wort, in der Konversation. Anscheinend konnte man über alles Mögliche reden, tatsächlich aber bewegte sich das, was ich aufschnappte, in einem erwartbaren Ausschnitt von »passenden« Themen: Hinweise auf andere Künstler, auf andere Galerien, auf diese und jene Ausstellung, die man gesehen hatte, auf die anmaßende Kritik in diesem oder jenem Feuilleton, auf den neuesten Tratsch, wer mit wem oder auch nicht, auf erzielte Preise und verweigerte Stipendien, gelungene Auktionen und misslungene Geschäfte.

Wie gesagt, über *alles Mögliche* wurde geredet, nämlich über alles, worüber man hier reden konnte. Und man befand sich hier in einer Gemeinschaft von Geübten, die der Situation dadurch ihre Struktur und ihr So-Sein verliehen, dass sie von etwas nicht Ausgesprochenem, von etwas Abwesendem zehrten – von der Erwartung nämlich, dass bestimmte Objekte in dieser Gesellschaft *Kunst* sind und dass es eine bestimmte Sprechweise gibt, wie man solche Objekte, ihre Produktion, Präsentation und Beurteilung handhabt. Das ermöglicht dann Sätze wie jene, die ich bei der Kommentierung der Wachsblöcke gehört habe, oder Sätze wie jene, für die mich mein Sohn im MoMA gemaßregelt hat.

In allen Situationen wie dieser ist die Gesellschaft zugleich anwesend und abwesend – sie ist anwesend, weil das, was man in Situationen tut, tatsächlich in solchen Situationen getan werden muss; und sie ist abwesend, weil solche Situationen von etwas ermöglicht werden, das eben nicht hier und jetzt stattfindet. In einer Gesellschaft ohne Kunst wären die ausgestellten Objekte etwas Anderes – und auch unser Erleben dieser Objekte wäre anders. Die Gesellschaft geht durch uns hindurch – nicht nur in dem, was wir sagen und meinen, sondern auch darin, wie wir die Dinge wahrnehmen. Das Erleben von Kunst mag eine sehr individuelle Sache sein, eine sehr intime womöglich, eine, in der jeder von uns sich vielleicht von allen Anderen unterscheidet – aber dass es dazu kommt, dass wir unser Erleben sehr individuell erleben, ist etwas, das eine Gesellschaft erst ermöglichen muss.

Wenn ich mich also inmitten einer Vernissage wiederfinde und alles, was ich sehe, einige Leute sind, die herumstehen und mehr oder weniger begeistert von den Wachsobjekten an den Wänden sind, und was ich höre, ist, dass sie mehr oder weniger kennerhaft und mehr oder weniger authentisch über die Dinge reden können, dann nehme ich nur die Hälfte wahr – die andere Hälfte ist abwesend. Es ist die Gesellschaft, in der all das stattfindet und von der sich – ich benutze noch einmal dieses Wort – lediglich eine Benutzeroberfläche zeigt, hinter der Schaltkreise und Verbindungen, Prozesse und Strukturen versteckt sind, die unsichtbar bleiben müssen, damit wir uns in dieser Welt bewegen können. Dieses Anwesenheit ermöglichende Abwesende ist es, was die Gesellschaft ausmacht.

Die Vernissage ging ihrem Ende zu, die ersten Gäste verließen die Galerie, und auch ich machte langsam Vorbereitungen zum geordneten Rückzug, als der Künstler auf mich zukam: »Bleiben Sie doch noch ein bisschen. Sobald wir hier geschlossen haben, treffen wir uns noch mit einigen Freunden in den hinteren Räumen bei einem guten Glas Wein. Ich würde mich sehr freuen, wenn Sie blieben.«

Es verging dann noch etwa eine halbe Stunde, bis man sich in einem hinteren Raum der Galerie, der nicht für die Ausstellung genutzt wurde, an einem großen Tisch zusammenfand, auf dem Wein, ein wenig Brot und Käse angerichtet waren. Das gab dem Abend nach der Hektik der vielen Menschen und der exaltierten Rede einen gelassenen, geradezu entschleunigten Charakter. Eine neue Szenerie spielte sich im Handumdrehen ein. Wir waren etwa zehn Personen, die an der Tafel Platz nahmen, und die Gespräche gingen dezentriert weiter – einige kannten sich, andere nicht, mich sprach der Kollege aus der Kunstgeschichte an, der die Rede gehalten hatte. Wir unterhielten uns über Belanglosigkeiten.

Nach einiger Zeit wurde es am anderen Ende des Tisches lauter, was die Aufmerksamkeit aller Anderen bündelte. Ein Mann namens Paul schien irgendwie in die Defensive geraten zu sein. Er machte einen sympathischen Eindruck, aber obwohl er sich betont lässig gekleidet hatte, sah man ihm an, dass er hier irgendwie nicht hingehörte. Bewegungen und Wortwahl waren irgendwie anders, obwohl man nicht genau sagen konnte, woran es lag. Paul schien Banker zu sein – derzeit also nicht unbedingt ein Beruf mit höchstem Prestigewert. Einige Anwesende setzten zu Klagen darüber an, dass Geld heute das Einzige sei, was noch zähle. »Bis in die Kunst ist das doch sichtbar. Kommerzielle Machwerke, der ganze kulturindustrielle Quatsch, das bringt Kohle. Was wir dagegen machen, damit lässt sich kein Blumentopf gewinnen. Es ist schrecklich!«

Paul wagte einen vorsichtigen Hinweis auf die Preise der Kunstwerke, auf den aufwendigen Lebensstil und die gediegene Garderobe einiger Besucher. Auch sein Hinweis auf den sündhaft teuren Champagner, der ausgeschenkt wurde, blieb ungehört. Es wurde vielmehr unbeirrt der Faden weitergesponnen. Selbst Wissenschaft und Forschung lebten doch heute von Drittmitteln aus der Industrie, Rechtsgutachten könne man sich kaufen, und dass Politiker bestechlich seien, verstehe sich ja praktisch von selbst. Es war fast logisch, dass im Anschluss Managergehälter und Abfindungen nach gescheiterten Unternehmensstrategien thematisiert wurden. Bei einigen machte sich lautstarker Ärger breit.

Es entstand dann aber doch noch ein ernsthaftes Gespräch. Man stieß darauf, dass viele Probleme, die sich derzeit zeigen, mit einem Phänomen zu tun haben, das offensichtlich ähnlich wie früher der viel gescholtene Kapitalismus für alles Böse in der Welt steht: die Globalisierung. Aus erster Hand wollten die versammelten Künstler von Paul wissen, was es denn mit dieser merkwürdigen Sache auf sich habe. Paul sagte dann Sätze wie diesen: »Wer heute auf Finanz-, Waren- und Absatzmärkten nicht über den nationalen Tellerrand hinausblickt, wird auf Dauer keine Chance haben, zu überleben.« Oder: »Es ist doch selbstverständlich, dass sich Investoren nach Standorten umsehen, die ihnen Vorteile bieten. Wie sollte es denn anders sein?«

Er schien zu ahnen, was nun kommen musste. Es wurde entschieden darauf hingewiesen, dass sich hier eine destruktive neoliberale Strategie zeige, die auf dem Rücken der einfachen Leute ausgetragen werde. Einhellig waren sich die meisten Anwesenden einig, man müsse dem drohenden Verschwinden von Kapital und Arbeitsplätzen einen Riegel vorschieben. Es sei Aufgabe einer angemessenen Wirtschaftspolitik, Unternehmen auf ihre Verantwortung hinzuweisen, und wenn diese das nicht verstünden, dann müsse Kapital eben zwangsweise gebunden werden, mit Strafsteuern und was das Arsenal an wirtschaftspolitischen Daumenschrauben und Streckbänken noch so alles hergebe. Wenn Solidarität nicht da sei, müsse man eben ihr Gegenteil verteuern. Die Steuern gehörten erhöht, damit mehr gegen Missstände in der Welt unternommen werden könne. Von Luxussteuern war dann die Rede, von stark progressiven Steuertabellen und so weiter. Als Paul vorsichtig anmerkte, dass damit wohl auch teure Kunstwerke nicht gerade verkäuflicher würden, wurde ihm Unsachlichkeit vorgeworfen.

Nach einigem Alkohol wurden die Zungen noch lockerer, und irgendwann kam jemand auf die Idee, Paul die ganze Misere in die Schuhe zu schieben. Er arbeite schließlich daran mit, dass sich das Geld in wenigen Händen vermehre, ohne dass dies in Produktivereignisse umschlage. Die Börsianer verdienten an dem Geld, das von Betriebsinvestitionen ferngehalten werde und damit keine Arbeit oder sonst wie Produktives schaffe. Und die Banken handelten mit Produkten, die sich längst weit von den realwirtschaftlichen Bedingungsfaktoren entfernt hätten.

Die Stimmung wurde irgendwie aggressiver, und als der angegriffene Banker die Derivatprodukte von Banken prinzipiell verteidigte und anmerkte, dass er sich sicher sei, dass manche Anwesenden mit Hilfe solcher Produkte schon den einen oder anderen Ertrag eines Kunstwerks nachträglich versilbert hätten, wurde einer der Künstler tatsächlich ausfallend. Ein Weinglas fiel um – nicht ganz unabsichtlich ergoss es sich auf Pauls Hose. Und es machte irgendwie den Eindruck, dass man nicht weit von Handgreiflichkeiten entfernt war. Nach einigen Unflätigkeiten ließ sich Paul dazu hinreißen, mit einer Klage zu drohen. Und ich fand, das war ein guter Zeitpunkt, sich zu verabschieden, bevor noch jemand auf die Idee kam, zu fragen, was denn wohl ein Soziologe dazu sagen würde.

Der einladende Künstler geleitete mich nach draußen, entschuldigte sich dafür, dass es dann doch nicht mehr so gemütlich geworden war wie vorgesehen. Vor allem entschuldigte er sich für das Benehmen des einen Kollegen, der sich leider nicht im Zaume habe und oft so reagiere. Der Mann gehöre in eine Psychotherapie, schon lange.

Ich war froh, nun allein zu sein, und entschloss mich zu einem Spaziergang Richtung Innenstadt, bevor ich ein Taxi für den Rückweg besteigen wollte. Es war eine laue Nacht, und ich fand das rege Treiben auf den Straßen sehr einladend und angenehm.

Eine solch merkwürdige Wendung des Abends hatte ich nicht erwartet, irgendwie ist die Situation aus dem Ruder gelaufen – doch selbst dabei hat sie sich in erwartbaren Bahnen bewegt. Schon die Einstiegskritik, dass in der Kunst nur der Geldwert der Werke zähle, nicht aber die wahre Kunst als solche, verweist nicht einfach auf Preise, sondern ruft eine ganze Welt ab – eine Welt, in der alles, was geschieht, alles, was es gibt, und alles, was man tut oder nicht tut, nach seinem Geldwert beurteilt wird. Diese Welt nennt man Wirtschaft. Und man muss kein Ökonom sein, um etwas über den Wert des Geldes zu verstehen oder darüber, wie sehr Geldwerte eigentlich nur auf Geldwerte verweisen und Geld letztlich ein Medium der Kommunikation ist, das nur dadurch funktioniert, dass wir uns an die Verdoppelung der Welt durch ihren Geldwert gewöhnt haben.

Dass ein Zwanzigeuroschein wirklich so viel wert ist wie das, was man dafür bekommt – eine CD, zwei Kinokarten inklusive Popcorn, ein Buch, ein nicht ganz einfaches, aber auch nicht besonders gediegenes Mittagessen, einen Stehplatz im obersten Rang der Bayerischen Staatsoper, einmal falsch Parken in der Innenstadt, eine Viertel-, bald nur noch eine Fünftel- oder Sechstel-Tankfüllung, eine gute Flasche Wein, einen Monat Internet-Zugang, eine halbe Kurzberatung beim Arzt, zwanzig Gedenkkerzen im Dom, zirka dreißig US-Dollar –, hängt von einem Vertrauensvorschuss ab, der weniger auf Wissen um Realdaten als auf Gewohnheit und Vertrauen beruht.

Wir haben uns auch daran gewöhnt, dass diese Geldwertewelt eine unter anderen Welten ist, dass der Wert eines Kunstwerkes zwar in Geldwert ausgedrückt werden kann – die Werke sollen schließlich verkauft werden –, dass aber der bloße Preis noch kein Hinweis auf die künstlerische Qualität ist. Das ermöglicht es übrigens erfolglosen Künstlern, darauf zu verweisen, dass ihre Kunst als Kunst verkannt wird, und erfolgreichen Künstlern, dass ihre Kunst auch wirklich geschätzt wird. Die beiden Haltungen, die künstlerische und die ökonomische, unterscheiden sich grundlegend – und das ist nicht nur eine Frage unterschiedlicher Logiken, sondern man kann das am Habitus, an praktischen Verhaltensweisen studieren. Paul gab an diesem Abend ökonomische Selbstverständlichkeiten in die Runde, und zwar durchaus mit einem Banker-Habitus – ich glaube, man muss das gar nicht weiter beschreiben, weil man es sich irgendwie vorstellen kann. Jedenfalls war er jemand, der daran gewöhnt ist, sich die Welt über Preise und Geldwerte zu erschließen.

Ganz anders seine Kritiker: Ihr Habitus und ihre Sätze kamen eher postulierend daher – die Steuern müssen heraufgesetzt werden, Kapitalflucht muss verhindert werden, Geld muss umverteilt werden. Mir geht es hier nicht um die Frage, ob diese Lösungen richtig oder falsch sind – darüber ließe sich viel sagen. Mir geht es um die *Ästhetik* solcher Sätze, um den dahinterstehenden Habitus. Solche Sätze zehren von Politischem, man drängt auf Entscheidungen, die kollektiv, für alle gelten sollen, sie zehren vom Sollen, von

Regulierung. Und sie unterscheiden sich gerade in dem Abwesenden, auf das sie rekurrieren, radikal von einer ökonomischen oder künstlerisch-kulturellen Sichtweise.

Während politische Sätze Regulierungen für alle wollen, stammt die Plausibilität von ökonomischen Sätzen aus anderen Quellen. Paul hat es vorgeführt: Man muss selbstverständlich Kosten reduzieren und die eigenen Chancen auf Märkten im Blick haben. Es geht aber nicht um Märkte als Ganze. Die Erfolgsbedingung für das Postulierende ist die demokratisch zu erzeugende Plausibilität. Ökonomische Entscheidungen dagegen werden dadurch, dass man sie demokratisiert, nicht besser, sondern womöglich ökonomisch zweifelhaft. Und am weitesten von einer solchen Legitimation ist die Kunst entfernt. Sie ist die undemokratischste Instanz überhaupt – und das ist gut so, sonst müsste man bestimmte Stile unter Rekurs auf die kollektive Meinungsbildung verbieten oder unter Strafe stellen. Und auch wenn das bisweilen geschieht, verhindert nicht einmal das die Bildung von Stilen und Formen, sondern lediglich deren Sichtbarkeit und Distribution. Wohl deshalb werden Literaten und Künstler von totalitären Revolutionären ebenso schnell kaltgestellt, wie die Industrie verstaatlicht wird.

All diese Quellen – die politische, die ökonomische und die künstlerische – erzeugen flankierend gewohnte und gewöhnungsbedürftige, aber durchaus vorausgesetzte Handlungs- und Verhaltensmuster, wie sich während der Vernissage schön beobachten ließ. All diese Instanzen oder Logiken der Gesellschaft – neben den genannten wären das noch rechtliche, wissenschaftliche, medizinische oder sportliche, massenmediale oder familiale Logiken – bringen solche Verhaltensdispositionen hervor. Wäre ich nicht auf einer Vernissage, sondern auf dem Empfang einer Partei gewesen oder auf der Tagung eines Wirtschaftsverbandes, wären die Themen andere gewesen, und die Verhaltensweisen, vielleicht auch die Kleidung, vielleicht die Geschlechterrollen, vielleicht die Produktmarken, mit denen man sich einkleidet, schmückt oder fortbewegt, hätten sich unterschieden. Aber sie hätten innerhalb des jeweiligen Rahmens als Themen und Verhaltensweisen in der gleichen Weise funktioniert und eine Welt erzeugt, in der man sich bewegt – wie der Fisch im Wasser.

Die kleine Runde am Ende der Vernissage zeigt also zweierlei: zum einen eine Situation, in der nach zu viel gutem Wein die Zunge zu locker geworden ist und in der sich Einzelne womöglich besonders naiv angestellt haben; zum anderen eine Gruppe von unverwechselbaren Individuen, die allerdings in ihrem Verhalten auf Muster, Erwartungen, Praxisformen, Habitus zurückgegriffen und dadurch eine strukturierte Kommunikation erst möglich gemacht haben. Worauf hat Paul Bezug genommen, als er dem unverschämten Künstler eine Beleidigungsklage androhte? Und worauf der Gastgeber, als er mir gegenüber das Verhalten seines Kollegen einem Pathologieverdacht aussetzte? Beide haben diese Sätze selbst gesagt – aber ermöglicht wurden diese Sätze dadurch, dass es generalisierte Erwartungen an ein Rechtssystem gibt sowie generalisierte Erwartungen, unerklärliches und abweichendes Verhalten von Menschen nicht einfach böse oder unerhört zu nennen, sondern es als krank oder gestört einzuordnen – was das Verhalten nicht besser macht, aber besser beschreibbar.

Sieht man genau hin, erkennt man zwar autonome Individuen, aber sie sprechen im Namen abstrakter, nicht personifizierter Auftraggeber, die erst die Individuen *ermöglichen*, die da als Individuen auftreten. Die Originalität des Kunstprofessors etwa lag nicht in ihm selbst, sondern darin, dass man in dieser Gesellschaft so über Kunst und Künstler reden kann. Und man kann so über Kunst und Künstler reden, weil man es tun kann. Ist das unlogisch? Ja! Die ganze Gesellschaft ist unlogisch und paradox, denn sie ermöglicht nur das, was in ihr möglich ist – sie hat keinen Grund außerhalb ihrer selbst, sie hält sich an sich selbst fest!

Das lässt sich auch an meinem eigenen Habitus ablesen. Wissenschaftler, speziell Kultur- und Sozialwissenschaftler, pflegen einen merkwürdig distanzierten Blick. Wir kokettieren damit, dazuzugehören und zugleich sichere Distanz zu wahren. Wir schauen uns die Dinge an – und dafür haben wir viel Zeit, anders etwa als der Ökonom, der schnell handeln muss, oder der politisch Tätige, der Themen termingenau besetzen muss, oder der Arzt, der in einer gegebenen Situation den Patienten unmittelbar überzeugen oder wenigstens plausibel behandeln muss. Aber der Sozialwissenschaftler, dem es um etwas geht, kann nicht anders – und darf letztlich nicht anders. Sätze wie die eines Sozialwissenschaftlers über das, was bei der Vernissage und danach geschah, haben ihre Möglichkeitsbedingung nur darin, dass es praktisch funktioniert, so zu reden und gehört zu werden. Wir können nicht anders, aber das ziemlich gut – auch wenn es manchmal genauso komische Sätze hervorbringt wie den, dass das Material hinter dem Material verschwindet.

Wenn ich sage, dass wir nicht eigentlich die Urheber unserer Praxis, sondern darin verstrickt sind, ist dies nicht despektierlich gemeint – auch wenn es einer der zentralen Erzählungen des Westens widerspricht: dass der Grund des Subjekts in diesem selbst liegt, in seiner individuellen Individualität. Wenn es in dieser Erzählung um Teilhabe an etwas ging, das außerhalb des Subjekts liegt, dann musste es mindestens eine allgemeine Vernunft sein, an der wir partizipieren. Dass jedoch diese Geschichte so gerne und mit so viel Pathos erzählt wird, hat offensichtlich mit unserem tief sitzenden Zweifel zu tun, ob es etwas Allgemeines ist, das unserer Individualität Anweisungen und Kriterien gibt, sei es eine allgemeine Vernunft oder ein allgemeines moralisches Gesetz.

Um es ganz einfach zu formulieren: Wie wir wahrnehmen, denken und handeln, hängt nicht nur von uns ab, sondern davon, wo wir uns üblicherweise aufhalten und mit welchem Blick wir auf die Welt schauen. Wie wir hier und jetzt ticken, wird vor allem durch Abwesendes gespeist – durch etwas, das uns erst zu denen macht, die hier und jetzt etwas machen. Und insofern hängt paradoxerweise die Art und Weise, wie wir ticken, doch wieder von uns ab.

Es gilt, einen angemessenen Blick auf unsere soziale Wirklichkeit tatsächlich *ästhetisch* zu erschließen: Die unterschiedlichen Blicke auf die Welt erzeugen ganz unterschiedliche Abbilder der jeweiligen Wirklichkeit, ganz unterschiedlich gezeichnete Eindrücke, aus denen man letztlich nicht ausbrechen kann. Das griechische *aísthesis*, von dem der Begriff *Ästhetik* kommt, meint eine Wahrnehmung, die durch die Sinne bestimmt ist. Man kann an den Sinnen nicht vorbei wahrnehmen – nicht am Auge vorbeisehen, am Ohr vorbeihören, an der Zunge vorbeischmecken oder an der Nase vorbeiriechen, nicht an unserem Tastsinn vorbeitasten und nicht an unserem eigenen Bewusstsein vorbeidenken. Wir sind verstrickt in das, was unsere Augen, unsere Ohren, unsere Zunge, unsere Nase, unsere Haut und unser Bewusstsein uns vermitteln.

Verstrickt sind wir auch in unsere Perspektiven auf die Welt – die sich ökonomisch eben anders als politisch, wissenschaftlich anders als religiös und juristisch anders als künstlerisch darstellt. Die besondere Potenz des Künstlerischen liegt gerade darin, dass man von und an der Kunst lernen kann, wie fragil, wie frei tragend, wie vielfältig und doch nicht beliebig Formen und Perspektiven entstehen. Nicht umsonst hat die moderne europäische Philosophie nicht nur die Einheit stiftende Vernunft, sondern auch die künstlerische Vielfalt und Individualität des Erlebens als besonderes Vermögen gefeiert.

An der Kunst hätten die streitenden Künstler lernen können, wie sehr ihre Urteile und Anschauungen von den Blickwinkeln und Perspektiven abhängig sind, die sie einnehmen. Denn in der modernen Gesellschaft ist die Kunst der Ort, an dem wir das Sehen lernen – das Verstricktsein in unsere Sehroutinen ebenso wie das Aufbrechen solcher Routinen. Und exakt das ist es, was den geistigen Horizont für Lösungen öffnet, die eben nicht mehr klassischerweise nur durch den Konsens von Expertenwissen erreicht werden können, sondern in, durch und mit der Differenz einer Vielzahl unterschiedlicher Perspektiven. Und deshalb habe ich auch darauf vertraut, dass es zunächst genügt, wenn mein Sohn wortlos mit der Kunst konfrontiert wird, weil sich das Sehen dann von selbst einstellt.

Entscheidung

Warum wir auf das Nichtwissen vertrauen müssen

Der junge Taxifahrer brachte mich vom Hamburger Flughafen zum Hafenhotel, einem älteren Haus direkt über den Landungsbrücken, in dem ich gerne absteige, wenn ich in der Hansestadt zu Gast bin. Denn dort kann man sich wirklich vorstellen, wie Kapitäne und Schiffsoffiziere früherer Zeiten ihren Landgang zelebriert haben. Es war bereits früher Abend, und ich hatte am nächsten Tag einen Termin an der Hamburger Universität. Den Vorabend nutzte ich, um einen alten Freund zu treffen, den ich bereits aus Studientagen kannte und lange nicht gesehen hatte.

Ich bezog mein Hotelzimmer, genoss den grandiosen Ausblick und begab mich zum vereinbarten Zeitpunkt in die Lobby des Hotels, wo ich mit meinem Freund verabredet war. Die Begrüßung war sehr herzlich, und er kündigte mir sogleich an, dass er eine Überraschung parat habe. Wir hatten vereinbart, dass er sich um eine *location* für den Abend kümmerte. Und nun hoffte er, dass es mir nicht zu touristisch sei, aber er habe einen Platz auf einem Ausflugsschiff reserviert, das eine Hafenrundfahrt mit einem ausgiebigen Abendessen verband. Ich fand, das war eine gute Idee, und freute mich auf den Abend.

Wir mussten nur hinter dem Hotel einige Treppen heruntergehen und waren schon an den Landungsbrücken, wo größere Boote sowie kleinere Barkassen auf Touristen warteten, die den Hamburger Hafen befahren wollten. Mein Freund steuerte auf eines der Gefährte zu, der reservierte Tisch war in einem halb offenen Raum, und er verband einen guten und weiten Ausblick mit einem Platz, an dem sich zwei alte Freunde, die sich lange nicht gesehen haben, gut unterhalten konnten.

Die Stimmung war gut, der servierte Weißwein den Außentemperaturen sehr angemessen, und die unvermeidlichen Erläuterungen des Kapitäns über die Einrichtungen des Hafens und die mehr oder weniger großen Schiffe sowie die dazugehörigen Anekdoten wurden sehr sensibel in einer Lautstärke vorgetragen, die es durchaus erlaubte, sich aus den, wie man hören konnte, bereits hundertfach spontan vorgetragenen Sätzen auszuklinken, um bei ganz besonderen Sehenswürdigkeiten dann doch kurz aufzuhorchen.

Wir aßen ausgiebig vieles, was das Meer so hergibt, und hatten einen durchaus angenehmen Abend. Wir redeten erwartbar über Familie und Beruf, über frühere Zeiten und Bekannte, lästerten über Abwesende und erinnerten uns mancher gemeinsamer Abende – wie das eben so ist. Ich merkte freilich, dass die Stimmung meines Freundes gedämpft war.

Er ist ebenfalls Sozialwissenschafter, hat zusätzlich Volkswirtschaftslehre studiert und eine spannende Karriere bei einer Hamburger Privatbank gemacht. An seinen Erzählungen hat mich immer wieder diese Mischung aus knallhartem Geschäft und dem, was sie dort »hanseatische Kaufmannsehre« nennen, fasziniert. Viel ist dort von persönlicher Loyalität die Rede, es kommt eine protestantisch-distanzierte Haltung zum Ausdruck, die so ganz anders aussieht als der kosmopolitische Neusprech und das laute CEO-Gehabe, das bereits junge Studierende heute gegen viel Geld in kleinen Privathochschulen kaufen, um Karrieren zu machen.

Dort scheint man in erster Linie einen *Habitus* zu lernen. Erfolgsmensch zu sein wird ein ästhetisches Projekt, indem man entsprechende Sprech- und Verhaltensweisen lernt und wie man sich im kosmo-ökonomischen Jetset bewegt, indem man alles ausblendet, was nicht den internen Regeln dieser schnellen Welt entspricht. Vielleicht handelt man dort so gerne mit Derivaten, weil diese ganze Lebensform irgendwie derivativ wirkt, nur abgeleitet eben und wenig bodenständig – so sieht es zumindest aus. Für das, was man »Realwirtschaft« nennt, hat dieser Habitus womöglich wenig Sinn.

Mein Freund dagegen hatte bereits recht früh jenes Hamburger Understatement angenommen, das sich in der Beschreibung irgendwie wie ein Klischee anhört, aber wirklich in vielen Details sichtbar wurde. Ein Understatement übrigens, von dem man sehen konnte, dass es wirklich ein Statement war, das sich auch anders hätte darstellen können. Vielen Understatements merkt man ja an, dass die Leute sich bereits dafür größer machen müssen, als es die Sache hergibt.

Mein Freund erzählte mir dann, dass er ein Angebot eines international tätigen Wirtschafts- und Steuerprüfungsunternehmens bekommen habe, das ihm bereits in absehbarer Zeit die Leitung eines Regionalbüros nicht weit von Hamburg entfernt in Aussicht stellte. Das Angebot sei einerseits sehr attraktiv, andererseits aber durchaus mit größeren Risiken verbunden als die Position bei seinem jetzigen Arbeitgeber, wo seine Aufstiegschancen durchaus kalkulierbar, aber längerfristiger zu denken waren. Beide Varianten hatten also offensichtlich Vorteile und Nachteile, und es fiel ihm kein Argument ein, das ihm dabei helfen konnte, sich richtig zu entscheiden. Weder das Gehalt noch die Aufstiegschancen, weder die Kompatibilität mit der Familie noch der Aufgabenbereich, weder die Zukunftsaussichten der Branchen noch der konkreten Unternehmen würden in den Vergleich eine Asymmetrie einbauen, die die Entscheidung erleichtern könnte.

»Letztlich suchst du doch nicht nach Kriterien, die dir die Entscheidung erleichtern, sondern nach Kriterien, die dir die Entscheidung abnehmen – die aus der Entscheidung etwas Anderes als eine Entscheidung machen.«

Mein Freund reagierte mit Befremden – und wirkte auch ein wenig aufgebracht, weil das, was ich sagte, ihm nun wirklich nicht weiterhelfen konnte. Aber gerade in seinem aufkeimenden Ärger bestätigte er letztlich, dass er von mir Sätze erwartete, die in den Versuchsaufbau eine Asymmetrie einbauten, aus der heraus die Entscheidung dann gewissermaßen von selbst fallen würde. Das konnte ich aber nicht – ich hatte nur Argumente parat, die letztlich das Gegenargument immer schon mitenthielten. Wenn ich etwa sagte, wie cool ich den Habitus seiner Bank fände, in der er jetzt arbeitete, war damit ja nicht gesagt, dass das neue Angebot nicht genauso cool sein könnte.

»Was du da gerade erlebst, ist ein Klassiker dafür, wie Entscheidungen strukturell aufgebaut sind. Entscheidungen sind irgendwie paradox. Sie werden immer dann nötig, wenn wir keine Entscheidung treffen können, wenn uns also diejenigen Kriterien fehlen, die man zum Entscheiden braucht und die, wenn sie vorhanden sind, den Akt so verändern, dass es keine Entscheidung mehr ist.« Mein Gegenüber überprüfte theatralisch die Füllhöhe der Weinflasche, um sicherzugehen, dass er sich nicht verhört hatte. Er hatte nicht – was man freilich der Weinflasche nicht ansehen konnte. Ich setzte also noch einmal an:

»Die Paradoxie von Entscheidungen besteht darin, dass Entscheidungen immer dann anstehen, wenn man keine eindeutigen Kriterien fürs Entscheiden hat, dass man aber fürs Entscheiden eben das benötigt: möglichst eindeutige Kriterien. Das ist genau deine Situation – du weißt nicht, was richtig ist, und du kannst es nicht wissen. Dir fehlen Informationen aus der Zukunft, die freilich aus leicht nachvollziehbaren Gründen auch nicht zu bekommen sind. Insofern musst du deine Entscheidung auf andere Kriterien gründen als auf Wissen.« Etwas sarkastisch meinte er: »Also auf Gefühl, Intuition, Gewohnheit, Gebete, Würfeln?«

»Zum Beispiel. Ich würde behaupten, dass die meisten Entscheidungen, auch weitreichende Entscheidungen, wenn sie nicht schon durch Regeln und Festlegungen vorentschieden sind, eher solchen Kriterien folgen als eindeutigem Wissen und Expertise.« Nun war sein Widerspruchsgeist geweckt: »Das mag vielleicht bei dir als Uni-Mensch so sein – zumal es niemandem wehtut, wenn du eine falsche Entscheidung fällst. Aber wenn ich da an meine Branche denke ... Gar nicht auszudenken, dass wichtige finanzstrategische Entscheidungen, bei denen Millionen und womöglich Milliarden bewegt werden, so entschieden würden.«

Ich hätte nun meinerseits allen Grund gehabt, nach dem Wein zu sehen. Dass sich mein Freund mitten in der Finanzkrise traute, dieses Argument vorzubringen, fand ich geradezu verwegen. »Gerade eure Krise, die ja unsere Krise ist, hat doch genau damit zu tun. Denk mal an den Beginn der Blase in der US-amerikanischen Immobilienwirtschaft. Das Schlimme ist ja, dass die Leute gar kein verwegenes Hasardspiel gespielt haben, gar keine unmittelbaren Fehler im Einzelfall gemacht haben, sondern im Gegenteil: Sie haben alles richtig gemacht. Dass zu starke Außenstände auftauchten, war ja nur die Folge einer Kumulation von Einzelfällen, die im Einzelfall undramatisch, erst in der Kumulation verheerend waren. Und weil in eurem Blick Außenstände in Bilanzen wie ein Haben aussehen, konnte man die sogar noch verkaufen – und auch die Käufer haben hier nach Gewohnheits- und Intuitionskriterien entschieden. Außenstände stehen in Bilanzen auf der Habenseite – und schon sind Kriterien da, nach denen man zu entscheiden hat. Das hat dann in die Katastrophe geführt – *weil richtiges Verhalten falsch war!* Auch all die Leute, die Finanzprodukte gekauft haben, die gerade mal ihre Urheber verstehen, können nur intuitiv entschieden haben – nach ganz ähnlichen Kriterien, wie Leute auf anderen Märkten als wichtigstes Kriterium wissen, dass ihr Auto vorne einen Stern und nicht vier Ringe haben soll oder womöglich einen blau-weiß stilisierten Propeller. Erzähl mir nichts von den rationalen Kriterien in eurer Branche!«

Es hörte sich wohl schärfer an, als ich es gemeint hatte, aber ich fand es schon erstaunlich, mit welcher Selbstsicherheit man sich die Welt so einrichten kann, als seien Gewohnheiten, Routinen und all die selbst erzeugten semantischen Apparate, in denen es sich Expertenkulturen so gerne heimisch machen, eindeutige Kriterien, die das Entscheiden erleichtern. Ich insistierte darauf, dass Entscheidungen vor allem etwas mit Nicht-Wissen zu tun haben – und dass die Gesellschaft voll ist mit Einrichtungen und Routinen, Techniken und Verfahren, dieses Nicht-Wissen zu bearbeiten.

Jetzt war mein Freund verblüfft. Und wir waren mitten in einem wirklich spannenden Gespräch, in dem ich für meinen Freund ein Beispiel durchspielte, das ich immer wieder in Vorträgen vor allem in Unternehmen und Verbänden verwende, wenn es darum geht, organisationsinterne Formen der Entscheidungsfindung zu diskutieren. Der Versuchsaufbau lautet folgendermaßen: Man stelle sich eine Wandergruppe im Gebirge vor. Die Leute sind bereits erschöpft und treffen auf eine Weggabelung, während das Wetter immer schlechter wird. Sie wissen nicht, in welche Richtung sie gehen sollen. Sie wissen aber, dass die Wahl des falschen Weges sie womöglich in Lebensgefahr bringt. Sie haben leider kein geeignetes Kriterium, welcher Weg, der rechte oder der linke, der richtige Weg ist – keine Karte und keine sonstigen Hinweise, und zu sehen ist auch nichts weiter. Was tut die Gruppe?

Zum Versuchsaufbau gehört übrigens auch, dass die Gruppe zusammenbleibt. Es gibt verschiedene Verfahren. Denkbar wäre, dass der Älteste entscheidet. Oder der Stärkste. Oder der mit der größten Klappe. Das würde voraussetzen, dass die Charismata des Alters, der Stärke oder des gesprochenen Wortes auch Anerkennung finden. Dann wäre es denkbar, dass einer sagt: »Ich bin mir sicher, wir müssen nach rechts!« – und alle kommen mit.

Ein ebenso probates Mittel ist Tradition. »Wenn man es nicht weiß, geht man rechts. Das war schon immer so.« Eine weitere Möglichkeit wäre eine Demokratisierung des Verfahrens – man stimmt ab und fügt sich der Mehrheitsmeinung. Oder man wählt einen Repräsentanten, der dann die Richtung vorgibt. Auch das setzt Anerkennung in das Vorgehen voraus.

Weiter denkbar wäre, dass sich im Gespräch herausstellt, dass einer der Teilnehmer der Gruppe ein erfahrener Gebirgswanderer ist, der doch wohl die besten Kriterien haben müsste. Auch die Bildung von Kommissionen kann nicht ausgeschlossen werden, die unterschiedliche Szenarien erarbeiten, mit denen dann plenar wieder demokratisch oder charismatisch umgegangen werden kann. Exotischer klingt das Lesen in Eingeweiden eines erlegten Tieres oder im Vogelflug. Auch an Gebete könnte man denken. Schließlich bliebe die Möglichkeit, zu losen.

Nicht alle, aber viele dieser Lösungen klingen absurd. Und doch handelt es sich um probate Mittel, mit deren Hilfe in der Gesellschaft mit der Paradoxie des Entscheidens umgegangen wird: zu sehen, dass sich aus der Sache selbst heraus keine Algorithmen für die Entscheidung ergeben, man also gewissermaßen sekundären Ersatz braucht. Die Charisma-Lösung entlastet die meisten – die Demokratie-Lösung entlastet alle und kollektiviert das Risiko. Und die Verfahren mit den Eingeweiden, dem Vogelflug und dem Losen, auch der Rekurs auf Tradition, rechnen extern zu: Da wir es selbst nicht können, hoffen wir auf andere Kräfte – die Gewohnheit, die Götter oder den Zufall.

Solche Verfahren sind nicht weit von dem entfernt, was man in verschiedenen Bereichen der Gesellschaft wiederfindet: das demokratische Verfahren in der Politik und in Verbänden, das Charisma-Verfahren bisweilen in Unternehmen, die Stilisierung von Expertise in allen möglichen Bereichen und Gewohnheit dort, wo – oder besser: solange – sich die Dinge ohne große Reflexionslasten bewähren, siehe Finanzkrise! Wir hatten großen Spaß dabei, die unterschiedlichen Möglichkeiten durchzugehen, und ergötzten uns – nun schon bei der zweiten Flasche Wein – an hübschen Beispielen, die wir von gemeinsamen Bekannten kannten oder auch aus Politik und Wirtschaft.

All diesen Beispielen für Verfahren der Entscheidung ist gemeinsam, dass sie zwar Algorithmen für deren Findung bereithalten, aber nichts zur Verbesserung der Wissensgrundlagen beitragen. Einfacher gesagt: Man weiß nach diesen Verfahren nicht genauer, *was* man tun soll, man weiß aber, *wie* man es tun soll. In unserer Gesellschaft sind viele solcher Verfahren und Techniken etabliert, mit der Paradoxie des Entscheidens umzugehen. Und wenn etwas schiefläuft, werden die Verfahren geändert. Dann werden demokratische Verfahren verbessert, noch charismatischere Führer für Unternehmen gesucht, Experten besser ausgebildet, oder es wird schlicht das Personal ausgewechselt. An der unlösbaren Paradoxie des Entscheidens ändert das nichts.

Widerstand regte sich bei meinem Freund in der Frage der Expertise. Er selbst habe es in seiner Bank mit der Bewertung von Unternehmen und Kunden zu tun, um die Kreditwürdigkeit zu prüfen und Kriterien bereitzustellen, wem man vertrauen könne und von wessen Geschäftsmodell man annehmen könne, dass es trägt. Er liefere hier Expertise – und das durchaus erfolgreich. »Aber du kannst aus den Realdaten der Unternehmen keine eindeutigen Schlüsse ziehen – allenfalls Hinweise. Am Ende geht es dann doch darum, ob man den Leuten die Dinge zutraut, ob die Märkte das hergeben, was man sich von ihnen verspricht, und so weiter. Auch hier hat – nach dem Vortrag vermeintlich objektiver Daten – der Umgang mit Nicht-Wissen das letzte Wort.«

Mein Freund bestätigte die Routinen – und dass es am Ende schwieriger Entscheidungsverfahren innerhalb seiner Bank dann doch Positionen sind, die entscheiden. Die Geschäftsleitung muss dann nach unternehmerischen Prinzipien Risiken abwägen und zu Entscheidungen kommen – und diese Entscheidungen werden durch die gelieferte Expertise zwar flankiert, aber es sind explizit nicht die Expertisen, die die Entscheidungen festlegen und konditionieren. Die Geschäftsleitung hat nicht die besseren Kriterien, sie hat das Privileg zu entscheiden. Und das ist eines der Verfahren, mit Entscheidungen umzugehen: Positionen zu etablieren, deren Festlegungen als Entscheidungen behandelt werden – im Sinne des vatikanischen *Roma locuta, causa finita*. So katholisch konnte mein Freund in der hanseatischen Bank natürlich nicht argumentieren, aber letztlich ist das in Organisationen eine der entscheidenden Optionen, mit der Paradoxie des Entscheidens umzugehen: Sobald die Entscheidung von einer bestimmten Position aus gefällt wird, gilt sie.

Wir hatten das Schiff inzwischen verlassen und gingen vom Fischmarkt aus durch die Hamburger Hafenstraße, in der die früheren Kämpfe um die berühmten besetzten Häuser immer noch als Folklore inszeniert werden. Wenigstens in der Gastronomie ließen sich Nachfahren der früheren Szene ausmachen. Ich habe mich allerdings gewundert, dass wir in einem kleinen Ecklokal einen italienischen Braida-Wein bekamen. Die Szene rechnet inzwischen auch mit anderem Publikum – oder mit der eigenen Verbürgerlichung. Wir haben uns den Piemonteser Tropfen jedenfalls durchaus schmecken lassen.

Mein Freund nahm nun die Frage seiner eigenen Entscheidung wieder auf und meinte: »Ich weiß jetzt, was die Stelle in meiner Bank von der in dem Beratungsunternehmen unterscheidet: In der Bank bin ich jemand, der Rituale einzuhalten hat und Vorlagen für diejenigen liefert, die Entscheidungen treffen und dabei von meinen Realdaten und Einschätzungen zwar durchaus profitieren, aber die Entscheidungen immer noch selbst treffen müssen – ohne dass meine Infos die entscheidenden Argumente enthalten. Es ist etwas Anderes, was sie entscheiden lässt. In der neuen Position wäre ich an weitaus weniger weitreichenden Entscheidungen beteiligt, aber ich hätte selbst zu entscheiden – vielleicht ist das der Unterschied, nach dem ich gesucht habe!«

Man kann in der Tat Führungspositionen von anderen dadurch unterscheiden, dass diese mit dem Privileg ausgestattet werden, Entscheidungen unter Bedingungen des Nicht-Wissens zu treffen, unter Umständen, in denen die Entscheidung genauso gut auch anders hätte ausfallen können. Besonders gut bezahlt werden Leute gerade dafür, dass sie keine eindeutigen Kriterien für das haben, was sie tun. Darin eine gewisse Ironie zu sehen, ist sicher nicht ganz falsch. Und die Diskussion um die hohen Managergehälter würde vielleicht anders geführt werden, wenn die Kritiker nicht davon ausgehen würden, dass dort Entscheidungen nach Kriterien getroffen werden, die man lernen kann – dass also das Problem falscher Entscheidungen nicht nur darin liegt, dass jemand nicht genau hingeguckt hat.

Damit sollen nicht geradezu phantastische Summen gerechtfertigt werden, schon gar nicht das bisweilen maßlose Verhalten derer, die mit solchen Positionen ausgestattet werden. Aber vielleicht wird die Kulturbedeutung solcher Gehälter besser verstanden, wenn man die darin enthaltene Ironie mitdenkt, die etwas mit der Paradoxie des Entscheidens zu tun hat: Wer wirklich entscheiden muss, tut etwas, das eigentlich gar nicht geht – und man symbolisiert das in Gehältern, die ausdrücken, dass die Leute so viel verdienen, wie niemand es tatsächlich verdient.

Davon war mein Freund noch weit entfernt – aber ich merkte, dass ihn das Thema nicht losließ. Er fand Gefallen daran, dass er bald womöglich etwas tun sollte, was gar nicht geht. Jedenfalls habe ich ihn nun mit mehr Zuversicht erlebt – vielleicht mit der Zuversicht, dass er im Vergleich der beiden Stellen eine Asymmetrie gefunden hatte, die es ihm ermöglichte, seine Entscheidung so zu behandeln, als gebe es doch eindeutige, geradezu objektive Kriterien.

Am Ende machte auch dieses Kriterium seine Entscheidung nicht wirklich einfacher. Ähnlich wie seine Expertise für seinen Vorstand nicht die Entscheidung selbst lieferte, und ähnlich wie in der Politikberatung zwar allerlei geraten wird, man am Ende aber doch politisch und nicht in erster Linie nach Sachgesichtspunkten entscheiden muss, und ähnlich wie in der Organisationsberatung der Berater zwar viel Rat bereithalten kann, Entscheidungen aber dann an anderer Stelle zu treffen sind, hatte mein Freund zwar nun einen Anhaltspunkt, aber das konnte ihm die Entscheidung nicht abnehmen. Immerhin war Bewegung in die Sache gekommen – und das scheint ja auch die Rolle von Beratung und Entscheidungshilfen zu sein.

Der Abend nahm durch diese Aussicht jedenfalls noch eine geradezu versöhnliche Wendung, und nach einigem erneuten Geplänkel über alte Zeiten verabschiedeten wir uns. Mein Freund orderte ein Taxi, und ich machte mich auf den kurzen Spaziergang zurück zum Hotel. Mir kam dabei in den Sinn, dass ich für meinen Freund womöglich keine große Hilfe war – oder vielleicht doch? Was müssen Entscheider eigentlich wissen?

Üblicherweise verbinden wir mit dem Bild des Entscheiders den gut ausgebildeten Experten, dem auf seinem Fachgebiet niemand etwas vormachen kann. Das ist sicher eine notwendige, nicht aber eine hinreichende Bedingung für Entscheider. Vielleicht kann man es so ausdrücken: Der Experte ist ein Fachmann für die Gegenwart. Er weiß, was jetzt getan werden muss; er kennt alle Kniffe und hat alle Informationen; er ist vielleicht gerade deswegen nicht innovativ; und vielleicht ist gerade dies seine Stärke. Der Entscheider dagegen, wenn man einmal diese Opposition so bauen will, ist ein Fachmann für die Zukunft, also fürs Paradoxe, denn die Zukunft beginnt bekanntlich nie. Der Entscheider hat *keine* oder zumindest *wenig* relevante Informationen – selbst wenn er mit Fakten ausführlich versorgt wird. Er hat es mit der unbekannt bleibenden Zukunft zu tun und ist deshalb oftmals der natürliche Feind des Experten, denn Entscheidungen weichen bisweilen von den Routinen des immer schon Gültigen ab.

Manche Unternehmen zelebrieren das geradezu, um sich als innovativ zu präsentieren. Apple etwa stilisiert sich als das Unternehmen mit den besten Experten für die Umsetzung von unmöglichen Ideen. Für diese ist Steve Jobs zuständig, der, folgt man der cleveren Imagebildung, von den Experten Dinge verlangt, die eigentlich nicht möglich sind und dann doch gelingen. Dies geht als Marketingstrategie auch deshalb auf, weil der Entscheider hier als geradezu mythische Figur erscheint. Als Wegweiser für die Zukunft, der gerade in Opposition zu den Experten der Gegenwart seine weitreichenden strategischen Entscheidungen fällt, werden ihm außeralltägliche Fähigkeiten zugeschrieben.

Was also zur Expertise hinzukommen muss, ist eine gehörige Portion Chuzpe und Risikobereitschaft, ist der Mut, zu tun, was nicht geht. Das kann man auch daran sehen, wen wir mehr schätzen: denjenigen, der seine Pflicht nach allen Regeln der Kunst erfüllt und das, was er tut, stets mit Regeln, eindeutigen Gründen und gesichertem Wissen rechtfertigt, oder denjenigen, der im richtigen Moment womöglich eher auf Intuition oder Verwegenheit setzt, womöglich auf Arroganz oder darauf, sich irgendwie berufen zu fühlen, die Dinge so zu tun?

Sucht man nach Beispielen, fallen in der Geschichte der Bundesrepublik drei Ereignisse ein, bei denen Entscheidungen gegen alle geltende Vernunft getroffen wurden. Sie waren riskant für den Entscheider, haben jedoch den Dingen eine besondere Wendung gegeben und werden daher im geradezu emphatischen Sinne als richtig eingeschätzt. Die drei Beispiele, die ich anführe, sind sehr konventionell und erwartbar – aber sie dienen vielleicht dazu, den Blick zu schärfen. Ich meine zum einen Adenauers geschickte Politik der Westbindung der Bundesrepublik, die er geradezu listig gegen die revanchistischen Ansprüche seiner eigenen Partei durchgesetzt hat; zum anderen Willy Brandts Politik des »Wandels durch Annäherung« an die DDR sowie die Ostpolitik, die für das Verhältnis zur Sowjetunion womöglich von weltpolitischer Bedeutung war; und Helmut Kohls geradezu geniale Chuzpe, den früheren Siegermächten die Vereinigung der beiden deutschen Staaten abzutrotzen. All das ist lange und ausführlich diskutiert worden – auch aus berufenerem Munde. Aber gerade weil die Beispiele so bekannt sind, lässt sich an ihnen lernen, wie Entscheidungen zustande kommen.

In allen drei Fällen sprach letztlich alles gegen ein Gelingen, vor allem in den letzten beiden. In allen drei Fällen mussten die Protagonisten nicht nur mit äußeren Gegnern klarkommen, sondern vor allem mit internen Bedenkenträgern. In allen drei Fällen handelte es sich um riskante Strategien, die im Falle des Misserfolgs erhebliche Konsequenzen gehabt hätten. Und in allen drei Fällen hat sich die historische Würdigung der Entscheidungen erst später eingestellt und dann auch die politischen Gegner überzeugt.

An diesen drei Fällen lässt sich ablesen, dass Entscheidungen oftmals mehr mit Überzeugung und Risikobereitschaft zu tun haben als mit eindeutigem Wissen. Überhaupt ist Wissen bei näherem Hinsehen nicht nur der positiv besetzte Begriff, mit dem wir die Öffnung von Horizonten verbinden und den wir als entscheidende Produktivkraft werten. Wissen schränkt auch unseren Horizont ein. In den drei Beispielen lehnten sich die Entscheider gegen das auf, was man eigentlich wissen musste: dass die bundesdeutsche Öffentlichkeit die mit der Westbindung verbundene endgültige Teilung niemals mitmachen würde; dass eine Annäherung an die DDR und der Versuch einer selbstständigen Kontaktaufnahme des Kalten-Kriegs-Brückenkopfes BRD mit der UdSSR bündnispolitisch nicht möglich sei; dass eine Vereinigung der beiden deutschen Staaten unter dem Dach der NATO jegliche bündnispolitische und geostrategische Gewissheit der vorangegangenen Jahrzehnte außer Kraft setzen würde. All das konnte man wissen – und gegen dieses Wissen mussten sich die Entscheidungen durchsetzen.

Entscheidungen hängen also nicht nur zu einem guten Maße von Nicht-Wissen ab, sie müssen sich bisweilen auch gegen das geltende Wissen durchsetzen. Für den politischen Bereich habe ich es gerade skizziert. In Wirtschaftsunternehmen ist der riskante Einsatz von Mitteln für neue Lösungen, neue Produkte, neue Märkte gegen die Wissensroutinen, die immer schon galten, geradezu Alltagsgeschäft. In der Forschung tun wir kaum etwas Anderes, als altes Wissen loszuwerden. Und auch die Änderung von privaten Lebensverhältnissen ist nur möglich, wenn man mit alten Wissensroutinen bricht. Das ist es, was Entscheidungen ausmacht, und das ist es auch, was Entscheidungen so unkalkulierbar macht.

Wer also über Entscheidungen nachdenkt, muss stets mit Nicht-Wissen rechnen – das gilt schon für ganz banale Beispiele. Wer etwa mit dem Automobil an eine Weggabelung gelangt und weiß, dass er rechts und nicht links abzubiegen hat, muss nicht entscheiden, sondern es schlicht tun. Wer dagegen explizit nicht weiß, wo er hinmuss, steht vor einer Entscheidung, nicht *obwohl*, sondern *weil* er nicht weiß, was der richtige Weg ist. Letztlich sind alle Entscheidungssituationen so aufgebaut – und selbst wenn doch gewisse Kriterien vorliegen, die das Entscheiden erleichtern, bleibt in jeder Entscheidung ein Rest Willkür. Deshalb werden Helden meist als Entscheider oder Entscheider als Helden stilisiert.

Man kann die moderne Gesellschaft durchaus als *Entscheidungsgesellschaft* beschreiben. Denn moderne Lebensverhältnisse und -formen benutzen Entscheidungen gewissermaßen als Algorithmus, um sich selbst besser zu verstehen. Noch nie mussten Menschen so viel in ihrem Leben entscheiden wie heute. Ausbildungs-, Studien- und Berufswahl, Wahl der politischen Präferenz, Wahl des Ehepartners – vieles von dem, was in vormodernen Sozialformen immer schon geregelt war, muss nun selbst entschieden werden.

Selbst wo man gar keine Wahl hat, wird einem dies als Ergebnis eigener Entscheidungen zugerechnet. Man mag aufgrund von Konjunktur- oder Branchenkrisen, womöglich auch schlicht durch Zufälle arbeitslos geworden sein – für den nächsten Personaler, der die Unterlagen prüft, ist es auch das Ergebnis falscher Entscheidungen. Man mag in seiner Ehe nach Jahren unglücklich werden, kann sich aber nicht herausreden, da man sich selbst für den Anderen/

die Andere entschieden hat. Man erkrankt an bestimmten Krankheiten und kann sich immer weniger aufs Schicksal herausreden, sondern wird mit den falschen Entscheidungen konfrontiert, zu viel gegessen, getrunken, geraucht oder gearbeitet zu haben. Ein behindertes Kind wird einem womöglich als Entscheidung zugerechnet – man hätte es diagnostisch vorher wissen können. Selbst die ausbleibende innerweltliche Erlösung durch Götter lässt sich heute womöglich damit erklären, sich für die falsche Konfession, die falsche Religion, die falschen Götter, paradoxerweise fürs falsche Schicksal entschieden zu haben – den Göttern selbst scheint jegliche Entscheidungskompetenz abhandengekommen zu sein, allerdings: Wenn man sie sich allwissend vorstellt, dann hätten sie ohnehin nichts zu entscheiden.

Wir Menschen jedenfalls haben immer mehr zu entscheiden, und vielleicht ist diese Beschreibung auch deshalb so eingängig, weil es sich durchaus attraktiv anhört, selbst entscheiden zu können. Viele sozialpolitische Konflikte haben sich darum gerankt, immer größere Teile der Bevölkerung in die Lage zu versetzen, *selbst* über ihre Verhältnisse zu entscheiden. Was dabei freilich vergessen wird, ist, dass zentrale Bereiche unserer Kompetenzen geradezu *Entscheidungsverhinderungsgeneratoren* sind.

Wenn es stimmt, dass Entscheidungen stets von Nicht-Wissen, von Kontingenz, von einer gewissen Chuzpe leben, dann ist es ein Segen, dass in vielen professionellen Bereichen explizit *keine* Entscheidungen getroffen werden müssen. Ich wüsste es zum Beispiel sehr zu schätzen, wenn ich bei einer Operation von nur wenigen Entscheidungen des Chirurgen abhängig wäre. Am besten ist es, wenn er genau weiß, was er tut, denn entscheiden muss er nur dort, wo er *nicht weiß*, was das Richtige ist. Das kommt sicher bisweilen vor, aber seine Professionalität dürfte darin bestehen, den Anteil der Entscheidungen möglichst gering zu halten. Ebenso möchte ich nicht, dass der Pilot eines Flugzeugs sich für das Ausfahren der Landeklappen entscheiden müsste, bevor er den Landeanflug beginnt, denn er hätte dann ja – ein letztes Mal! – auch anders entscheiden können. Professionalität heißt auch Automatisierung – und volle Konzentration, wenn automatische, quasi in die eigene Natur übergegangene Routinen nicht funktionieren und man mit einem Mal *entscheiden* muss. Bei Flugzeugen wird etwa genau darauf geachtet, wie viele der Routinen dem Computer anheimgestellt werden und nicht mehr der Professionalität des Piloten. Es wäre noch mehr computergestützte Automatisierung möglich, aber um die Aufmerksamkeit des Piloten zu erhalten, werden auch weiterhin Routinen von ihm verlangt, etwa manche Klappenstellungen oder das Ausfahren des Fahrwerks vor der Landung. Diese quasi reflexionsfreie Praxis ist es, die die Entscheidungskompetenz des Piloten erhält, wenn sie denn gebraucht wird. Aber auch für einen Flug gilt, dass er mit möglichst wenigen Entscheidungen wünschenswerter ist als mit einem – hoffentlich professionell – entscheidenden, aber im strengen Sinne also *nicht-wissenden* Piloten in der Kanzel.

Insofern gilt zwar die Beschreibung unserer Gesellschaft als Entscheidungsgesellschaft. Es gilt aber auch, dass nur ein kleiner Teil unserer Handlungen tatsächlich auf Entscheidungen zurückgeht. Das meiste, was wir tun, geschieht irgendwie von selbst, gebunden und unentrinnbar verstrickt in eine Praxis, die sich je gegenwärtig ereignet. Was davon als Entscheidung beobachtet wird – etwa im Nachhinein – und was wirklich bewusst entschieden wird, ist alles Andere als eindeutig. Ich bin deshalb oft fassungslos, wenn Philosophen, vor allem in der Ethik, so reden, als seien Lebensformen nichts Anderes als das Abwägen guter Gründe – so als würde man permanent neben sich stehen und die Gründe für jegliches Handeln und Verhalten abscannen. Das erinnert mich vom Versuchsaufbau ein wenig an die Immobilienbanken, die nach dem Automatismus »Außenstände = Haben« gedacht und dann blind gehandelt haben. Ähnlich blind erscheinen mir Leute, die nach dem Schema »Handeln = Gründe« denken und sich dann wundern, dass, was in der

Gesellschaft passiert, nicht in die »Gute-Gründe-Welt« von Philosophenschreibtischen passt.

Ich war inzwischen beim Hotel angekommen. In meinem Zimmer war ich froh, nicht vor großen Entscheidungen zu stehen. Ich fiel vergleichsweise müde ins Bett – nicht als Folge eingehender Überlegungen, sondern eher der Notwendigkeit eines langen Tages folgend. Und ich wusste genau, dass das nun das Richtige war.

Wandel

Warum sich die Gesellschaft so schwer verändern lässt

Vom Flughafen Berlin-Tegel bis zum Gendarmenmarkt sind es mit dem Taxi gerade mal zwanzig Minuten. Ich war auf dem Weg zu einer Tagung, die in den Räumen einer führenden Bank von einer Stiftung durchgeführt wurde. Das Thema war Toleranz – interkulturelle und interreligiöse Toleranz ebenso wie Toleranz anderen Lebensformen gegenüber, auch ästhetische Toleranz. Ich war eingeladen worden, um am Ende der zweitägigen Veranstaltung in einem Schlusswort auf die »Paradoxie der Toleranz« hinzuweisen und die Tagung abschließend zu kommentieren.

Das Taxi wurde von einem, wie ich bald erfahren sollte, aus Pakistan stammenden Mann gesteuert, der mich nach Nennung der Adresse gleich fragte, was denn in dem Gebäude der prominenten Bank los sei. Er habe bereits von Kollegen gehört, dass zwischen Tegel und diesem Gebäude ein reger Shuttle-Verkehr stattfinde.

Ich erzählte, dass ich eine Tagung über Toleranz besuchen würde. Zuerst lachte der Fahrer und meinte, was denn eine solche Bank mit dem Thema zu tun hätte. Aber dann holte er aus: »Okay, die sind weltweit unterwegs und müssen auch mit Leuten wie mir verhandeln, wenn es sich gar nicht vermeiden lässt. Da macht sich das gut, über Toleranz zu reden und sich wie Heuschrecken über die ganze Welt auszubreiten.«

Ich war erstaunt über die aufgebrachte Reaktion und entgegnete etwas naiv, dass über Toleranz nachzudenken vielleicht nicht das Schlechteste sei, wenn man ein Unternehmen führt, das nicht nur in den meisten Ländern der Welt aktiv ist, sondern auch Leute aus unterschiedlichen Kulturen beschäftigt.»Jetzt kommen Sie mir gleich mit ›Diversity-Management‹. Das kenn ich inzwischen zu gut! Ich hab selbst als Praktikant in verschiedenen Betrieben damit zu tun gehabt. Das ist echter Schwachsinn.«

Ich erfuhr, dass der Taxifahrer studierter Betriebswirt war, seit geraumer Zeit einen angemessenen Job suchte, es bisher aber nur bis zu Trainee- und Praktikumsmaßnahmen geschafft hatte. »Da war ich nichts Anderes als der Diversity-Fall – die mussten irgendwie auf ihre Quoten kommen.« Das klang sarkastisch und sehr verbittert.»Mit Toleranz kann ich nichts anfangen. Wissen Sie, wann man toleriert wird? Wenn einen die Anderen verachten. Toleriert werden muss nur, was einem fremd ist und was sich nicht irgendwie von selbst akzeptieren lässt. Selbst wenn ein gestandener Berliner keine Currywurst mag, muss er Currywurst-Esser nicht tolerieren, sondern sagt sich, ›okay, die essen eben Currywurst. Ich mag das aber nicht‹. Der militante Vegetarier aber, der muss den Currywurst-Esser tolerieren – weil er ihn eigentlich verachtet. Und so geht's mir die ganze Zeit. Als Muslim, als Dunkelhäutiger, als Ausländer und so weiter toleriert zu werden, ist für mich schlimmer als der ganz normale Hass von Leuten, die ich wenigstens zurückhassen kann und bei denen ich weiß, woran ich bin. Für die herablassende Toleranz muss ich mich auch noch bedanken.«

Genau das war die »Paradoxie der Toleranz«, von der ich am Ende der Tagung reden wollte, gewissermaßen als Stachel im Fleisch der hehren allgemeinen Toleranzforderungen, die nun eineinhalb Tage lang zu erwarten waren. Und nun bekam ich diese Paradoxie-Erfahrung frei Haus und vorweg geliefert. Aber der Fahrer war noch nicht fertig.»Wissen Sie, was noch schlimmer ist? Hass und Liebe sind wechselseitig. Aber Toleranz ist einseitig. Ich kann hier toleriert werden – aber tolerieren kann ich nicht. Ich kann als Muslim Christen hier nicht tolerieren – aber sie können mich tolerieren.« Mir fiel dazu nur die schwache Bemerkung ein, dass das in Pakistan dann vielleicht umgekehrt sei.»Sag ich ja«, bestätigte er, »es ist dort umgekehrt, umgekehrt einseitig. So lange wir in einer Welt leben, in der wir auf Toleranz angewiesen sind, wird sich nichts ändern.«

Wir waren inzwischen angekommen. Ich zahlte und betrat das Tagungsgebäude, das den Geist postmoderner Gediegenheit atmete. Glaskonstruktionen und verchromte Möbel korrespondierten mit klassizistischen Elementen und marmorner Solidität. Im Inneren herrschte die unaufgeregte Geschäftigkeit einer hochprofessionell organisierten Tagung. Ich checkte ein und begab mich auf meinen Platz, denn die Einleitung durch den Stiftungspräsidenten sollte in wenigen Minuten beginnen. Sie handelte dann tatsächlich davon, dass die besagte Bank ein *global player* sei und täglich Toleranz als besondere Herausforderung erfahre. Menschen unterschiedlicher Herkünfte, unterschiedlicher Nationalitäten, unterschiedlicher Religionen, unterschiedlicher Hautfarben arbeiteten hier zusammen – verbunden durch das Ziel, einen guten Job zu leisten und damit an dem Ziel einer globalen Welt mitzuwirken. Es war eine erwartbare Einführungsrede, und sie hätte meinem Taxifahrer sicher erneut auf die Palme gebracht, weil sie genau das bestätigte, was er vorausgesagt hatte.

Ich war aber erst einmal gespannt. Die Tagung war außerordentlich prominent und international besetzt und versprach einige Highlights. Zugleich war ich skeptisch, ob man nicht allzu sehr dem Drang erliegen würde, sich in Postulaten zu ergehen, denen alle zustimmen müssten, und ob man dabei vergessen würde, dass Zustimmungsfähigkeit dort, wo sie vorausgesetzt werden kann, bedeutungslos ist. Das Publikum jedenfalls, etwa 400 Personen, nahm die Einführungsrede dankbar auf. Es war auf eine merkwürdige Weise zugleich homogen und heterogen. Neben Mitarbeitern der Bank bestand es aus Leuten, die im internationalen Finanzbusiness tätig waren, aber auch aus Mitgliedern staatlicher und nicht staatlicher Verbände. Agenturen und Forschungsorganisationen waren ebenso zugegen wie Presseleute, Wissenschaftler, Geistliche, sogar lokale und nationale Politprominenz.

Vor allem die Liste der Beitragenden war wirklich beeindruckend. Tariq Ali, der Londoner Schriftsteller mit biografischen Wurzeln in Pakistan – wie mein Taxifahrer –, sprach über den Fundamentalismus der Islamisten auf der einen Seite und das fundamentale Unverständnis des Westens für die gesellschaftliche Realität des Nahen Ostens auf der anderen Seite. Der ungarische Schriftsteller und Literaturnobelpreisträger Imre Kertész, ehemaliger Häftling der Konzentrationslager Auschwitz und Buchenwald, erzählte in einer sehr persönlichen und sehr beeindruckenden Rede, wie er als Ungar und Jude, der in ungarischer Sprache schreibt, vor allem ein deutsches Publikum gewonnen habe, kürzlich nach Berlin gezogen sei und dort die Vielfalt Europas erlebe. Er war übrigens der Einzige, der seine Rede auf Deutsch hielt.

Peter Goldmark, Chef der *International Herald Tribune*, wies sehr eindringlich darauf hin, dass wir in einer globalen Welt alle Minderheiten seien, weil wir nicht mehr so tun können, als sei die Welt begrenzt auf unsere eigene Bezugsgruppe. Da aber Minderheiten erheblich sensibler für Unterschiede seien, hätten sie auch ein höheres Toleranzpotenzial. Der Architekt Daniel Libeskind machte sehr pathetisch darauf aufmerksam, dass wir alle in einem Boot säßen – dass die Welt das ganze Boot sei und dass Toleranz deswegen eben ein Kommunikationsproblem und -gebot sei. Hans Küng schließlich, der mit dem Vatikan im Konflikt stehende katholische Theologe und Präsident der Stiftung Weltethos, warb für »Building an Open Mind«, damit nationale, ethnische und religiöse Verschiedenheit nicht mehr als Bedrohung erfahren werde, sondern als mögliche Bereicherung.

Dies sind nur einige Beispiele dessen, was auf dieser Konferenz vorgetragen wurde – und es war bewegend, weil das meiste mit großer Verve dargebracht wurde und man den meisten Forderungen nur zustimmen konnte. Es gab zwar allerlei Kontroversen, diese spielten aber keine entscheidende Rolle, denn die Konferenz lebte letztlich davon, dass vor allem Sätze fielen, denen man nicht widersprechen mochte. Es war geradezu sinnlich zu spüren, dass Aufmerksamkeit vor allem dadurch erzeugt wurde, dass so etwas wie eine gemeinsame Perspektive entstand: *Wir* haben viel zu tun, weil *wir* in der Lage sind, kosmopolitisch, transkulturell und moralisch integer jene falschen Kräfte zu benennen, die in dieser globalen Welt für Friktionen sorgen, und zwar im Großen, Beispiel: *Nine-Eleven*, wie im Kleinen, *unser muslimischer/behinderter/schwarzer Kollege in Abteilung XY*. Diese Beschreibung enthält ein wenig Spott, und das ist ungerecht, denn selten habe ich so viele beeindruckende Menschen mit so vielen wirklich bejahenswerten Motiven auf einem Fleck gesehen wie dort. Was wollte man also mehr?

»Es kommt darauf an, die Welt zu verändern!« Jeffrey Abramson, bekannter Professor der Jurisprudenz und Politikwissenschaft aus den USA, zugleich unter anderem Berater des California Supreme Court, zitierte – wie sollte es anders sein? – die berühmte elfte Feuerbach-These von Karl Marx, die Philosophen hätten die Welt nur verschieden interpretiert, es komme aber darauf an, sie zu verändern.

Abramson erntete viel Beifall, auch weil er seine Forderung nicht nur abstrakt vortrug, sondern anhand eines biografischen Beispiels. Er habe als junger Mann in den 1970er Jahren in der Hungerhilfe gearbeitet und mit Booten Nahrungsmittel nach Bangladesch gebracht. Dort seien die Hilfslieferungen allerdings kaum bei den Bedürftigen angekommen, weil die UNO damals der Meinung war, der junge Staat solle die Lebensmittel autonom innerhalb des Landes verteilen. Diese diplomatische Stärkung der staatlichen Autonomie forderte viele Menschenleben, und er, Abramson, habe sich machtlos gefühlt, weil die Wohlmeinenden nicht das Offensichtliche getan hätten, sondern die Bürokraten das

Bürokratische und die Militärs das Militärische. Deshalb komme es darauf an, die Welt zu verändern. Das gelte bis heute unverändert. Toleranz und Miteinander seien eine Frage der Einstellung, des guten Willens und der Aufklärung. Und darum gehe es hier, in diesen zwei Tagen in Berlin.

Warum erzähle ich diese Geschichte? Sie ist für mich eine Parabel dafür, wie die meisten von uns sich die Veränderung *der* Gesellschaft vorstellen: Es finden diejenigen zusammen, die Missstände ausmachen, auf den Begriff bringen und dies mit moralischer Verve vertreten; es kommen vor allem Menschen zusammen, die sich letztlich darin einig sind, was erreicht werden soll. Aber gerade deshalb stellt sich die gezielte Veränderung zumeist als außerordentlich schwierig heraus. Denn redliche Selbstverstärkung, gute Gründe und individuelle Einstellung haben nicht die Kraft, Missstände auszuhebeln.

Die Berliner Konferenz war ein Musterbeispiel für selbstverstärkende Kommunikation zur Formulierung und Stabilisierung von Zielen: Es kommen Leute mit ganz unterschiedlichen Perspektiven, aus ganz unterschiedlichen Bereichen der Gesellschaft zusammen und bestärken sich wechselseitig in der Formulierung eines wichtigen Zieles. Hier waren es wirklich maximal unterschiedliche Leute – einerseits aus den unterschiedlichsten Kulturen der Welt, andererseits aus ganz unterschiedlichen professionellen Feldern: Banker und Politiker, Juristen und Theologen, Organisationsentwickler und Menschenrechtsaktivisten, Sozialwissenschaftler und Schriftsteller, Presseleute und Unternehmer. Sie haben sich gegenseitig in der starken moralischen Forderung nach Toleranz bestärkt.

Das eigentlich Wirksame waren dabei nicht die moralischen Begründungen für Toleranz, es war die in kommunikativer Selbstverstärkung eher ästhetisch vorgetragene Einigkeit, die noch dadurch unterstrichen wurde, dass das Personal dieser Konferenz selbst Zeichen für jene *diversity* an Leib, Leben und Sprache trug.

Ich wusste genau, dass ich als letzter Sprecher der Konferenz nicht nur deshalb eingeladen war, weil ich so ein schlauer Soziologe bin, sondern weil mein Nachname – im Unterschied zu meinem Vornamen – schon auf den ersten Blick signalisiert, dass ich nicht altem westfälischem Landadel entstamme, sondern irgendetwas Morgenländisches dabei sein muss. All das produzierte jedenfalls eine Atmosphäre, in der die Ästhetik der Situation selbstverstärkend wirkte und man sich kaum vorstellen könnte, dass jemand mit guten Gründen widersprechen konnte.

Diese Konstellation ist keine Ausnahme, sondern paradigmatisch dafür, wie der Wunsch nach Veränderung formuliert wird: durch die ästhetisch plausible und moralisch vehemente Betonung dessen, was man erreichen will. Meist sind das dann Kommunikationsformen, die stark mit Werten argumentieren. Gegen die Krise soll sich Redlichkeit und ein angemessenes Maß durchsetzen, gegen Politikverdrossenheit die Authentizität der politischen Ziele, gegen Individualismus das Gemeinwohl. Gegen schlechte Absichten werden vor allem gute Absichten ins Feld geführt. Hört man sich die öffentlichen Statements zu den Krisen der Welt an, wird man von solchen Wertappellen geradezu erschlagen.

Am stärksten wirken solche Argumente dann, wenn sie in Foren eingebettet werden, in denen man sich ihnen nicht wirklich entgegenstellen kann. Auch wenn in Berlin die Wege zur Toleranz unterschiedlich beschritten wurden, es war gar keine Frage, dass tolerante Einstellungen das Gebot der Stunde und die Lösung entscheidender Probleme darstellten. Für die Dauer der ästhetischen Inszenierungen sah es so aus, als ob es wirklich nur noch vom guten Willen der Leute abhängt, das Ziel zu erreichen. Warum ist dann die Veränderung der Welt trotzdem so schwierig? Diese Frage stellen sich alle, die von den guten Gründen ihrer Ziele und den Zielen ihrer guten Gründe überzeugt sind.

Das Absurde an moralischen Forderungen besteht darin, dass die Moral eigentlich nur dann wirkt, wenn man sie nicht braucht, dann nämlich, wenn die Anderen ebenfalls an die moralische Forderung glauben. Wer allerdings nicht daran glaubt, wird sich selbst von einer flammend vorgetragenen moralischen Forderung gar nicht erst verunsichern lassen. Um ein Beispiel zu nennen: Vor- beziehungsweise außerehelichen Sex wird man nur dann aus moralischen Gründen unterlassen, wenn man die moralische Forderung des Verzichts wirklich ernst nimmt, wenn das Gebot auch Schuldgefühle produziert. Wo das nicht der Fall ist, wird man sanktionieren oder anders kontrollieren. Das Gleiche gilt für all die wohlgemeinten Forderungen nach Toleranz zwischen verschiedenen Kulturen und Lebensformen. Wirkliche Separatisten und Fundamentalisten lassen sich durch kosmopolitische Forderungen allein nicht beeindrucken – und so schrumpfen die universalistischen Kosmopoliten selbst zu einer partikularen Gruppe unter anderen. Und das macht die Veränderung der Welt in der Tat schwierig – auch wenn man die besten Gründe überhaupt hat.

Die Veränderung der Welt braucht zwar gute Gründe – und es gibt gute Gründe für Toleranz, auch wenn man ihre merkwürdige Paradoxie mit bedenkt, die mein pakistanischer Taxifahrer so genau auf den Begriff gebracht hatte. Gute Gründe für ein richtig geführtes Leben zu haben gehört geradezu zum Grundbestand des Selbstverständnisses des westlichen Individualismus. Die Welt erscheint als Gegenstand, der besser gemacht werden sollte – und weil die Welt vielleicht eine Nummer zu groß ist, war es vor allem das konkrete Individuum, das sich stets verbessern sollte. Man entdeckte die innere Einstellung, das innere Motiv und so auch das individuelle Handeln. Gelungen ist ein Leben vor diesem Hintergrund, wenn es sich als ein Leben beschreiben kann, das mit guten Gründen versehen ist. So sind literarische Formen wie der Entwicklungs- und Bildungsroman entstanden, so ist Religion immer mehr zu einer ethischen Größe geworden, und so haben sich Lebensformen etabliert, in denen man Karrieren macht und sein Leben selbst zu führen hat.

Diese Vorstellung ist zwar eingängig, sie ist aber nicht sonderlich realistisch. Ihr zufolge sieht die Veränderung der Welt etwa so aus: Es komme darauf an, individuelle Einstellungen zu ändern, wir müssten also dafür sorgen, dass wir mit guten Gründen ausgestattet sind. Wie sehr dieser Vorstellung das Vertrauen in die eigene Realitätstüchtigkeit fehlt, lässt sich auch daran erkennen, dass gute Gründe meist erst mit großer Verve und einigem Pomp wirklich motivfähig werden. Gute Gründe brauchen Pathos, um zu wirken.

Das hat die Berliner Konferenz wirklich perfekt in Szene gesetzt. Es wurden gute Gründe formuliert, es wurden Menschen präsentiert, die irgendwie selbst wie gute Gründe aussahen, es wurden Sätze kreiert, denen man letztlich nicht widersprechen konnte und die durchaus innerhalb der Tagung eine große Kraft entfalteten – und dennoch lief, gewissermaßen als *basso continuo* der Beiträge und insbesondere der Gespräche um die Vorträge herum, in Kaffeepausen und beim Lunch immer der Zweifel mit, dass allein gute Gründe die Dinge nicht regeln werden.

Vielleicht musste man also genauer hinhören. Insbesondere die amerikanischen Redner haben einen anderen Aspekt der Veränderung stark gemacht. Sie haben sehr stark auf das Recht gesetzt. Besonders beeindruckt hat mich der Vortrag von Paul S. Miller, Jurist und Beauftragter der U.S. Equal Employment Opportunity Commission in Washington, D.C., der sich mit Toleranz am Arbeitsplatz beschäftigt hat. Vielleicht gelangen ihm realitätsnähere Sätze, weil es bei ihm nicht um die ganz große Perspektive der Weltkulturen ging, sondern um konkrete Praxisformen im Arbeitsalltag. Miller berichtete, ganz im Sinne der Tagung, dass es darum gehe, für Toleranz zu werben, und dass es gute Gründe dafür gebe, etwa behinderte Arbeitnehmer nicht zu diskriminieren. Diskussionen um Diskriminierung sind insofern merkwürdig, weil man niemals gute Gründe für Diskriminierung finden wird, die sich einfach so kommunizieren lassen. Auch im Falle Millers war die Toleranzforderung geradezu sinnlich zu greifen – er hatte selbst eine körperliche Behinderung.

Miller freilich machte auf seine Erfahrung aufmerksam, dass es nicht ausreiche, Menschen aufzuklären und sie mit guten Gründen auszustatten. Selbst Leute, die die guten Gründe anerkannten, verhielten sich nicht unbedingt entsprechend. In der Sozialpsychologie ist dies ein Allgemeinplatz, den man im ersten Semester lernt: Einstellungen führen nicht automatisch zu entsprechendem Verhalten. Das macht ja gerade das Realitätsferne von Forderungen aus, denen man verbal nicht widersprechen kann, im Handeln dann aber doch. Kaum jemand wird gegen einen ausländischen Schwiegersohn oder eine ausländische Schwiegertochter reden – die Einstellungen sind sehr tolerant. Aber wenn das eigene Kind mit einem entsprechenden Kandidaten erscheint, stellt sich trotzdem Unbehagen ein. Und aus vielen Untersuchungen ist bekannt, dass Ehemänner einstellungsmäßig radikale Egalisten sind, wenn es um Tätigkeiten im Haushalt geht, aber dann doch herzlich wenig praktisch beitragen.

Ähnlich, so Miller, verhält es sich mit der Einstellungspraxis behinderten Arbeitnehmern gegenüber – ein doppeldeutiges Wort, denn es geht um die Einstellung ihnen gegenüber und um die Einstellung von Behinderten auf entsprechende Arbeitsplätze. Hier nahm Miller das Institut des Rechts in Anspruch. Er meinte, wenn es nicht gelinge, die Dinge auf dem Wege der guten Gründe zu verändern, dann müssten sie mit Rechtsregeln durchgesetzt werden, und zitierte aus einer Rede von Martin Luther King aus dem Jahre 1956: »Moral kann man nicht per Gesetz erlassen; Verhalten aber lässt sich steuern. Das Gesetz kann meinem Arbeitgeber nicht vorschreiben, mich zu lieben. Doch kann es ihn davon abhalten, mir wegen meiner Hautfarbe die Anstellung zu verweigern.«

In den USA wird sehr stark auf rechtliche Regulierungen gesetzt, auf Quotierungen und auf Antidiskriminierungsvorschriften – gerade weil sich Verhalten, moralisch richtiges Verhalten und was man dafür hält, nicht auf dem Aufklärungswege herstellen lässt. Und so ernüchternd diese Perspektive auch ist, dass sich die Gesellschaft nur auf dem Regelungs- und Sanktionswege verändern lässt, den Amerikanern steht auch hier eine pathetischere Form der Kommunikation zur Verfügung als uns Europäern. Die Macht des Rechts, die Kodifizierung von Gleichheitsnormen und nicht zuletzt die Überparteilicheit der Rechtsinstitutionen werden von US-Amerikanern mit einem uns fremden Pathos vorgetragen. Und damit fügte sich auch dieser Vortrag in den Grundtenor der Konferenz ein.

Es sind also im Wesentlichen zwei Gründe, warum die Gesellschaft so schwer zu verändern ist – einerseits, weil moralische Forderungen nur für diejenigen bindend sind, die sich an sie gebunden fühlen, zum anderen, weil es gar nicht Einstellungen und Überzeugungen sind, die den größten Teil unserer Handlungen bestimmen. Und weil das so ernüchternd ist, entwickeln Konferenzen wie die in Berlin wohl auch so pathetische Formen.

Am Abend des ersten Tages gab es für Zuhörer wie Vortragende die Gelegenheit zu einem gemeinsamen Abendessen und zu ausführlichen Gesprächen. Die Atmosphäre war sehr gelöst – und das hatte auch damit zu tun, dass es sehr leicht war, sich hier auf der richtigen Seite zu fühlen. Aber die Schwierigkeiten, die Welt entsprechend zu ändern, waren nicht unbeobachtet geblieben. Eindrücklich blieb mir ein Gespräch an einem Tisch, den ich nach erfolgreicher Konsultation des Buffets ansteuerte. Es diskutierten dort eine amerikanische Menschenrechtsaktivistin, eine Gleichstellungsbeauftragte in einem deutschen Unternehmen sowie ein Jungpolitiker einer staatstragenden deutschen Partei. Ein regelrechter Streit entzündete sich an der Frage, ob richtiges Verhalten auch dann noch als richtig zu werten sei, wenn es nicht auf entsprechende Überzeugungen setzt. Die Menschenrechtsaktivistin kritisierte Quotenregelungen und eine zu starke rechtliche Kodifizierung. Sie forderte von den Unternehmen und vom Bildungssystem, ja von der ganzen Gesellschaft, es solle Aufklärung betrieben werden, damit sich Überzeugungen ändern.

»Du hast völlig recht«, sagte die Gleichstellungsbeauftragte, »aber wir können die richtigen Überzeugungen nicht einfach verordnen, wir können immer nur schauen, ob eine Frau, ein Behinderter, ein Ausländer nicht doch aus diesen Gründen nicht eingestellt oder nicht befördert wird.« »Deshalb haben wir ja jetzt ein Antidiskriminierungsgesetz«, betonte der Jungpolitiker. »Das gibt den Leuten die Möglichkeit, Chancengleichheit als Recht einzufordern. Das ist doch jetzt ganz ähnlich wie in den USA.« Auch er hatte sich an die Menschenrechtsaktivistin gewandt. Die war aber nicht so leicht umzustimmen: »Ja, es ist ein großer Fortschritt, dass wir die *affirmative action* haben und dass man gegen Diskriminierung klagen kann. Aber das hat die Dinge manchmal noch verschlimmert. Wirkliche Achtung und Anerkennung haben Minderheiten dadurch kaum bekommen. Insofern hat sich eigentlich nichts verändert – und das kann ich schwer ertragen. Eigentlich bringt das nur die Intoleranten dazu, dass sie ihre Schweinereien nicht weiter machen können. Aber toleranter werden sie dadurch nicht.«

An dieser Stelle mischte ich mich in die Diskussion ein. Ich bin zwar selbst sehr skeptisch, was eine allzu starre und formale Regulierung angeht, weil auch das Paradoxien produziert. So kommt es dann zu Äußerungen wie jener, die ich einmal in einer universitären Berufungskommission gehört habe: »Diese Stelle muss mit einer Frau besetzt werden, weil das Geschlecht keine Rolle spielen darf.« Ein solcher Satz ist geradezu bedauernswert naiv, trifft dann aber doch genau, worum es geht. Das habe ich jedoch nicht gesagt, sondern dies: »Ich glaube nicht, dass der Großteil unseres alltäglichen Handelns von Überzeugungen gesteuert wird, sondern eher von Gewohnheiten und Praxisformen, die sich für uns irgendwie bewährt haben und die wir gerne wiederholen und auch kopieren. Ich glaube auch, dass Überzeugungen und Einstellungen selbst das

Ergebnis von Erfahrungen und Gewohnheiten sind. Wenn sich Dinge plausibel darstellen, dann werden sie auch überzeugend. Insofern haben solche Regelungen durchaus etwas Sinnvolles an sich. Man kann sich dann an Dinge gewöhnen, die man vorher für undenkbar gehalten hatte.« Jetzt war die Menschenrechtsaktivistin erst recht entsetzt: »Dann sind Überzeugungen ja gar nicht echt. Dann kann man sich ja an alle möglichen schrecklichen Überzeugungen gewöhnen.« Meine Entgegnung verbesserte die Stimmung nicht: »Das ist ja auch der Fall. Auch schreckliche Überzeugungen – Rassismus, Fremdenfeindlichkeit, Sexismus und woran man noch alles denken kann – müssen sich praktisch bewähren. Und sie bewähren sich ja auch.« Nun hatte ich auch noch den Ärger der jungen Amerikanerin auf mich gezogen: »Das ist zynisch! Wie kann man sagen, dass sich Antisemitismus bewährt hat? Wie können Sie das als Deutscher sagen?«

Sie war ehrlich empört, aber ich blieb bei dem Argument, denn auch solche Überzeugungen müssen von ihrem Umfeld goutiert werden und sich in diesem Sinne bewähren – dann werden die Menschen schneller zu Überzeugungstätern, als man denkt. Ich habe darauf verwiesen, dass man gerade als Deutscher mitbedenken sollte, wie schnell Überzeugungen, die sich als anschlussfähig erweisen, um sich greifen. Ich blieb dabei: Es kommt darauf an, sich an Formen zu gewöhnen, dann folgten die Überzeugungen auf dem Fuße – auch wenn das weit weniger unserem Selbstbild entspricht als das, was die Aktivistin gerne stark machen wollte.

Irgendwie leuchtete das dann doch ein, vor allem als die Gleichstellungsbeauftragte bestätigte, dass sich in manchen Abteilungen nach anfänglicher Aufregung ein gewisser Pragmatismus breitmachte und sich tatsächlich so etwas wie Gewöhnungseffekte eingestellt haben. Erstaunlich sei auch, wie schnell die Leute vergessen und so tun, als sei das alles immer schon so gewesen. Insofern sei sie selbst inzwischen überzeugter von den Gleichstellungsmaßnahmen in ihrem Unternehmen als zu Beginn der Tätigkeit. Man kann die Leute nicht zwingen, Andere zu lieben, das stimme, aber man kann sie dazu bringen, sich an die richtigen Dinge zu gewöhnen.

Ich habe dann noch angefügt, dass das vielleicht sogar noch viel besser sei, als sich lieben zu müssen, um miteinander auszukommen – aber das wurde für einen Scherz gehalten, obwohl ich das nicht so gemeint hatte. Die Gleichstellungsbeauftragte berichtete schließlich noch, dass man gerade einige Regelungen entschieden habe. Sie hatte nicht das Gefühl, dass die Unternehmensleitung dabei von großen moralischen Überzeugungen getrieben war. Es gehörte einfach dazu, dieses Thema so zu behandeln – andere Unternehmen hatten das auch gemacht, und schließlich gab es gesetzliche Vorgaben, die man umsetzen musste. Der Abend neigte sich seinem Ende zu, und die Gleichstellungsbeauftragte schloss ihre Beschreibung mit einem Seufzer: »Es musste eben entschieden werden. Was sollte man auch machen?«

Das war die entscheidende Frage: *Was sollte man auch machen?* Es musste eben entschieden werden. Bei allen Beiträgen dieser Konferenz ist mir aufgefallen, dass sich die Forderungen letztlich an die Gesellschaft und an die Einstellung der Leute richteten, Lösungen aber von Entscheidungen in Organisationen erwartet wurden, von rechtlichen Regulierungen, von Entscheidungen über neue Regeln in Unternehmen, von objektivierbaren Kriterien wie Quotierungen oder von Sanktionsdrohungen für Fehlverhalten. All diese Maßnahmen *ersetzen* richtige Überzeugungen. Man bräuchte sie nicht, könnte man andere Überzeugungen herstellen oder wären es wirklich Überzeugungen, die das Handeln ändern. Tatsächlich ist es wohl umgekehrt: Handeln ändert Überzeugungen.

Keiner der Sprecher dieser Konferenz hatte ein Konzept, die Gesellschaft zu ändern. Geändert werden sollten stattdessen stets Organisationen, also Unternehmen oder staatliche Instanzen, Kirchen, Schulen, Universitäten, Vereine, Verbände. Moderne Gesellschaften sind ohne Organisationen gar nicht denkbar. Keine Wirtschaft ließe sich ohne Unternehmen, Banken und Börsen, keine Wissenschaft ohne Universitäten, keine Bildung ohne Schulen organisieren. Religiöser Glaube könnte nicht ohne Kirchen domestiziert werden, die politische Willensbildung und vor allem ihre Umsetzung ist auf Parlamente und ihre Verfahren, auf Regierungen und ihre Kompetenzen angewiesen. Nicht einmal Kunst wäre ohne Organisationen denkbar. Wo sollte man sie ohne Konzertsäle und Galerien, Museen und Theater goutieren? Und auch Sport wäre völlig undenkbar, wenn es nicht organisierte Spielbetriebe, Vereine und Verbände gäbe.

Dagegen könnte man einwenden, dass all diese Dinge auch außerhalb von Organisationen stattfinden. In der Tat: Man kann an die Götter ohne Kirchen glauben, man kann sich auch außerhalb von Schulen bilden und politisches Engagement auch außerhalb von Staatsorganisationen oder Parteien äußern. Bezahlen kann man auch außerhalb von Unternehmen, etwa bar untereinander. Kunst genießen wir womöglich gerne einsam. Aber all das ist nur möglich, weil es letztlich doch mit Rekurs auf die organisierten Bereiche der Gesellschaft stattfindet. Auch eine private Geldzahlung ist von Zentralbanken, wirtschaftspolitischen Entscheidungen und Unternehmenserfolgen abhängig, die für Geldstabilität sorgen. Auch Kunstgenuss jenseits musealer Präsentation setzt einen Kunstbetrieb voraus, in dem Formen und Stile bewahrt und weiterentwickelt werden. Und individuelles religiöses Erleben braucht, um sich wirklich als individuell zu erleben, kirchlich gepflegte Vorgaben am Horizont, von denen es sich absetzen kann und von denen es seine Formen und Motive entlehnt.

Zugleich haben Organisationen jedoch eine notorisch schlechte Presse. Als »Bürokratie« stehen sie für das Schwerfällige, für die langweilige Wiederholung. Es scheint ihnen völlig egal zu sein, was sie organisieren, Hauptsache, sie organisieren. In der Selbstkritik unserer Gesellschaft macht man sie verantwortlich, wenn Menschen nach anonymen Kriterien behandelt werden. Sie gelten als

Apparate, die aus kreativen Menschen Fließbandbediener, Erbsenzähler und entfremdete Stempelstempler machen. »Fachmenschen ohne Geist« nannte Max Weber solche Leute – und wenn wir uns einmal richtig über die Welt aufregen, dann gerne über Bürokraten, die nichts Anderes tun, als stur irgendwelche Vorschriften einzuhalten, die aus unerfindlichen Gründen in ihrer Verwaltung gewuchert sind.

Dabei profitieren wir letztlich alle von den Leistungen von Organisationen. Meine Reise zur Tagung beispielsweise wäre in einer Gesellschaft ohne relativ strikte Organisation gar nicht denkbar. Es musste eine Fluggesellschaft geben, die ein Flugzeug bereithielt, ausgeschlafene Piloten ebenso. Der Knopfdruck auf meinem Computer signalisierte der Fluggesellschaft, dass mein Ticket bezahlt wurde, die Rückmeldung per E-Mail, übrigens völlig automatisiert, signalisierte mir, dass ein Sitzplatz für mich zur Verfügung stand. Es musste eine Flugaufsicht da sein, die den kurzen Flug von München nach Berlin steuerte. Der Taxifahrer in Tegel hat nicht auf mich gewartet, er war aber da, damit er mich fahren konnte – auch das ein Ergebnis von Organisation. In dem Tagungsgebäude waren alle möglichen Vorbereitungen getroffen, die wir wie selbstverständlich voraussetzen. Namensschilder waren gedruckt, Tische und Stühle aufgestellt, Teilnehmerlisten lagen vor, für Nahrungsmittel und genügend Toilettenpapier war ebenso gesorgt wie für Ansprechpartner, die tätig werden konnten, wenn irgendetwas nicht ausreichend oder falsch organisiert worden war. Selbstverständlich war genügend Netzspannung vorhanden, damit Licht- und Tontechnik funktionierten und die Kaffeemaschinen ihren Dienst verrichten konnten. All das setzen wir schlicht voraus – und wir beschreiben es gar nicht mit, wenn wir von solchen Events berichten.

Organisationen sind dazu da, dass die Welt einfach weiterläuft – zum größten Teil ganz unabhängig von persönlichen Überzeugungen. Sie organisieren vor allem Routinen und Wiederholbares. Organisationen ermöglichen es der Gesellschaft, sich in sich selbst einzurichten. Sie lassen Programme ablaufen und machen auch komplizierte Abläufe möglich, weil es ihnen gelingt, Teilaufgaben und -tätigkeiten voneinander zu isolieren und dann doch wieder aufeinander zu beziehen. Organisationen sind effizient – vor allem darin, Tätigkeiten von konkreten Motiven unabhängig zu machen. Gerade dies setzt jedoch auch wieder konkrete Motive frei, denn der Blick auf das, was man konkret tut, ermöglicht die Konzentration auf die eigenen Routinen und das eigene Handeln. Wer an seinem Arbeitspatz arbeitet, kann sich fast vollständig davon entlasten, worum es dem Unternehmen im Ganzen geht. Für seine spezielle Aufgabe jedoch braucht er große Aufmerksamkeit und damit auch entsprechende Motive.

Die Deutsche Reichsbahn etwa hat in den 1940er Jahren – auch wenn das zynisch klingen mag – eine logistische Meisterleistung vollbracht, indem sie unter Kriegsbedingungen Millionen Menschen in die Konzentrationslager transportierte. Vom Prinzip her kam dabei die gleiche Logistik zur Anwendung, mit der man einige Jahre zuvor Menschen massenhaft in die Sommerfrische gebracht hatte. Diese Logistik benutzt die Instrumente der Arbeitsteilung, der Zerlegung von Zielen in Teilziele, der Herstellung von Zuständigkeiten und der Effizienzsteigerung durch Konzentration der Teilaufgaben auf sich selbst. Der klassische Mitläufer, der dann auch »entnazifiziert« wurde, war derjenige, der in Organisationsroutinen mitlief, der geholfen hat, zu morden, indem er für ausreichend Kohle an Bahnschwerpunkten gesorgt hat oder im Winter dafür Sorge trug, dass die Weichen nicht einfroren. Er hat gemordet, ohne ein Mörder sein zu wollen. Und beim Mitlaufen haben sich die falschen Überzeugungen ebenso verfestigt, wie sie dann später bei der Deutschen Bundesbahn wieder verschwunden sind.

Das mag wie eine Überzeichnung wirken. Aber in Organisationen tut man tatsächlich vieles ohne leitende Überzeugung, ohne klaren Zweck und ohne die Perspektive aufs Ganze – was immer das sein mag. Lässt man noch einmal Revue passieren, was an Tätigkeiten nötig war, um mich nach Berlin zu bringen, wird klar, dass das alles im Einzelnen gelungen ist, obwohl niemand damit beauftragt war, dies in seiner Gesamtheit zu tun. Keiner der Beteiligten wusste, dass er mich von München nach Berlin an den Tagungsort gebracht hat – und doch hat es funktioniert.

Meine Kommunikation mit denen, die dies bewerkstelligt haben, war mehr als eingeschränkt. Ich musste den Piloten des Fliegers nicht persönlich kennenlernen und die Stewardess nicht darum bitten, im Laufe des Fluges Getränke auszuschenken. Dem Taxifahrer musste ich das Fahrtziel nennen, nicht aber mit ihm diskutieren, ob er mich fahren möchte oder nicht. Solche Routinen und Selbstverständlichkeiten erzeugen eine merkwürdige Stabilität, die sich nicht mehr so leicht ändern lässt. Es sind diese Routinen, an die sich die Menschen in Organisationen gewöhnen und nach deren Sinn sie nicht mehr fragen – zumindest nicht, solange die Dinge irgendwie wie von selbst laufen.

Deshalb sind es weniger Personen, die beraten werden, sondern vor allem Organisationen. Unternehmen und Ministerien, Verwaltungen und Kirchen, Universitäten und Verbände lassen sich beraten – und zwar *als* Organisationen. Sie fragen die Berater, was in ihren Abläufen verändert werden kann, um zum Beispiel effizienter zu werden – oder: toleranter.

Solche Beratung zielt nicht in erster Linie auf die Überzeugung von Menschen, sondern darauf, wie die Eigendynamik einer Organisation und wie ihre Routinen organisiert werden können, um Ziele besser zu erreichen. Dafür wird von Organisationen exakt das verlangt, was sie können: Entscheidungen über das zu treffen, was sie tun. Beraten werden müssen Organisationen deshalb, weil ihre Schwäche und ihre Stärke aus dem gleichen Holz geschnitzt sind. Ihre Stärke ist, dass sie sich wenig irritieren lassen. Wenn in einem Betrieb oder in einem Verein einmal Routinen und Abläufe gelten, dann sind diese relativ krisenfest. Es muss schon einiges zusammenkommen, bis sich eine Organisation aus der Ruhe bringen lässt. Und das ist eben auch ihre Schwäche. Sie wird auch dann nicht aus dem gewohnten Trott gebracht, wenn Abläufe womöglich insuffizient sind oder sich die Dinge in eine völlig falsche Richtung entwickeln. Denn Organisationen sind ja gerade dafür gemacht, sich nicht allzu schnell zu ändern.

Womöglich liegt also der größte Vorteil von Organisationen darin, dass man sie gezielt verändern kann – gerade weil sie sich nicht einfach so von selbst verändern. Weil Organisationen so stabil sind, haben Entscheidungen, die in die Strukturen, Abläufe, Arbeitsteilungen und konkreten Parameter eingreifen, sichtbare Folgen. Problemstellung und Handlungsbedarf werden dabei in entscheidungsfähige Formate gebracht. Ein Unternehmen kann an sich selbst feststellen, dass es Schwarze oder Ausländer oder Behinderte unterrepräsentiert, womöglich sogar diskriminierend behandelt. Es kann dann aber explizit die Entscheidung treffen, dass routinemäßig Schwarze, Ausländer oder Behinderte ins Kalkül gezogen werden, wenn es um Stellenbesetzungen oder Beförderungen geht. Und solche Entscheidungen sind offensichtlich das Medium, mit dem sich Organisationen verändern lassen.

Obwohl die Berliner Konferenz in erster Linie pathetisch auf Überzeugungen gesetzt hat, auf Einsichtsfähigkeit und die moralische Substanz von Toleranzforderungen, brachten die meisten Redner sofort Organisationslösungen ins Spiel, wenn es darum ging, Veränderungen umzusetzen. Allein auf die Macht des Arguments und der Überzeugung setzte niemand. Toleranz sollte dadurch hergestellt werden, dass in Organisationen Entscheidungen über neue Regeln und Routinen getroffen werden, die von den Überzeugungen der Beteiligten zunächst unabhängig sind, ganz im Sinne des Zitats von Martin Luther King. Eine Organisation kann nicht darüber entscheiden, dass ihre Mitglieder wirklich tolerant sind oder Minderheiten in ihr Herz schließen, sie kann aber darüber entscheiden, dass niemand aufgrund bestimmter Merkmale diskriminiert wird. Was man an der Konferenz lernen konnte, war also dies: Die Welt und die Gesellschaft lassen sich nicht unmittelbar ändern, aber Organisationen können verändert werden. *Wir ändern also die Welt nur in Form ihrer Organisationen.*

Dieser Befund mag undramatisch klingen, aber er hat doch einige Implikationen. Vielleicht ist es ja ein großer Vorteil von Gesellschaften unseres Typs, dass von uns nicht mehr verlangt werden kann, dass wir Brüder und Schwestern sind, dass wir unser Handeln an starke Überzeugungen binden und dass wir an das, was die richtige Lösung für Probleme ist, auch glauben. Was sollte man dann auch mit jenen machen, die die Dinge anders sehen? Von dieser Frage entlastet der Mechanismus, dass Organisationen entscheiden können: Toleranz wird zur Verfahrensfrage – und die Überzeugungen können mit einiger Verspätung nachfolgen.

Je mehr sich eine Gesellschaft von den unmittelbaren Motiven und Überzeugungen ihrer Mitglieder unabhängig macht, umso liberaler kann sie sein. Eine solche Beschreibung ist vielleicht nicht so romantisch wie diejenige, dass wir Brüder und Schwestern sein sollen und Veränderungen immer mit der Veränderung von Menschen zu tun haben müssen. Es lässt sich allerdings auch die Formel bilden, dass die Veränderung von Verhältnissen desto weniger Blutvergießen fordert, je weniger man von den Menschen verlangt, dass sie glauben und bekennen. Tun reicht ja schon!

Die Veränderung der Gesellschaft durch die Veränderung ihrer Organisationen ist also der Ausdruck liberaler Lebensformen. Und je liberaler eine Lebensform ist, umso mehr werden Menschen daran gewöhnt werden können, dass sie nicht für alles, was sie tun, starke Überzeugungen brauchen. Das ist fast schon ein listiger Mechanismus, denn die Veränderung von Organisationsroutinen ermöglicht es dann auch, sich an neue Praxisformen zu gewöhnen – etwa an Toleranz und Diversität.

Man könnte nun einwenden, dass Organisationen auch das Gegenteil organisieren könnten – etwa Intoleranz und Ausgrenzung. Und bisweilen tun sie das auch. Aber es lässt sich deutlich sehen, dass keineswegs beliebig ist, was organisiert wird. Ein Beispiel, da der Name Martin Luther King schon zweimal gefallen ist: Dass Schwarze in den 1960er Jahren in den USA Rechte einfordern konnten, hängt nicht in erster Linie mit Überzeugungen zusammen, die in der Bevölkerung gewachsen wären. Sie konnten sich auf Rechte berufen, weil diese Rechte da waren, Rechte, die nicht für sie geschrieben wurden, in deren Genuss sie aber gewissermaßen gegen die Intentionen derer gekommen sind, die diese Rechte verfasst und eingesetzt haben. Hätte man auf Überzeugungen warten wollen, würden Schwarze in den US-amerikanischen Südstaaten wohl bis heute manche Sitzplätze in Bussen nicht benutzen dürfen. Der Formalisierung und Organisation von Rechten aber folgten die Überzeugungen mit der Zeit nach.

Wenn man auf die Gesellschaft also nur in Form ihrer Organisationen Einfluss nehmen kann, dann kommt auch den Grenzen von Organisationen eine wichtige Rolle zu. Und hier möchte ich eine überraschende Wendung einführen: Ich denke, es ist gerade auch die begrenzte Reichweite des Organisierbaren, die den Boden für die eigenständige Wandlungsfähigkeit der Gesellschaft bereitet. Denn da man sie nicht umfassend, insgesamt und durchgängig verändern kann, bleiben jene Freiräume erhalten, in denen sie sich einfach so von selbst verändert.

Organisationen können nur organisieren, was sich organisieren lässt: Abläufe und Routinen, Zuständigkeiten und Mittelbewirtschaftung, also in erster Linie formale Parameter. Konkrete Abläufe wie die Kreativität tatsächlicher Tätigkeiten und die unmittelbare Ausführung von Aufgaben bleiben vom Zugriff organisatorischer Entscheidungen verschont. Auf eine einfache Formel gebracht: Organisationen statten die Gesellschaft mit Kontinuitäten, Regeln, Routinen, bindenden Entscheidungen aus. Keinen Zugriff aber haben sie auf konkrete Gegenwarten, in denen sich Unorganisierbares ereignet.

Organisationen sind Kontinuitätsmedien – aber vieles entzieht sich solcher Kontinuierung und geschieht nur in Gegenwarten. Am Beispiel der Verbesserung universitärer Lehre und Forschung lässt sich das gut verdeutlichen. Wie setzt man das Ziel um, den Wissenschaftsstandort Deutschland international konkurrenzfähiger zu machen? Wie versucht man das Mantra der gegenwärtigen Bildungspolitik, wissenschaftliche *Exzellenz*, herzustellen?

Es läge nahe, sich an die beteiligten Wissenschaftler zu wenden, sie an ihrer Ehre zu packen und aufzufordern, sie mögen sich gefälligst mehr anstrengen. Das wäre freilich naiv. Also organisiert man, was man organisieren kann: Man fusioniert Forschungsschwerpunkte, man lässt die Einzelforschung hinter großen Clustern verschwinden, damit man die Inhalte zentral bestimmen kann, man erfindet Punkte- und Rankingsysteme, man schafft Anreize durch variable Gehälter, man setzt Studenten durch Geldzahlungen in den Status von Kunden. Das ganze Maßnahmenpaket hat jedoch nichts mit der Frage nach exzellenter Forschung und Lehre im engeren Sinne zu tun – sondern eben nur mit ihrer Organisation. Lächerlich ist allerdings bisweilen, woran die Organisatoren dieser Dinge glauben. Und ihr Glaube wird dadurch verstärkt, dass in Universitäten vor allem der Verwaltungsapparat mächtiger wird.

Es stimmt, der Glaube an den Maßnahmenapparat spottet der Idee der Gemeinschaft von Lehrenden und Lernenden. Er spottet der Idee, dass es in erster Linie auf akademische und didaktische Kreativität ankommt, wenn man Lehre und Forschung verbessern will. Bei aller verständlichen Kritik an der Reformmaschinerie wird jedoch übersehen, dass dies gar nicht organisierbar ist. Der große Vorteil dieser Art von Veränderung der Welt besteht darin, dass die Frage explizit vermieden wird, was denn bessere Forschung und Lehre tatsächlich wäre, wie sich das Denken und Tun von Wissenschaftlern tatsächlich verbessern ließe – und was denn »besser« überhaupt heißen könne.

So gerne wir Professoren gegen all die intelligenzfreien Organisationskapriolen protestieren und polemisieren, wir sollten froh sein, dass sich nur dies entscheiden lässt und nicht das, worum es wirklich geht. Wir beteiligen uns an all dem Blödsinn. Wir fusionieren und verkoppeln. Wir differenzieren und entkoppeln. Wir machen angeblich Studienleistungen von Sizilien bis zum Nordkap Punkt-für-Punkt-kompatibel und führen interne und externe Bewertungs- und Komparationsparameter ein. Die messen zwar nicht, was da ist, dafür provozieren sie, was sich dann messen lässt. Insofern sind stets diejenigen erfolgreich, die sich am besten an die Parameter anpassen können, die gerade gelten.

Vermutlich liegt die tiefere Bedeutung der perennierenden Organisationsreformen und Reorganisationen von Unternehmen, Ministerien, Verwaltungen, Kirchen und Universitäten auch darin, dass sich hier die einzigen Möglichkeiten bieten, tatsächlich zu intervenieren. Organisationen sind die einzigen Orte, an denen man wirklich etwas mit *pomp and circumstance* entscheiden kann. Die moderne Gesellschaft braucht Organisationen nicht nur, um in ihren zentralen Bereichen der Wirtschaft, der Politik, der Bildung und der Wissenschaft Effizienz, Wiederholbarkeit und Kalkulierbarkeit zu inszenieren, sichtbar entscheiden zu können und über »Stellen« für eine Passung von Individuen und ihrer gesellschaftlichen Tätigkeit zu sorgen. Sie braucht Organisationen auch dafür, sich mit der Illusion auszustatten, dass man tatsächlich etwas ändern kann, indem man sich immer wieder neu aufstellt – und immer wieder besser.

Es ist dies eine produktive Illusion, denn sie hat eine paradoxe, ja fast ironische Wirkung. Noch einmal: Entschieden werden kann nur über das, was organisierbar ist – und organisierbar sind nur diejenigen Dinge, die in Entscheidungsform gebracht werden können. »Gut aufgestellt zu sein« lautet der gegenwärtige Schönsprech, und gemeint ist damit wohl, dass man die Dinge immer wieder neu sortieren kann – mehr aber nicht.

Expertise und Beratung zielen immer stärker auf diese Aufstellungsprozesse. Es werden horrende Budgets damit und dafür umgesetzt, die Dinge immer wieder neu zu organisieren und die Illusion zu pflegen, dass die gezielte Veränderung von Entscheidungen in Organisationen jene Veränderung erzielt, die intendiert war. Dass das schwerer gelingt, als man es möchte, ist Teil des Spiels und bildet nur ab, wie nah Stärken und Schwächen von Organisationen beieinanderliegen.

Nicht nur bei der Hochschulreform wird viel Geld dafür ausgegeben, die entscheidenden Fragen zu vermeiden. Denn das Risiko solcher Fragen wäre immens. Man stelle sich vor, man müsste bindende Entscheidungen darüber treffen, was und wie erforscht wird und werden darf, was und wie entwickelt und produziert oder geglaubt werden soll. Man stelle sich vor, es müsste organisiert werden, wie sich eine Lehrerin oder ein Lehrer vor der Klasse präsentiert, wenn sie den Lehrplan kreativ vermeiden. Die Organisierbarkeit der Organisation ist die eine Seite der Medaille. Auf der anderen Seite steht die Nicht-Organisierbarkeit der Welt.

Wenn ich von der Nicht-Organisierbarkeit der Welt beziehungsweise der Gesellschaft spreche, meine ich damit Folgendes: Wir dürfen uns die Gesellschaft nicht als eine Einheit vorstellen, nicht als einen kontinuierlichen Raum, in dem die Dinge kausal aufeinander bezogen sind. Vielleicht muss man sich die Gesellschaft wie einen pulsierenden Zusammenhang unterschiedlichster unvermittelter Gegenwarten denken, die sich weder steuern noch konditionieren lassen. Dass überhaupt Neues in die Welt kommt, hat genau damit zu tun, dass die Dinge weitgehend unverbunden sind. Die Gesellschaft besteht nur aus dem, was gerade geschieht. Und darin verändert sie sich stets und unvermeidlich – von selbst, manchmal unmerklich, manchmal sprunghaft.

Organisationen dagegen versuchen all das zu überwinden: Sie simulieren kontinuierliche Räume, sie erzeugen Kausalitäten, mit denen man planen und steuern kann, sie sorgen für Kontinuitäten und klare Mitgliedschaften, sie machen Prozesse transparent, sie definieren Unschärfen weg und machen Veränderung unwahrscheinlich. Und gerade weil sie so sind, kann man sie verändern. Das mag paradox klingen, aber wir müssen uns daran gewöhnen, dass die Veränderung von Organisationen unser einziges Mittel ist, verändernd auf eine Welt einzuwirken, die sich ohnehin selbst permanent verändert.

Das, worum es letztlich geht – die Verbesserung, das Innovative, das Überraschende –, ereignet sich jenseits des Organisierbaren. Ob es die bahnbrechende Idee eines Wissenschaftlers ist oder sein lebenslanges Festhalten an einer Frage, die ihn umtreibt; ob es die geniale Geschäftsidee ist, mit der sich neue Chancen eröffnen; ob es der Ton ist, den ein Lehrender im Klassenzimmer oder Hörsaal treffen muss, damit mehr gelernt werden kann, als im Plan und an der Tafel steht; ob es das Schweigen des Geistlichen im rechten Moment ist, das den Gläubigen zu einer Intuition führt, die er extern verortet – all dies entzieht sich der Organisierbarkeit und würde sich verflüchtigen, sobald man darüber entscheiden und es organisieren wollte.

Daraus aber sollte man keine falschen Schlüsse ziehen. Paradoxerweise sorgen Organisationen für den Rahmen und die ökologischen Nischen, in denen jene Variationen und Selektionen stattfinden, von denen die gesellschaftliche Evolution abhängig ist – wenn es gut läuft. Sosehr wir uns also wünschen, dass die Universitätsreformbemühungen sich auch Gedanken darüber machen, was wir eigentlich in Forschung und Lehre wollen, sosehr wir uns wünschen, dass die Menschen wirklich tolerant werden, so froh sollten wir sein, dass sich die Reformen nur ums Reformierbare, ums Organisierbare kümmern.

Die spannenden Dinge finden in jener Praxis und in jenen Gegenwarten statt, in denen sich tatsächlich etwas verändern lässt – aber eben kaum organisieren. Nicht die Welt, nicht die Gesellschaft als Ganze lassen sich verändern – aber jeweilige Gegenwarten. Man muss es tatsächlich paradox formulieren: Gerade weil die Gesellschaft sich nicht verändern lässt, kann man sie immer wieder verändern!

Ich bin zutiefst davon überzeugt, dass sich die entscheidenden Innovationen und Veränderungen, ja Verbesserungen der Welt in diesen unorganisierbaren Nischen ereignen – dort, wo es gelingt, das Richtige praktisch zu tun und es dann womöglich weiterzuverfolgen. Ich habe Beispiele angedeutet: die geniale Geschäftsidee, der didaktische Kunstgriff des Lehrers, das Schweigen des Geistlichen, vielleicht die tolerante Geste einer Minderheit gegenüber in einem intoleranten Umfeld. Es sind diese Unterbrechungen von Routinen, in denen das Neue aufscheint. Es sind konkrete Gegenwarten, in denen es geschehen muss. Im religiösen Kontext würde man von Offenbarungen sprechen.

Vielleicht klingt das naiv – was sollen diese kleinen Einzelveränderungen denn bewirken? Bemerkenswert ist jedoch, wie sehr Diktaturen sich vor den Nischen fürchten, in denen sich die Evolution der Gesellschaft, ihre Veränderung ankündigt und ereignet. Ihnen sind Dinge, die sich nicht organisieren lassen, zutiefst suspekt. Deshalb setzen autoritäre Regime vor allem auf Massenorganisationen und auf zentralistische Entscheidungsroutinen. Und sie wenden erhebliche Energien dafür auf, den unorganisierbaren Bereich der Gesellschaft zu kontrollieren. Nicht umsonst wird aus revolutionären Bewegungen gleich nach der Machtübernahme ein strenger Kontroll-, Überwachungs- und Entscheidungsapparat, der seine Aufmerksamkeit insbesondere auf die alltagsnahen Gegenwarten richtet. Im Falle der DDR etwa hatte das den geradezu kuriosen Effekt, dass als Grundlage für zentralistische Entscheidungen derart viel an Informationen gesammelt wurde, dass man diese kaum mehr organisieren konnte.

An der Angst der Diktaturen vor den alltagsnahen Gegenwarten können wir lernen, die Tatsache zu schätzen, dass sich die Welt eben nicht wirklich per Entscheidung verändern lässt – und dass genau das den Boden für Veränderung bereitet. Das Ende der kommunistischen Diktaturen hat – neben den ökonomischen Staatspleiten – exakt hier begonnen: in den unorganisierbaren Bereichen der Gesellschaft, die sich selbst verändern, aber kaum verändert werden können, auch nicht durch das autoritärste Regime. Womöglich ist heute das globale Internet jenes unorganisierbare Medium, das den diktatorischen Zugriff auf Gegenwarten immer schwieriger macht. Haben früher Revolutionäre als Erstes die Schwerindustrie verstaatlicht, werden sie heute als Erstes das Internet abschalten – wenn sie können.

Vermutlich brauchen liberale Gesellschaften die Spielwiese der illiberalen Planungs- und Steuerungseuphorie – sie brauchen aber vor allem die grundlegende Liberalität des Unorganisierbaren, in dem sich das ereignet, worum es wirklich geht. Wer die Welt durch Organisationsentscheidungen verändert, hat zweifellos einen wirksamen Hebel in der Hand. Und das ist bisweilen segensreich, denn in der Tat kann man, um das Beispiel der Tagung noch einmal aufzugreifen, gerade durch Organisationsentscheidungen Toleranz nachhaltiger herstellen als durch Appelle an die Schwestern- und Bruderschaft aller Beteiligten.

Zugleich haftet denen, die die Organisierbarkeit der Welt mit allzu großer Verve verfolgen, stets auch etwas Totalitäres an. Wenn ich an die Universitätsreformen der letzten Jahre denke, dann ist das bisweilen nicht weit vom autoritären Impetus derer entfernt, die vor kurzem noch Fünfjahrespläne gemacht haben. Und wie Universitätsreformer in jeder Professorenstube Lotterleben vermuten, vermuten Gleichstellungsbeauftragte gerne in jeder männlichen Karriere eines weißen Mannes den langen Arm des patriarchalen Kolonialismus. Der Gestus des Misstrauens, den ich hier etwas überspitzt darstelle, ist untrennbar mit der Illusion umfassender Organisierbarkeit verknüpft.

Aber die Welt ist nicht organisierbar. Moderne Gesellschaften sind deshalb in ihrer Grundstruktur unheilbar liberal, weil sie nicht von uns verlangen (können), dass wir alle dasselbe denken, glauben, können. Erst das macht die Veränderbarkeit der Welt und der Gesellschaft möglich – allerdings auf einer anderen Ebene als der produktiven Illusion der Veränderung der Gesellschaft durch ihre Organisationen.

Insofern wage ich die Prognose, dass der westliche Liberalismus mit der Umstellung der meisten wichtigen Tätigkeiten auf Organisationen überall auf der Welt in ähnlicher Form auftreten wird. Auch dafür gibt es deutliche Hinweise. Je »moderner« das Organisationsarrangement in Wirtschaft, Politik und Bildungswesen, desto wahrscheinlicher werden Lebensformen, in denen die Veränderung der Welt und der Gesellschaft eher über Organisationsentscheidungen vonstattengeht als über die enge Regulierung des gesamten Lebens. Schon die Globalisierung der meisten ökonomischen Abläufe, medialen Sichtbarkeiten und Bildungsinhalte sorgt dafür – ungeachtet gegenläufiger kultureller Bestrebungen.

Das ist kein westlicher Kulturimperialismus, sondern eine machtvolle Eigendynamik gesellschaftlicher Entwicklung, an der selbst bürokratisch-zentralistische Regime wie in China oder irre Theokraten wie im Iran erleben müssen, dass sich die Gesellschaft nur in Form ihrer Organisationen verändern lässt. Nicht wirklich verändern und steuern lässt sich das gesellschaftliche Leben selbst – die Überzeugungen der Leute und die Kreativität des Geschehens.

Vielleicht entsteht die Liberalität der Gesellschaft mit der Steuerungsillusion ihrer Organisationen, was sich im Falle diktatorischer Regime daran erkennen lässt, dass die bürokratische Kontrolle und die kreativen Versuche, sich dem zu entziehen, in ein Steigerungsverhältnis treten. Wie sich die Welt nicht organisieren lässt, so lässt sich eine Gesellschaft auch nicht im Ganzen diktatorisch kontrollieren. Auch an diesem Beispiel kann man also sehen: Die Welt lässt sich nur verändern, weil sie sich letztlich nicht verändern lässt. Das mag eine optimistische Sicht der Dinge sein – aber es ist ein Optimismus, der seine Hoffnung nicht aus Überzeugungen, Gründen und Motiven bezieht, sondern aus der Dynamik des gesellschaftlichen Lebens selbst.

Der zweite Tag der Berliner Tagung hat diese beiden Seiten der Veränderbarkeit der modernen Gesellschaft in mehreren Versionen bestätigt. Es wurden Beispiele dafür vorgetragen, wie sich Akte der Toleranz in kleinen Nischen ereignen – und es wurde vorgeführt, wie sich Toleranz durch die Entscheidung von Organisationen der Wirtschaft, der Kirchen und des Staates auf Dauer bewirken lässt. Am Ende der Tagung habe ich dann – wie am Anfang beschlossen – meinen Taxifahrer und seine griffige Fassung der Paradoxie der Toleranz ins Gespräch gebracht. Daraus habe ich die Schlussfolgerung abgeleitet, dass die toleranteste Gesellschaft tatsächlich die ist, die keine Toleranz benötigt. Sie verfügt über andere Mechanismen der Integration von Migranten und Minderheiten: Bildungschancen, Sprachkompetenzen und bisweilen eben Regeln.

Bei vielen Beiträgen der Tagung – und zwar im Programm wie auch am Rande – hatte ich den Eindruck, dass auch Vorträge zu jenen unorganisierbaren Gegenwarten gehören, in denen sich die Dinge zeigen, um die es wirklich geht. Deshalb ist für das Gelingen einer solchen Veranstaltungen nicht nur eine gute Organisation wichtig, sondern auch die Chance, dass das Nicht-Organisierbare geschieht. Beides verändert die Welt.

Kompetenzen

Warum Eliten in unterschiedlichen Welten leben müssen

Das Interessante an öffentlichen Verkehrsmitteln ist, dass einem Gespräche zu Ohren kommen, um die man vorher nicht nachgefragt hatte. Zwar möchte man mitunter am liebsten weghören – was freilich nicht geht, weil man paradoxerweise zunächst registrieren muss, was man nicht registrieren möchte –, andererseits wird man bisweilen auch unverhofft mit spannenden Informationen und Eindrücken versorgt. So ging es mir, als ich mit der U-Bahn zum Münchner Odeonsplatz fuhr. Was ich bei dieser Fahrt zu hören bekam, war ein Glücksfall, denn es nahm den Einstieg in die Tagung vorweg, die ich vor mir hatte.

Ich beobachtete drei ältere Herren, die sich über die Unfähigkeit derer »da oben«, nämlich in der politischen Führung, ausließen, der Krise Herr zu werden.

»Die müssten einfach härter durchgreifen. Die lassen den Reichen und der Wirtschaft heute alles durchgehen – wahrscheinlich stecken die mit denen unter einer Decke.«

»Die ham doch alle keine Ahnung, dabei sans alle studiert und reden gelehrt daher, aber wenns drauf ankommt, ziehens den Schwanz ein.«

»Die müssten doch eigentlich wissen, was man tun muss, damit solche Sachen nicht passieren.«

Die drei Männer schaukelten sich gegenseitig hoch und vermittelten eine Vorstellung von Gesellschaft, in der es »da oben« Menschen gab, die die Entscheidungen trafen und letztlich verantwortlich für den Status quo waren. Es war ein geradezu feudalistisches Weltbild, in dem über der »Masse« eine »herrschende Klasse« thronte, die über die Verhältnisse nach eigenen Regeln verfügte. Und es war letztlich egal, welche der einander ablösenden »Krisen« gemeint war und wer gerade die »herrschende Klasse« bevölkerte. Das Bild änderte sich dadurch nicht.

Nun wäre es naiv, das Bild naiv zu nennen, denn in der Tat erscheinen die Dinge bisweilen so. Bestärkt wird diese Version durch die Personalisierung von Problemen in den Massenmedien – nicht nur bei denen mit den großen Buchstaben und den lauten Tönen, sondern auch und immer stärker bei den sogenannten Qualitätsmedien. Politische und wirtschaftliche, wissenschaftliche und kulturelle Ereignisse, Entscheidungen, Entwicklungen und Katastrophen werden an Personen festgemacht und als Ergebnis ihrer Handlungen und Unterlassungen behandelt. Über die Gesellschaft allgemein und das, was sich in ihr vollzieht, lässt sich nicht so leicht schreiben wie über Leute, ihre Motive und Aktionen. Menschen werden als Handelnde beschrieben; und in ihrem Tun sollen dessen Beweggründe und Folgen sichtbar werden.

Folgt man diesem Schema, bleibt einem kaum etwas Anderes übrig als eine aristokratische Beschreibung der Welt. So gibt es dann Krisen oder Kritisierbares oder wenigstens in der U-Bahn Thematisierbares, vor allem gibt es Geschichten über Leute, die etwas Sichtbares und Besprechbares tun. Und über diese Geschichten erschließt sich die Welt. Die Krise, das Kritisierbare, das Thematisierbare erscheint als etwas, was Leute getan haben. Und deren Motive sind vermeintlich leichter zu beschreiben als die Welt, in der solche Motive erst auftauchen oder funktionieren können.

Es waren in diesem Fall drei ältere Herren, die sich in der U-Bahn wie an einem Stammtisch aufführten. Aber diesen Gestus findet man überall. Wenn an der Universität unter Kollegen darüber gesprochen wird, wie falsch Hochschulreformen von »denen da oben« durchgeführt werden, klingt das auch nicht viel anders. Dass die es eigentlich besser wissen müssten »da oben«, ist eine weitverbreitete Einstellung – schlicht und einfach, weil sie die Dinge leicht beschreibbar macht.

An den drei Herren in der U-Bahn zeigt sich wie in einem Brennglas, wie wir die Welt am liebsten sehen: als einen Ort voller Handlungen mit erzählbaren Motiven. Auch wenn wir von uns selbst berichten, bleibt uns kaum etwas Anderes übrig. Wer erzählt, was er getan hat, erzählt, was er getan hat. Eine Tautologie? Nein, denn man könnte auch ganz anders ansetzen und schildern, dass man sich in dieser oder jener Weise verhalten hat, ohne dass man etwas konkret und gewollt getan hat.

Bei genauerer Betrachtung tun wir herzlich wenig motiviert durch gute Gründe, sondern weit mehr aus Zufall, Gewohnheit oder eingespielter Praxis. Aber das lässt sich viel schwerer erzählen. So etwas kommt in therapeutischen Settings vor, wenn man erklären soll, warum man Dinge tut, von denen man weiß, dass man sie nicht tun sollte. Oder in der Literatur als künstlerisch-ästhetische Verfremdung, die uns einen ungewohnten Blick auf Alltagssituationen eröffnet. Und als sozialwissenschaftliche Beschreibung, die ebenfalls einen »schrägen« Blick pflegt, wenn auch weniger aus ästhetischen Gründen.

Diese Art der Beschreibung dient aber kaum dazu, die Welt einfacher erklärbar, leichter erzählbar zu machen. Wir haben uns in der Welt als Motivwelt eingerichtet und daran gewöhnt, dass alles gesagt ist, wenn wir konsistente Sätze darüber hinkriegen, wer was warum getan hat – obwohl man Motive gar nicht sehen kann! Gewöhnt sind wir an dieses Format auch, weil die permanente Berieselung in Presse, Funk und Fernsehen die Realität als *personality show* vorführt. Als Gesellschaft kommen dann vor allem Leute vor – auch wenn wir es besser wissen könnten.

Es war deutlich zu sehen, dass die drei Herren »die da oben«

zugleich respektierten und verachteten. Einerseits haben sie ihnen erhebliche Kompetenzen zugeschrieben – offensichtlich glaubten sie, dass die Probleme durch entsprechend kompetentes Verhalten zu bewältigen wären. Andererseits aber beklagten sie, dass die entscheidenden Leute trotz ihrer Kompetenzen die Probleme nicht lösten. Dieses Missverhältnis war für sie das eigentliche Skandalon. Wovon sie jedenfalls unerschütterlich ausgingen, war der Glaube, dass die Probleme prinzipiell lösbar waren und dass dies auch geschehen würde, wenn die, die dazu berufen waren, es nur wollten. Nach diesem Muster ist praktisch jede Kritik aufgebaut, denn es ist meist Kritik an Leuten, die man ja nur dann sinnvoll kritisieren kann, wenn man ihnen Lösungskompetenz zutraut.

Vielleicht sollte langsam die Einsicht um sich greifen, dass manche Beschwerde über »die da oben« sich ein wenig zu kindlich geriert – in dem Sinne, dass sie den Kritisierten mehr zutraut, als sie vermögen, so wie Kinder besonders enttäuscht sind, wenn sie irgendwann feststellen, dass Mama und Papa eben doch nicht alles können. Der Satz »Die da oben müsstens doch eigentlich besser wissen«, den ich in der U-Bahn aufgeschnappt habe, erscheint mir als eine allzu subalterne Kritik, die sich zu wenig Gedanken darüber macht, in welchen Sprecher-, Handlungs- und Praxispositionen sich die Kritisierten befinden. Das soll übrigens kein Plädoyer gegen Kritik sein – im Gegenteil. Es ist ein Plädoyer gegen eine subalterne Haltung – und damit ein Plädoyer für eine Verschärfung der Kritik.

Die Linie 6 war inzwischen am Odeonsplatz angekommen, wo ich aussteigen musste. Als ich ein letztes Mal zu den drei Herren hinübersah, wurde mir klar, dass man manchmal einfach Glück hat. Ich sollte nämlich an diesem Vormittag im Rahmen einer Weiterbildungsveranstaltung der Bayerischen Staatskanzlei einen Workshop über die Frage durchführen, welche Kompetenzen künftige Führungskräfte in der bayerischen Verwaltung haben müssen. Auf dem etwa zehnminütigen Fußweg von der U-Bahn-Station zum frühklassizistischen Prinz-Carl-Palais überlegte ich mir dann, dass ich meinen Workshop mit den Äußerungen der drei Mitreisenden beginnen würde, denn letztlich boten sie den *basso continuo* für die entscheidende Frage: Was müssen Eliten eigentlich können? Und was können sie überhaupt können?

Die Staatskanzlei führt zur Rekrutierung potenzieller Führungskräfte regelmäßig Lehrgänge für jüngere Beamte durch, die sich für höhere Aufgaben qualifizieren sollen. Ich hatte bereits mehrfach Gelegenheit, bei solchen Lehrgängen als Referent mitzuwirken und Vorträge darüber zu halten, was Führung und Verantwortung, was »Elite« im weitesten Sinne in der Gesellschaft der Gegenwart bedeuten. Gemeinsam mit dem Leiter des Programms, einem klugen Mann in den Vierzigern, sowie einem mich sehr beeindruckenden, bereits länger pensionierten Beamten der Staatskanzlei, habe ich an der Planung solcher Workshops mitgewirkt und versucht, ein angemessenes Elite-Konzept zu entwickeln, das weniger dazu dienen soll, den Teilnehmern Vorlagen für stolze Selbstbeschreibungen zu bieten, als tatsächlich darüber nachzudenken, was Führungskräfte in ihrem Gebiet – und nicht nur dort! – können müssen.

Das Konzept des Lehrgangs besteht neben der Vermittlung von verfahrenstechnischen Kompetenzen darin, die unterschiedlichen Felder der bayerischen Verwaltung kennenzulernen. So hatten die Anwärter für höhere Aufgaben in den Geschäftsbereichen der jeweils anderen Ministerien konkrete praktische Erfahrungen zu sammeln. Jemand aus dem Justizministerium erlebte die Praxis der Jugendhilfe; ein Beamter des Kultusministeriums lernte, mit welchen Problemen der Förderung von Regionen und Branchen das Wirtschaftsministerium konfrontiert ist; ein Mitarbeiter der obersten Baubehörde konnte unmittelbar erfahren, wie das Agrarministerium mit Strukturfragen umgeht.

Ich finde dieses Konzept außerordentlich innovativ, weil es die Einsicht stark macht, dass sich die staatliche Verwaltung, die staatliche Elite, wenn man so will, mit der Einsicht vertraut machen muss, dass sich die zu lösenden gesellschaftlichen Probleme aus den jeweiligen Geschäftsbereichen des Politischen ganz unterschiedlich darstellen. Jugendkriminalität zum Beispiel sieht aus der Sicht der Jugendfürsorge anders aus als aus der Sicht der Justiz. Und diese unterschiedlichen Perspektiven sind genauso wenig wegzudiskutieren, wie es unvermeidlich ist, dass diese unterschiedlichen Perspektiven als staatliche Politik irgendwie zusammenarbeiten müssen.

Dieses »Irgendwie« etwas genauer in den Blick zu nehmen, ist das Konzept dieses Führungskräftelehrgangs – und nicht nur das. Die Praxisphasen der verschiedenen Beamten in den ihnen fremden Feldern werden ergänzt durch Exkursionen in andere Bereiche der Gesellschaft, wo sich die Dinge aus unternehmerischer oder gewerkschaftlicher Perspektive darstellen, aus der Sicht pädagogischer Praktiker oder von Richtern, aus religiöser Perspektive oder aus Sicht des Mediziners. Dabei ging es auch darum, die Grenzen des politischen Handelns, politischer Regulierung zu erfahren, soziologisch gesprochen: die Differenz von Staat und Gesellschaft. Allerdings nicht im Sinne eines parteipolitischen Programms, dem zufolge sich der Markt oder die einzelnen Bürger um die Gesellschaft kümmern sollen. Es geht eher darum, die strukturellen Grenzen der Staatstätigkeit und der politischen Regulierbarkeit der Gesellschaft in den Blick zu nehmen – und damit auch ihre Möglichkeiten!

Meine Aufgabe bei der Veranstaltung bestand darin, die unterschiedlichen Perspektiven, die die etwa 25 Anwärterinnen und Anwärter in ihren Ministerien kennengelernt hatten, zusammenzubringen. Das heißt nicht, die unterschiedlichen Erfahrungen wegzureden, sondern sie in ihrer Unterschiedlichkeit zu verstehen und offensiv aufzunehmen.

Als ich an diesem Vormittag die Teilnehmer des Lehrgangs mit den Sätzen der drei Herren aus der U-Bahn konfrontierte, habe ich zunächst heftigen Protest geerntet. »Keine Ahnung« hätten die drei, immer wieder müsse man sich mit solchen Anfeindungen herumschlagen und so weiter. Der Ärger wuchs noch dadurch, dass er sich gegenseitig bestärken konnte. So befreiend er auch war, irgendwann hatte der Ärger keinen Informationswert mehr. Es konnte nichts Neues mehr dazu gesagt werden, bis eine Teilnehmerin – sie stammte aus dem Justizministerium – jenseits der Emotionen die entscheidende Frage stellte: »Es ist schon interessant, dass man uns offensichtlich mehr zutraut, als wir womöglich können. Ich jedenfalls habe vor dem Lehrgang gedacht, dass ich ziemlich genau weiß, was ich zu tun habe und wie die Probleme zu lösen sind, die ich prinzipiell zu lösen habe. Nach dem Lehrgang stelle ich mir freilich auch die Frage, was wir eigentlich können.«

»Stimmt. Ich habe im Wirtschaftsministerium immer wieder Qualifikationsprogramme aufgelegt, damit Auszubildende, aber auch Hochschulabsolventen besser in die Unternehmen integriert werden können. Da haperte es nämlich an Kompetenzen. Meine natürlichen Feinde saßen bis vor kurzem noch im Kultus- und im Wissenschaftsministerium«, sagte ein anderer Teilnehmer, zu zwei Kollegen gewandt, die offensichtlich aus diesen Ministerien stammten. »Ich weiß jetzt viel besser, dass sich die Kompetenzen, die wir brauchen, ebenso schwierig durch geeignete Wissenschafts- und Schulpolitik herstellen lassen wie durch unsere eigenen Maßnahmen. Wenn ich etwas gelernt habe, dann die bessere Einschätzung dessen, was wir können und was wir nicht können.«

Die Kollegin aus dem Justizministerium sekundierte: »So ähnlich ging's mir auch. Ich war in der letzten Zeit mit den Fragen der Patientenverfügung befasst und dachte, juristisch sei das doch alles klar – und das stimmt nach wie vor: Juristisch ist wirklich alles klar. Nur hilft das in der Praxis nicht wirklich weiter. Dass ich so was mal sage, hätte ich früher für völlig unmöglich gehalten. Gelernt habe ich eine Menge von Ärzten, von Ärzteverbänden, von Kollegen aus dem Gesundheitsressort, vor allem von deren Kontakten, an die ich vorher nie gekommen wäre. Was ich nun weiß, ist, dass ich nur meine eigenen Probleme lösen kann.«

Der Workshop ging so weiter, dass die Teilnehmerinnen und Teilnehmer in Kleingruppen Vorschläge erarbeiten sollten, wie sich die unterschiedlichen Perspektiven der unterschiedlichen Ministerien miteinander bündeln lassen und wie dies praktisch zu bewerkstelligen sei. Nach etwa einer Stunde kamen dann alle wieder zusammen und berichteten von ihren Ergebnissen, die hier nicht im Einzelnen interessieren. Gemeinsam war allen, dass sie auf der einen Seite versucht haben, die Probleme künftig gemeinsam zu lösen – also etwa die Jugendhilfe in engerer Zusammenarbeit mit der Justiz oder das Wirtschaftsressort enger gekoppelt an den Schulbereich im Kultusministerium. Auf der anderen Seite kamen dann aber auch alle darauf, dass es weder möglich noch sinnvoll ist, diese gemeinsame Arbeit gegen die jeweiligen Fachkompetenzen auszuspielen.

Ich fragte die Kollegin aus dem Justizministerium, wie sie diese Konfrontation mit einer anderen fachlichen Perspektive erlebt hatte: »Am stärksten habe ich mich als Juristin und auch als Vertreterin meines Ministeriums dort gefühlt, wo ich die Grenzen meiner eigenen Kompetenzen nicht nur erlebt habe, sondern sie auch so diskutieren konnte. Ich hatte bei einer Veranstaltung des Gesundheitsministeriums einen spannenden Disput mit einem Ärztefunktionär, der mir klarzumachen versuchte, dass sich mit einer juristischen Festschreibung von Patientenverfügungen für den Arzt und die ärztliche Praxis nicht viel verändert und dass gerade die Unschärfen, um die es geht, weniger juristische Unschärfen sind als Unschärfen der medizinischen Praxis. Manche Dinge lassen sich nicht juristisch kodifizieren, zum Beispiel, wann ein Krankheitsverlauf irreversibel ist oder wie sich die Aufklärung von Patienten oder ihren Angehörigen den Vorgaben völliger Transparenz der Information fügt. Als ich diese Grenzen verstanden habe, habe ich den Sinn der rechtlichen Regulierung erst richtig verstanden –

und ich bin nicht in eine Sinnkrise geraten, im Gegenteil: Erst hier wurde mir deutlich, wie unverzichtbar für mich die juristische Perspektive ist.«

Es machte sich fast ein wenig Betroffenheit breit – nicht weil es bei dem Beispiel um Leben und Tod ging, sondern weil sich die Sprecherposition dieser Juristin *praktisch* verändert hat. Die Sitzung hat dann diese Erfahrung noch ein wenig weiterdiskutiert, und es wurden ganz ähnliche Erlebnisse von anderen Teilnehmerinnen und Teilnehmern berichtet, so dass dann das Schlusswort des Lehrgangsleiters hinreichend pathetisch ausfallen konnte, um die Sache zu einem runden Abschluss zu bringen.

Die Frage jedenfalls, was Eliten *können* müssen, wurde bei diesem Treffen geradezu perfekt auf den Punkt gebracht. Das Nachdenken über Eliten hat in den letzten Jahrzehnten fast nur zwei Fragen thematisiert: die Frage des Zugangs zu Elitepositionen und das vermeintliche Versagen der Eliten. Was den Zugang betrifft, stellte man fest, dass Eliten hauptsächlich aus eher privilegierten Schichten stammen, zum größten Teil Männer sind und bisweilen nicht wirklich legitim in ihre Positionen kommen. So bedauerlich das womöglich ist, so wenig darf es erstaunen, denn alles Andere wäre völlig unerwartbar. Denn auch in einer stark individualisierten Gesellschaft und unter demokratischen politischen Verhältnissen reproduzieren sich Positionen und Lebenschancen vergleichsweise stabil an Schicht- und Herkunftsgrenzen.

Das Klagen über Eliteversagen ist gerade im Falle Deutschlands besonders stark ausgeprägt. Tatsächlich kann man nicht daran vorbeisehen, dass die deutschen Eliten sowohl im Kaiserreich als auch später zum Ende der Weimarer Republik wenig demokratische und westorientierte Potenziale an den Tag gelegt haben. Dass Eliten freilich stets mit der Diagnose des Scheiterns rechnen müssen, hängt unter anderem damit zusammen, dass man in Eliten jene Positionen vermutet und auch findet, an denen die wegweisenden Entscheidungen – politischer, ökonomischer, wissenschaftlicher und kultureller Art – gefällt werden. Hier tritt wieder der Mechanismus in Kraft, dass sich die Welt am leichtesten als *Welt der Leute, die etwas tun,* beschreiben lässt, und am besten als *Welt der Leute, die etwas falsch machen.* Das mündet dann unweigerlich in der Kritik, dass Eliten nicht die Kompetenzen einsetzen, die sie haben, beziehungsweise nicht die besitzen, die sie brauchen. Solche Kritik wird bisweilen eloquenter vorgetragen als von den drei Herren in der Münchner U-Bahn, aber sie kulminiert doch immer in der Sentenz: *Eigentlich müssten sie es können, wenn sie nur wollten!*

Ich halte beide Debatten für wichtig und richtig. Aber weder die Herkunfts- und Zugangsfrage noch die Frage des Scheiterns klären die Frage, was Eliten können *müssen* und können *können.* Vielleicht könnten sie mehr oder Richtigeres, wenn sie anders rekrutiert würden, wenn also mehr Frauen, mehr Leute aus anderen Schichten oder mehr Leute mit – um diese schreckliche Vokabel zu verwenden – »Migrationshintergrund« in Elitepositionen gelangen. Aber eine Beantwortung der anfangs gestellten prinzipiellen Frage lässt sich daraus nicht ableiten.

Die mögliche Antwortrichtung lässt sich eher aus den fachübergreifenden Erfahrungen des im ersten Kapitel geschilderten Klinischen Ethik-Komitees oder des Münchner Workshops ableiten. Menschen in entscheidenden Positionen brauchen einerseits erhebliche Fachkompetenzen. Andererseits muss die damit verbundene Fachperspektive *gebrochen* werden – durch *andere* Fachkompetenzen. Es geht darum, an sich selbst zu erleben, dass dasselbe Problem oder derselbe Problemkomplex aus der Perspektive einer anderen Fachkompetenz ganz anders aussieht – *um dies dann ins Kalkül zu ziehen.*

Die erste Bedingung, die Fachkompetenz, ist schon länger Gegenstand einer ausführlichen Diskussion. Man spricht, in der Terminologie des kürzlich verstorbenen Ralf Dahrendorf, von der *Versäulung der Teileliten.* Die zentralen Funktionsbereiche der Gesellschaft produzieren entsprechende Eliten: inszenierte politische Persönlichkeiten, geniale Künstler, kühl rechnende Wirtschaftsbosse, Justitias Blindheit verpflichtete Oberste Richter, gütige Kirchenführer, nicht zu vergessen: brave Professoren. Diese Versäulung bildet das ab, was die Soziologie als *funktionale Differenzierung der modernen Gesellschaft* bezeichnet. Die politische und die rechtliche, die wirtschaftliche und die religiöse, die künstlerische und die wissenschaftliche Logik werden voneinander getrennt. Die von mir etwas karikaturhaft gezeichneten Elitetypen lassen sich mühelos einer dieser Logiken beziehungsweise Funktionen zurechnen, und auch der Zugang zu den entsprechenden Positionen folgt jeweils unterschiedlichen Regeln und Routinen. Um ein erfolgreicher Politiker zu werden, muss man andere Wege gehen als ein erfolgreicher Wirtschaftsführer. Es bedarf dafür geradezu unterschiedlicher »Kulturen« und Denkweisen, Mentalitäten und Strategien. Vermutlich haben sich die Vertreter der verschiedenen Eliten gerade deshalb so wenig zu sagen.

Das Thema des Workshops war letztlich: Was passiert eigentlich, wenn diese Logiken doch miteinander ins Gespräch kommen? Was geschieht, wenn sie sich in Praxisformen vorfinden, in denen sie sich etwas sagen *müssen*? Ich denke, die Antwort lautet: Sie lernen etwas über die Struktur dieser Gesellschaft. Sie begreifen, dass diese Gesellschaft nicht aus einem Guss ist, sondern dass sich ihre Zentralinstanzen voneinander entfernt und voneinander unabhängig gemacht haben, um so ihre Effizienz und ihre Möglichkeiten zu steigern.

Es war ein emanzipatorischer Akt des europäischen Modernisierungsprozesses, dass wissenschaftliche Wahrheit sich von religiöser Gängelung und politischer Willfährigkeit unabhängiger machte. Es war ebenfalls ein emanzipatorischer Akt, dass sich auf ökonomischen Märkten kulturelle Herkünfte, politische Überzeugungen und sogar religiöse Bekenntnisse als prinzipiell bedeutungslos erweisen konnten – bei allen Rückschlägen, die es im Rahmen dieses Emanzipationsprozesses immer wieder gegeben hat. Ein emanzipatorischer Akt oder zumindest ein emanzipatorischer Effekt besteht auch darin, dass eine auf diese Weise differenzierte Gesellschaft eben keine »herrschende Klasse« mehr kennt, keine aristokratische Clique, die alles – und vor allem: alles aus einem Guss – entscheidet. Wir leben in einer Gesellschaft, die so komplex und differenziert ist, dass es zwar durchaus Positionen mit erheblichem Einfluss und erheblicher Entscheidungskompetenz gibt, doch diese Positionen werden dadurch gebrochen, dass sie sich den Widerständen anderer Logiken und Funktionen ausgesetzt sehen. Noch die stärkste politische Macht stößt an die Grenzen ökonomischer Möglichkeiten und Machbarkeiten; noch die größte ökonomische Potenz stößt an die Grenzen, die rechtliche Regulierung setzt. In dieser Gesellschaft läuft totale Macht ins Leere. Das Scheitern der totalitären politischen Ideologien des 20. Jahrhunderts hat auch damit zu tun, dass gesellschaftliche Strukturen unter den Bedingungen der Moderne zusammenbrechen, wenn die wechselseitige Begrenzung der Funktionen und Logiken außer Kraft gesetzt wird.

Wir müssen uns noch immer daran gewöhnen, dass in der modernen Gesellschaft die unterschiedlichen Wirkkräfte nicht von oben nach unten oder monokausal verlaufen. Sie ähneln eher kybernetischen Schleifen und Wechselwirkungen. Politische, ökonomische, wissenschaftliche, rechtliche oder auch religiöse Wirkkräfte verschränken sich, verstärken sich wechselseitig oder neutralisieren einander – und das hat handfeste Folgen für das, was Eliten und Entscheider vermögen. Die juristische Regulierung eines Problems wird beispielsweise durch die medizinische Praxis neutralisiert – und das entmachtet die Teileliten geradezu. Es macht aber auch die Lösbarkeit von Problemen weniger kalkulierbar. In dieser Gemengelage muss man sich heute Elitepositionen vorstellen, die eben nicht »die da oben« sind, die schalten und walten können, wie sie wollen.

Unabhängig voneinander sind die unterschiedlichen gesellschaftlichen Logiken und Perspektiven nie wirklich gewesen – und was man heute von Eliten erwarten muss, ist, dass sie jenseits der sehr erfolgreichen und auch unvermeidlichen »Versäulung« sehen lernen müssen, wie diese Abhängigkeiten voneinander produktiv gewendet werden können. Die junge Beamtin wie der gestandene Palliativmediziner haben das in der Konfrontation mit der schwierigen Situation sterbender Patienten an ihrer eigenen Person vorgeführt: das Selbstbewusstsein ihrer »versäulten« Kompetenz ebenso wie die Fähigkeit, diese an der Sache selbst zu relativieren. Diese Elitekompetenz, für die ich hier plädiere, ist keine abstrakte Kompetenz. Sie lässt sich nicht dadurch erlernen, dass man Eliten soziologische Einsichten reproduzieren lässt. Sie lässt sich nur erlernen, indem man die Praxis der anderen Positionen *in actu* erlebt, um sich überhaupt zu gemeinsamen Problemen vorzuarbeiten.

Ich ertappe mich selbst oft bei dem Satz, ich hätte am meisten über die moderne Gesellschaft nicht von Soziologen gelernt, sondern – neben den »Informanten« aus der Forschung – vor allem von denen, für die ich Vorträge halte, mit denen ich Workshops veranstalte und die ich berate: von Personalern, Organisationsentwicklern oder Entscheidungsträgern in Unternehmen unterschiedlichster Branchen, von Mitarbeitern in Ministerien, von Kirchenleuten und Künstlern, auch von Wissenschaftlern anderer Disziplinen: Hirnforschern und Germanisten, Philosophen und Medizinern, Theologen und Volkswirten. Solche Sätze sind sehr riskant, denn sie können schnell wie Koketterie aussehen. Aber tatsächlich habe ich die Potenz dessen, was man soziologisch machen kann, besonders dort erlebt, wo ich auf Leute gestoßen bin, die etwas ganz Anderes machen und die von soziologischen Sätzen profitieren können, ohne dass die soziologischen Sätze ihre Probleme lösen. So wie die medizinischen Sätze bei der Beamtin des Justizministeriums nicht ihre juristischen Probleme gelöst, aber ihren juristischen Sinn verstärkt haben, so geht es mir auch dort, wo ich erlebe, dass gerade *andere* Sätze meinen soziologischen Sinn schärfen.

Aus den isolierten Säulenheiligen müssen Funktions- und Entscheidungsträger werden, die einerseits in ihren Fachgebieten sehr gut sind, sich andererseits ein Stück weit über die Differenzen der unterschiedlichen Logiken erheben. Solche Eliten müssen über den Differenzen sitzen, auch wenn sie letztlich darin gefangen bleiben. Sie müssen, in diesem Wortsinne, *Para-Siten* sein. Ich nenne sie deshalb *Differenzierungsparasiten*, was nicht despektierlich gemeint ist, sondern ausdrücken soll, dass diese Eliten Kompetenzen brauchen, die weit über die eigene Fachkompetenz hinausgehen. Gesucht wird freilich nicht die Eier legende Wollmilchsau – ganz im Gegenteil. Ich habe es immer wieder in interdisziplinären Wissenschaftlerrunden, aber auch in Unternehmen, in Verbänden oder in Bildungseinrichtungen erlebt: Nur diejenigen, die in ihrem eigenen Fach, in ihrem eigenen Bereich zu den Besten gehören, die klare und sichere Positionen haben und nicht vorschnell Kompromisse eingehen, konnten hilfreiche Impulse geben – und von den Anderen lernen.

Unsere sehr differenzierte und diversifizierte Gesellschaft setzt die unterschiedlichen Perspektiven nicht außer Kraft. Diese sind unhintergehbar gegeben – aber wir müssen heute lernen, anders mit ihnen umzugehen. Die klassischen Kompetenzen bestanden wohl darin, dass die Fachleute sich gegeneinander angemessen in Stellung brachten, um die eigene Perspektive zu stärken. Das hatte womöglich eine durchaus emanzipatorische Funktion. Jetzt müssen wir die Einsicht entwickeln, dass andere Perspektiven andere Lösungsansätze nahelegen, weil sie andere Probleme lösen müssen. Dass die Patientenverfügung für einen Juristen ein anderes Problem löst als für einen Arzt, mag selbstverständlich klingen, aber es ist eben nicht trivial, sondern sehr voraussetzungsreich. Damit müssen Eliten umgehen lernen, das müssen sie bewältigen – und dafür müssen sie zunächst die Besten auf ihrem Gebiet sein. Ihre

Strategie ist nicht die eines *Appeasements*, sondern eines Selbstbewusstseins, das sie in die Lage versetzt, sich von Anderen belehren oder wenigstens verunsichern zu lassen. Denn verunsichert werden kann nur, wer zuvor sicher war.

Wie erwirbt man diese Kompetenzen? Ausbildungs- und Karrierewege sind nach wie vor stark versäult. Schlägt man das Vorlesungsverzeichnis einer Universität auf, findet man geradezu ein Abbild der differenzierten modernen Gesellschaft vor. Die Fakultäten und Fachbereiche sind nach den gleichen zentralen Logiken und ihrer Differenzierung zugeschnitten wie die moderne Gesellschaft selbst – es gibt Studiengänge für Medizin und für Politik, für Medien und für Ökonomie, fürs Religiöse und fürs Pädagogische, fürs Künstlerische und fürs Juristische, für die Kultur und für die Natur, fürs Therapeutische, fürs Technische und fürs Architektonische, sogar für den Sport. Die Versäulung der Teileliten ist ganz folgerichtig auch ein Produkt dieser Ausbildungsgänge.

An dieser Struktur soll auch nichts geändert werden, denn Fachidentitäten sind wichtig, um fachliche Standards weiterzuentwickeln, Plattformen für die wissenschaftliche Diskussion zu schaffen und für die Rekrutierung von Nachwuchs zu sorgen. Was Universitäten aber zunehmend anbieten müssen, sind Möglichkeiten für Studierende, sich gleichzeitig an unterschiedlichen Fächern zu orientieren, sich verunsichern zu lassen, Problemlagen und Fragestellungen aus unterschiedlichen Perspektiven zu beobachten. Was man also lernen muss, ist beides: die starke Fachidentität, die starke Identifikation mit einer professionellen Perspektive einerseits, andererseits die Verunsicherung dieser Identifikation dadurch, dass man praktisch mitzusehen lernt, was in einer multiperspektivischen, mehrfach codierten, differenzierten Welt *praktisch* geschieht.

Immer wieder hat sich das Adjektiv *praktisch* eingeschlichen. Und hier ist durchaus Vorsicht angebracht: Denn der größte Feind des Denkens ist die Idee des »Theorie-Praxis-Transfers«, die davon ausgeht, dass »Theorie« als Synonym für etwas, das man an der Universität lernen und wissenschaftlich wissen kann, und »Praxis« zwei unterschiedliche Welten seien. Dabei wird verkannt, dass, was hier mit »Theorie« umschrieben wird, selbst eine Praxis ist, die getan werden muss. Was man an Universitäten geradezu praktisch erfahren kann und soll, ist nicht ein bestimmter Fundus an Wissen, sondern eine Art reflektierter Perspektivismus, an dem sich je spezifische Problemstellungen und je spezifische Problemlösungen zueinander in Beziehung setzen lassen. Nur wer lernt, *wie* Wissen praktisch entsteht und wie unterschiedlich es in unterschiedlichen Kontexten ausgebildet wird, nur wer begreift, wie sehr unser Wissen über die Welt unseren Blick auf die Welt nicht nur öffnet, sondern auch einschränkt, kann etwas *Praktisches* in unversitärer Ausbildung lernen.

Was Eliten können müssen, ist gerade das Gegenteil der im »Theorie-Praxis-Transfer« vorgestellten angemessenen Umsetzung bestehenden Wissens. Das würde nämlich voraussetzen, dass es für konkrete Problemstellungen und Herausforderungen bereits Lösungen *gibt* – denn nur das könnte aus Wissen deduziert und dann umgesetzt werden. Was Eliten können müssen, ist etwas Anderes: Sie müssen Dinge tun und entscheiden, die man eben nicht aus bestehendem Wissen deduzieren kann.

Die Justizbeamtin aus meinem Workshop konnte aus ihrem juristischen Wissen sehr genau die rechtliche Kodierung und Regulierung des Problems der Patientenverfügung deduktiv ableiten. Induktiv dagegen musste sie mit den für sie völlig neuen Informationen und Daten, Erfahrungen und Perspektiven aus dem medizinischen Bereich umgehen, den sie nicht einfach hätte dazulernen oder dazustudieren können. Dafür bedarf es projekthafter Anlässe, an denen sich unterschiedliche Perspektiven produktiv begegnen.

Vermutlich muss man von deduktivem auf induktives Denken umschalten. Deduktives Denken kennt immer schon oberste

Prinzipien und Kategorien, Regeln und Routinen, die dann für den Einzelfall zur Anwendung umgemünzt werden. Das ist – etwas karikaturhaft – das grundlegende Paradigma der klassischen Eliten, die sich nicht reinreden lassen, weil sie immer schon wissen, wie es geht. Es dient letztlich dazu, Willkür einzuschränken – genau darum aber geht es dem induktiven Denken. Es geht nicht von allgemeinen Prinzipien aus, sondern von konkreten Situationen und Problemstellungen, und sucht sich selbst diejenigen Kategorien zusammen, die zur Problemlösung benötigt werden. Es reden dann Leute miteinander, die sonst nicht miteinander reden. Es entstehen Kontakte, die in keinem Organigramm und in keinem Dienstwegweiser vorgesehen sind. Es werden Wege beschritten, die sich vor dem Aufbruch noch nicht abzeichneten. Hier wird das Risiko des schnellen, des unkalkulierbaren Lernens zugelassen – und im Übrigen die klassische Herrschaft der Prinzipien und ihrer Verwalter gebrochen.

Vielleicht macht dies den Unterschied aus, der Positionen zu Elitepositionen macht. Und genau besehen muss man sich wohl davon verabschieden, Eliten nur »ganz oben« zu lokalisieren – oder überhaupt dort. Eliten kommen in dem von mir angedeuteten Sinne überall vor, überall dort, wo es gelingt, sich vom rein deduktiven Abarbeiten von Programmen zu befreien und flexibel auf neue Zustände und neue Perspektiven einzustellen.

Deshalb brauchen wir noch mehr Orte, an denen wechselseitige Verunsicherung stattfindet: Klinische Ethik-Komitees, Enquetekommissionen, Thinktanks, öffentliche Podien, Preisjurys, interdisziplinäre Forschergruppen, Symposien, runde Tische in Parteien, Unternehmen, Verbänden, Gewerkschaften, Kirchen und nicht zuletzt: Universitäten – die ja eigentlich *Pluriversitäten* sind. An all diesen Orten ereignet sich das, worum es geht: Das Abstraktum anderer Logiken und Perspektiven ist in Form leibhaftiger Sprecher anwesend, und es müssen Sprechformen gefunden werden, damit lösungsorientiert umzugehen.

Nur wenn es zu solchen weiter reichenden Lehr- und Lernanlässen kommt, rechtfertigt sich universitäre Ausbildung im Vergleich zu anderen Ausbildungsformen, die den »Theorie-Praxis-Transfer« vorbereiten. Diese Qualität der Ausbildung ist es, über die sich Universitäten exaktere Gedanken machen müssen, wenn sie die Orte sein wollen, an denen Eliten heranwachsen, die mit der Differenzierung der modernen Gesellschaft produktiv umgehen können.

Das Konzept des Workshops für die Führungskräfte in den bayerischen Ministerien hat mich deshalb von Anfang an beeindruckt, weil es dieses Konzept einer Elite im Sinne von *Differenzierungsparasiten* praktisch umzusetzen versucht. Es scheint mir fast so etwas wie ein Modell dafür zu sein, wie man Kompetenzen praktisch erweitert. Ähnliche Erfahrungen machen auch Unternehmen und Verbände, sogar Kirchen – wenigstens sind das die Orte, an denen ich das Konzept der *Differenzierungsparasiten* vorgetragen und weitergegeben habe.

Meiner Argumentation fehlt etwas, das die öffentliche Auseinandersetzung um Eliten mit am stärksten prägt: der Hinweis auf die Interessen der Eliten – vor allem an Geld und Macht. Es fehlt in der Tat, aber, wie ich meine, aus gutem Grund. Dass Geld und Macht Interessen und Triebfedern fürs Handeln sind, scheint mir trivial zu sein. Und dass dies im Rampenlicht stehende Führungsfiguren als Karikatur erscheinen lässt, wenn sie gescheitert sind beziehungsweise öffentlich als gescheitert vorgeführt werden können, ist unbestritten. Nur scheint mir der Erkenntniswert solcher Kritik am Geld- und Machtstreben der Eliten fraglich. Denn diese Kritik verkennt, dass es den Eliten stets um etwas geht, was dann nur geld- und machtförmig ausgedrückt wird.

Wer zu sehr auf diese Derivate sieht, verkennt womöglich, was wirklich falsch läuft. Und das hat nach meinem Dafürhalten etwas mit einem wenig durchdachten Konzept von Kompetenzen zu tun. Wobei diese Ansicht nicht verhehlen kann, dass sie aus der Perspektive dessen formuliert ist, der nicht nur Strukturen analysiert, sondern als Universitätslehrer auch davon überzeugt sein muss, dass es um Kompetenzen geht, die man lernen kann. Die übliche Kritik, die Eliten könnten schon, wenn sie nur wollten, würde ich nicht beim Wollen, sondern beim Können ansetzen lassen. Können sie wirklich? Und könnte man nicht mehr können? Ich meine: Ja! Vielleicht sollte man mehr können wollen.

Meine Argumentation, aber auch die Erfahrung all meiner Workshops und Vorträge zu diesem Thema, läuft also tatsächlich auf etwas hinaus, was die drei Herren in der U-Bahn angesprochen haben: »Wenn sie nur wollten ...« Es erhält in diesem Zusammenhang aber doch einen ganz anderen Zungenschlag. Gerade nicht in dem Sinne, dass Eliten Probleme einfach so lösen könnten, wenn sie nur wollten. Das hängt aufgrund der hohen Komplexität und Differenziertheit der modernen Gesellschaft nicht wirklich von ihrem Willen ab. Was sie aber wollen sollten, ist, sich auf Anlässe einzulassen, die die eigene Perspektive verunsichern und in denen sie von Anderen lernen können. Das bedeutet nicht, deren Sichtweise zu übernehmen, es bedeutet, sie als Perspektive zu verstehen und einzubeziehen. Das ist es, was Eliten können sollten.

Krise

Warum sich diese Gesellschaft stets im Ausnahmezustand befindet

Der Klimawandel ist unaufhaltsam; Vollbeschäftigung ist eine Illusion, aber das gesamte Sozialsystem der Bundesrepublik hängt daran; wenn die Schwellenländer der Welt eine ähnliche Entwicklung im Individualverkehr einschlagen wie Europa und Nordamerika, wird das verheerende Folgen haben; weltweit hungern eine Milliarde Menschen; große Teile der Menschheit sind von ausreichender Wasser- und Nahrungsversorgung sowie vom Zugang zu Bildungssystemen abgekoppelt; junge Männer in vorderasiatischen Staaten haben keine Zukunft und finden deshalb in fundamentalistisch-terroristischen Organisationen einen Halt; den westlichen Demokratien stehen kaum Möglichkeiten der Prävention gegen den Terrorismus zur Verfügung; die demografische Entwicklung in den Industrieländern und beim Rest der Welt hat eine fatale gegenläufige Dynamik; Armut wird auch in den reichen Industrieländern wachsen; gegen die Arbeitskosten Chinas ist der Westen nicht konkurrenzfähig; das Weltfinanzsystem ist fragil und sein Zusammenbruch womöglich gefährlicher als die militärischen Antagonismen der Vergangenheit; die Bewohner westlicher Länder werden immer dicker, was nicht nur sie selbst krank macht, sondern auch die finanziellen Grundfesten der Gesundheitsversorgung sprengt; die zerklüftete Medienlandschaft kann ihren Informations- und Bildungsauftrag nicht mehr erfüllen; die Schuldensituation der meisten Industrieländer schränkt den Handlungsspielraum künftiger

Generationen ein; durch den weltweiten Verkehr und die weltweite Mobilität ist die Menschheit akut von der Ausbreitung neuartiger Viruserkrankungen bedroht; und so weiter *ad infinitum*.

All diese Sätze standen in der Zeitung, die ich las, während ich an einem Spätsommernachmittag am Brüsseler Flughafen darauf wartete, dass mein Flug nach Hause aufgerufen würde. Würde ein Außerirdischer eine solche Zeitungslektüre für den ersten Kontakt zum Planeten Erde nutzen, müsste er den Eindruck gewinnen, dass wir in einer untergehenden Welt leben, dass das Ende kurz bevorsteht und Rettung nicht in Sicht ist. Und es gibt in der Tat existenzielle Herausforderungen: Vor allem die Weltwirtschaftskrise und das Problem des Klimawandels machen offensichtlich, dass es so nicht weitergeht. Wem bei ernsthafter Zeitungslektüre nicht wenigstens kurz mulmig wird, hat entweder kein Herz oder keinen Verstand.

Überall sind die Zeichen an der Wand zu sehen. Permanent werden wir aufgefordert, die Dinge zu ändern, und zwar grundlegend. Nun kommt das Menetekel heute nicht mehr im Stile der Offenbarung des Johannes daher, sondern in Form von Meldungen und Kommentaren. In meiner Zeitung stand nicht: »Und wenn die tausend Jahre vollendet sind, wird der Satan losgelassen werden aus seinem Gefängnis und wird ausziehen zu verführen die Völker an den vier Enden der Erde ...« Es stand dort eher: »Das Abtauen der Polkappen und der Zusammenbruch der Leitwährungen wird vieles wegspülen, das uns jetzt noch stabil und zuverlässig erscheint, wenn nicht staatliche Kontrollen ...« Die Auswirkungen sind zwar ähnlich verheerend, aber der Satan scheint unter Umständen durch geeignete administrative Maßnahmen zu bändigen. Es ist eben kein heilsgeschichtlicher Untergang, sondern nur eine Krise – aber auch die hat semantisch apokalyptische Ausmaße.

Zugleich ließ sich in der Wartehalle eines Flughafens wie Brüssel vieles beobachten, nicht aber Krisenhaftes. Die Geschäfte waren nicht nur voller Produkte, sie fanden auch Käufer für teure Uhren und feines Tuch. Von einer Krise globaler Verständigung zu reden fiel schwer, wenn man sah, wie reibungslos Flugzeuge aus allen Erdteilen Menschen in die europäische Metropole brachten – und wie viele von hier in die weite Welt flogen. Wo war die Krise? Gab es sie nur in der Zeitung, so wie es den Satan nur in der Offenbarung des Johannes gab? Oder stellt bereits der Umsatzrückgang in Geschäften für Luxusartikel eine Bedrohung von solchen Ausmaßen dar, dass sie Artikel erfordert, die zur Umkehr aufrufen?

Jedenfalls sah an diesem Nachmittag alles aus wie *business as usual* – und nicht nur das: Die Leute schienen ihr Leben zu leben, als wäre nichts geschehen. Sie fuhren Automobile trotz des Klimawandels; sie nahmen Kredite auf, obwohl niemand ihnen eine Garantie auf nachhaltiges Einkommen geben konnte; sie taten, was man eben tut. Sie saßen am Flughafen, hatten ihre Laptops geöffnet und verglichen Tabellen mit Erwartungen und Erwartungen mit Bilanzergebnissen, bereiteten sich auf Geschäftsabschlüsse vor und waren ganz offensichtlich mit sich und der Welt zufrieden. Wer wie ich in der Zeitung las, mochte ein mulmiges Gefühl haben, anzusehen war es ihm nicht.

Oder hätte ich nicht zum Flughafen fahren sollen, um die Krise zu besichtigen, sondern in unterprivilegiertere Teile dieser prosperierenden Stadt? Was hätte ich dort gesehen? Die Krise? Vermutlich hätte ich dort Folgen der Krise gesehen, aber eben doch vergleichsweise indirekte Auswirkungen, denn auch am unteren Ende der Einkommensskala scheinen sich die Leute einzurichten. Oder sie richten sich ganz neu aus – wer etwa in München mit der U-Bahn zum Arbeitsamt fährt, wird dort zunehmend auf Leute treffen, wie man sie auch am Flughafen bei den immer noch ausverkauften Business-Flügen oder in den designten Office-Palästen der High Potentials, wie erfolgreiche Geschäftsleute heute heißen, zu Gesicht bekommt.

Auch »unten« werden Leben geführt, die vielleicht mit großen Problemen beladen sind, aber nicht so von der Krise beseelt, dass sie wirklich tun, was in der Zeitung steht: *umzukehren und radikal für Veränderung zu sorgen*. Stattdessen stabilisieren sich auch hier die Lebensformen dadurch, dass jeder versucht, irgendwie durchzukommen und sich einzurichten – ganz anders, als es Revolutionstheorien gerne hätten, die immer noch auf Hoffnungslosigkeit und daraus resultierende solidarische Formen des Protests warten. Weit gefehlt. Kollektive Protestformen findet man allenfalls in den bürgerlichen Schichten, wenn sich die gut gebildeten Bürger staatlichen Schulreformen dadurch verweigern, dass sie ihre Sprösslinge auf teure Privatschulen schicken, damit sie der Segnungen der Distinktion weiter teilhaftig werden. Auch hier also *business as usual*?

Oder hätte ich dort hinreisen sollen, wo wirklich katastrophale Zustände herrschen? In Favelas und Slums, in Gegenden der Welt, in denen Kinder vor Hunger sterben? In denen Menschenrechte mit Füßen getreten werden? In denen die elementarsten Bedingungen eines menschenwürdigen Lebens nicht gelten? Sicher, dort hätte ich nicht die Diagnose eines *business as usual* gestellt. Aber die modernen Massenmedien bieten uns diese Bilder frei Haus, die geballten Schrecklichkeiten dieser Welt, eine globale soziale Ungleichheit, die mit den Kategorien unserer Ober-/Mittel-/Unterschichtsunterscheidungen nichts mehr zu tun hat. Wir können es immer zur vollen Stunde sehen – und wir haben uns daran gewöhnt.

Der Flug nach München war inzwischen zum Einsteigen bereit. Ich hatte zwei Tage auf einer wissenschaftlichen Tagung in Brüssel verbracht und freute mich, nach Hause zu kommen. Trotz der apokalyptischen Krisenlektüre ging auch hier alles seinen normalen Gang. Es herrschte die geschäftige Routine von Leuten, die offensichtlich etwas tun, das sie immer tun. Sie kennen jede Handbewegung und müssen kaum darüber nachdenken. Ich hatte einen wohldefinierten Platz, links am Fenster, hob meinen Trolley in die Gepäckbox und setzte mich hin, die Zeitungen in der Hand, die ich während des kurzen Fluges noch weiter durchlesen wollte. Im Hintergrund bekam ich mit, was im Falle eines Druckabfalls in der Kabine zu tun sei und dass nun das Mobiltelefon ausgeschaltet werden müsse. Banaler Alltag, immer wieder erlebt und frei von Überraschungen. Es wartete ein Flug von wohldefinierter Dauer auf mich – und nicht nur auf mich, sondern auch auf die etwa 180 anderen Passagiere, die in den Airbus passten und sich ebenso bewegten und verhielten und ebenso auf genauere Aufmerksamkeit verzichten konnten.

Situationen wie diese wirken auf mich immer wieder geradezu kontemplativ, weil alles eingespielt wirkt, obwohl das anwesende Ensemble das aufzuführende Stück noch nie in dieser Besetzung gegeben hat – und in dieser Besetzung wohl auch nie über die Premiere hinauskommen wird. Für mich ist das eine unmittelbar anschauliche Parabel darauf, dass gesellschaftliche Praxis tatsächlich praktisch verläuft, irgendwie von selbst.

Obwohl man auf stabile Erwartungen und mehr oder weniger wohldefinierte Situationen trifft, gibt es auf dieser Bühne der gesellschaftlichen Praxis keine Intendanz und keine zentrale Regie. Es ist eher eine Laienspielschar, die, zur Echtzeit gezwungen, weder Probe- noch Korrekturmöglichkeiten hat, sondern sich stets in einer Praxis befindet, die irgendwie stimmig inszeniert werden muss. Auf dieser Bühne gibt es wenige Unterbrechungen, weil die Dinge irgendwie ständig ineinandergreifen. Tätiges Nichtstun könnte man nennen, was sich beim Einsteigen in ein Flugzeug ereignet. Und nicht nur hier, sondern in den meisten Alltagssituationen, in denen wir uns Tag für Tag wiederfinden. Von Krise ist da keine Spur. Die Dinge passen zusammen, sie machen sich irgendwie selbst passend – und uns dazu.

Ich saß inzwischen auf meinem Platz. Neben mir hatte sich ein Mann niedergelassen, ich schätzte ihn auf etwa sechzig Jahre. Mir fiel gleich seine gediegene schwarze Kleidung auf: eine Leinenhose und ein eher ausgefallenes Sakko sowie ein Hemd mit Stehkragen.

Er grüßte sehr freundlich und machte sich dann an seine Lektüre. Das Buch in seinen Händen kam mir bekannt vor, ich schielte darauf, und es war ein kleiner Bildband von Ursus Wehrli, einem Schweizer, der berühmte Gemälde buchstäblich aufräumt. Erinnerlich ist mir etwa noch van Goghs Schlafzimmer, eine kleine Schlafstube, in der ein Tisch, zwei Stühle und ein Bett stehen, einige Bilder an der Wand hängen. Das alles wird von Wehrli in und unter das Bett gepackt, sodass die Stube merkwürdig leer wirkt. Das Buch ist wirklich witzig. Mein Nachbar bemerkte meine Aufmerksamkeit und lächelte, vertiefte sich dann aber wieder in die Lektüre.

Ich selbst kehrte während der Startvorbereitungen zu meinen Gedanken über die alltäglichen Krisenmeldungen zurück, die unsere gewohnten Abläufe praktisch nicht unterbrechen. Die Dinge gehen einfach weiter. Eher als Worte, zumal gedruckte, sind es manchmal Bilder, die im Bewusstsein verankern, wie wenig die Welt in Ordnung ist. Bei mir persönlich sind es vor allem zwei Fotos, die mir nicht aus dem Kopf gehen. Das eine stammt aus dem Iran aus dem Jahre 2005 und wurde über das Internet weltweit verbreitet. Es zeigt zwei Jungs im Alter von 14 und 16 Jahren, der jüngere gerade so alt wie mein eigener Sohn. Der ältere der beiden hat ein weißes Polohemd an, der jüngere ein kurzärmeliges blaues Hemd. Sie sehen aus wie zwei Freunde, die eigentlich durch eine Shopping Mall oder eine Fußgängerzone schlendern sollten, die zur Schule gehen sollten oder auf der Straße abhängen und harmlosen Blödsinn treiben. All das tun die beiden Jungs aber nicht. Ihnen sind die Augen verbunden, hinter ihnen stehen zwei Männer mit Kapuzen, und um ihre Hälse sind Schlingen gelegt, die sie in wenigen Minuten töten werden. Das Bild zeigt eine öffentliche Hinrichtung. Das Delikt, das den beiden vorgeworfen wird, ist ihre angebliche Homosexualität.

Ich bin diesem Bild immer wieder begegnet, und es hat mich jedes Mal aufgeregt. Und zwar in doppelter Hinsicht. Da ist zum einen meine Fassungslosigkeit, dass es so etwas gibt, und zum anderen das ungläubige Staunen, dass selbst solche Bilder letztlich ohne Konsequenzen bleiben. Wir sehen immer wieder Bilder solcher Gräuel – seien es Hinrichtungen, seien es Hunger und Not, Unterdrückung und Krieg. Und doch funktioniert die Welt weiter, als sei nichts geschehen. Hier sehen wir eine Krise – und sehen sie doch nicht.

Die Hinrichtungsszene könnte man noch damit erklären, dass in jenem Land eine unzivilisierte Theokratenclique herrscht, jenseits aller normativen und zivilisatorischen, wohl auch kognitiven Standards, die wir für selbstverständlich halten. Wäre das Land die los, gäbe es dort solche Szenen vermutlich nicht mehr. Das zweite Bild erlaubt eine solche Rationalisierung nicht. Es ist das Foto eines kleinen schwarzen Jungen, der vor einem Lastwagen mit Säcken sitzt. Getreide oder Reis wird in den Säcken sein. Der Lastwagen wird von Soldaten bewacht, und in dem Blick des kleinen Jungen wird die ganze Hoffnungslosigkeit eines Lebens sichtbar, das offensichtlich nicht in der Lage ist, sein Auskommen aus eigener Kraft zu sichern – woraus man auch lernen kann, dass man nur in bestimmten Verhältnissen aus eigener Kraft überleben kann, und die stellt man keineswegs aus eigener Kraft her.

In diesem Bild kulminiert die ganze Ungerechtigkeit dieser globalen Welt. Es ist vielleicht das deutlichste Symbol dafür, dass die Krise tatsächlich existiert und wie eng verflochten die Verhältnisse in der Weltgesellschaft sind. In dem Bild des kleinen Jungen scheint auf, wie wenig wir unsere individuellen Leben selbst in der Hand haben, wie sehr sie an anonymen Verhältnissen hängen und welches Ausmaß an Leiden diese Verhältnisse einschließen. Um meine spontane Reaktion auf das Foto zu beschreiben, braucht es schon wieder komplizierte Sätze. Ein solches Bild jedoch ist ein Argument, das ohne weitere Begründungen funktioniert. Und doch hält die Welt nicht den Atem an. Sie kehrt nicht um, sie geht unbeirrt weiter. Wie ist das zu erklären?

In dem Lufthansa-Airbus von Brüssel nach München konnte

man sich in der Tat des Eindrucks nicht erwehren, dass alles wie geölt funktionierte. Es mochte erhebliche Verwerfungen geben, die mit der Krise zu tun hatten, aber das brachte hier niemanden aus der Ruhe. Alle lasen Zeitung – die gleichen Zeitungen, die ich auch gelesen habe. Und wenn es ein ästhetisches Dementi der massenmedialen Krisendiagnosen gab, dann war es diese unaufgeregte Szenerie. Wer das, was man derzeit die Krise nennt, wirklich verstehen will, muss über diese Diskrepanz nachdenken: dass die Welt tatsächlich voller Unordnung ist und darin krisenhaft, dass sie aber zugleich die Gelassenheit alltäglicher Praxis an den Tag legt. Und diese zeigt ungerührt auch kaum erträgliche Bilder und diagnostiziert die unaufhaltsame Apokalypse.

Das Flugzeug war inzwischen gestartet, ich hatte meine Zeitungen hervorgekramt und las gerade einen großen Artikel über die Ursachen der Bankenkrise. In der Schlagzeile erfuhr man, dass zwar nach Auffassung der Europäischen Zentralbank ein Ende der Bankenkrise noch lange nicht in Sicht war, zugleich aber Hedgefonds und Derivatenhandel wieder auf dem Vormarsch seien. Der Artikel konterkarierte die zur Schau gestellte politische Zuversichtlichkeit, dass staatliche Kontrollen in den Mitgliedsstaaten der EU die Sache bereits im Griff hätten. Die ausgemalten Szenarien waren einerseits beruhigend, weil man das schon erwartet hatte und kannte, andererseits beunruhigend, weil auch extreme Folgen ausgemalt wurden.

Mein Nachbar hatte inzwischen sein Büchlein weggelegt und schielte auf meinen Zeitungsartikel. »Die gehören alle ins Gefängnis«, murmelte er, »aber die würden nach kurzer Zeit auch den Knast in den Ruin treiben und mit hohen Abfindungen entlassen werden.« Er musste selber lachen bei der Vorstellung. Nachdem er sich mit Namen vorgestellt hatte, fragte er mich, ob ich womöglich selbst auch irgendwas mit der Finanzwirtschaft zu tun hätte. Als er hörte, ich sei Soziologe, war er freudig überrascht und meinte, da würde ich ja wohl auf der anderen Seite stehen.

»Das Schlimmste ist die Gier dieser Leute. Die haben das ganze Banken- und Finanzsystem mit ihren unlauteren Geschäften auf dem Gewissen. Die haben einfach keine richtigen Wertvorstellungen, allein das Geld zählt. Ich kann das kaum mehr ertragen, dass an den Spitzen der Gesellschaft kaum mehr Moral vorhanden ist. Ich glaube, was unserer Gesellschaft fehlt, ist echter Zusammenhalt. Das sehen Sie als Soziologe ja wohl genauso, oder?« Der Mann hatte eine sehr sympathische Offenheit, und es sah so aus, dass er sich darauf freute, nun genau diese intuitive Einschätzung durch einen Fachmann für gesellschaftlichen Zusammenhalt bestätigt zu bekommen.

»Da würde ich Ihnen gerne widersprechen«, meldete ich vorsichtig an. »Ich glaube, dass eine der großen Krisenerscheinungen der westlichen Moderne darin zu sehen ist, dass es nicht zu wenig, sondern zu viel Zusammenhalt in der Gesellschaft gegeben hat.«

Mein Nachbar war ehrlich erstaunt. »Wie kann es denn zu viel Zusammenhalt geben?«

Ich erinnerte an das Zeitalter des Nationalstaats, das zu Beginn des 19. Jahrhunderts jene Einheiten hat entstehen lassen, die in Europa bis in die Mitte des 20. Jahrhunderts ganz neuartige Kriege haben führen lassen. Zuvor hatten Königshäuser gegeneinander gekämpft – nun wurde der Krieg zum Ringen der Nationen und stieß in eine neue Dimension des Schrecklichen vor, wie in den beiden Weltkriegen. Hier hat es, so mein Argument, keineswegs zu wenig, sondern zu viel Zusammenhalt gegeben: Alles wurde in den Dienst der »gemeinsamen« nationalen Sache gestellt, nicht nur das Politische, auch die industrielle Produktion und die Bildung, die Kunst und sogar das religiöse Bekenntnis. Man habe sich Gesellschaften nur als Schicksalsgemeinschaften vorstellen können.

»Entschuldigen Sie, aber das war doch gar kein richtiger Zusammenhalt, sondern eine Perversion davon. Diese Formen von Zusammenhalt haben doch immer Andere ausgegrenzt – Ausländer, Juden, Minderheiten und so weiter«, protestierte mein Nachbar heftig und plädierte erneut für wirkliche Gemeinschaften und Zusammenhalt.

So ähnlich fallen letztlich die meisten Diagnosen aus. Auch hier wird das Problem auf ein Einstellungsproblem, auf ein Problem angemessener Werte bezogen. Es fehlt dann nicht nur Zusammenhalt, sondern ein Zusammenhalt, der angemessenen Motiven, angemessenen Einstellungen, angemessenen Werten entstammt. Man kann einem solchen Statement nicht widersprechen – muss dann aber doch sehen, dass die starken Gemeinschaftsbildungen der westlichen Moderne fast immer auch Ausgrenzungsmechanismen kannten. Es hätte die Identität der Deutschen im 19. Jahrhundert ohne die Stilisierung des französischen Erzfeindes nicht gegeben – und die deutsche politische Nation wohl nicht ohne Kriege gegen Frankreich. Es wäre ein weites Feld, die Hassliebe gerade der deutschen Intellektuellen nach der Französischen Revolution nachzuzeichnen – nach der Revolution, als letztlich alle vernünftigen Menschen geborene Franzosen sein konnten und durften, bis dann mit dem napoleonischen Imperialismus auch die Franzosen nur noch Franzosen sein wollten und auf ihren Zusammenhalt gesetzt haben.

Deshalb sagte ich: »Man muss die Dinge jenseits von Werturteilen ansehen – ich glaube, dass der Appell an Werte und Einstellungen das Krisenhafte unserer Zeit weder erklären noch überwinden kann.« Nun war mein Nachbar sichtlich irritiert. Man müsse die Menschen doch darüber aufklären, was das Richtige sei: dass eben Geldverdienen nicht das Wichtigste im Leben sei, dass politische Macht für das Gute eingesetzt werden und die Reichtümer der Gesellschaft gerechter verteilt werden müssten, dass wirkliche Chancengleichheit ermöglicht und dass andere Kulturen als gleichberechtigt anerkannt werden sollten.

»Ich sag's noch mal: Am schlimmsten ist die Gier. Die können den Hals nicht vollkriegen. Und ich bin auch deshalb so aufgebracht, weil ich unmittelbar betroffen bin.« Er war Kunsthändler und auf dem Weg nach München zu einer größeren Auktion. Eine Kunstsammlung werde versteigert, weil der Eigner nicht mehr flüssig sei und deshalb seine Sammlung in liquides Kapital umwandeln müsse. »Das ist ja die Katastrophe – seit der Finanzkrise kaufen weder Firmen noch wohlhabende Privatleute mehr Kunst. Sie verkaufen eher – und das macht die Preise und damit mein Geschäft kaputt. Und alles nur wegen dieser Gier!«

Der Therapievorschlag des Galeristen gegen »Gier« war also offensichtlich »weniger Gier«. Und gegen »Orientierungslosigkeit« solle dann »mehr Orientierung« helfen. Mein Gesprächspartner hielt eine Eloge auf Bildung und Mäßigung. Wie es in der Malerei den Goldenen Schnitt, in der Musik die wohltemperierte Harmonik und im gesellschaftlichen Umgang den Takt gebe, so gebe es in der Moral die Frage des angemessenen Maßes – weder zu viel noch zu wenig solle der Mensch anstreben, um in innerem Gleichgewicht zu leben. Dies könne Orientierung geben. Mein Sitznachbar bezog sich dabei in aufrichtiger Überzeugung auf die Nikomachische Ethik des Aristoteles. »Immerhin habe ich auch ein paar Semester Philosophie studiert.«

Dem konnte man auf den ersten Blick tatsächlich nicht widersprechen. Ich hielt allerdings dagegen, sich auf die Einsichtsfähigkeit von Entscheidern zu verlassen und darauf, dass die Gesellschaft so etwas wie Fahrpläne und Orientierung bieten müsse, erschiene mir doch als Verniedlichung der Krise. Unser Gespräch war auf eine angenehme Art und Weise kontrovers – mein Gesprächspartner war nicht davon abzubringen, dass es am Ende auf die Werte ankommt, die jemand verinnerlicht hat und lebt. Ich konnte dem nicht wirklich widersprechen. Und dazu dient die Rede von den »Werten« ja auch. Letztlich sind es aber nicht die Werte selbst, die für das Handeln der Menschen ausschlaggebend sind. »Was ist es denn dann?«, fragte der Galerist.

Ich musste nun zu einer etwas längeren Erläuterung ansetzen. Meine These lautet, dass die Krisen der Moderne vor allem Folgen ihrer *Erfolge* waren und sind. Das hört sich in der Tat widersinnig an – und entsprechend erstaunt war mein Gesprächspartner. In der jüngsten Finanzkrise sind ohne Zweifel Fehler begangen worden. Der Ausgangspunkt dieser Fehler bestand aber darin, dass sich die Akteure des ökonomischen Systems durchaus an die Regeln dieses Systems gehalten haben. Das ökonomische System wird dadurch in Gang gehalten, dass sich die einzelnen Akteure egoistisch verhalten. Ihr Investitions-, Kauf- und Konsumverhalten ist darauf ausgerichtet, mit möglichst wenig Einsatz/Aufwand einen möglichst hohen Gewinn/Benefit zu erzielen. Sich so zu verhalten, ist ökonomisch sinnvoll. Und der Konkurrenzmechanismus verstärkt die entsprechenden Effekte.

Ein banales Beispiel ist etwa der Preisverfall der Milch im Jahre 2009. Die großen Discounter haben sich systemkonform verhalten, indem sie in wechselseitiger Konkurrenz Milchprodukte immer günstiger angeboten haben. Und die Verbraucher haben sich natürlich nicht zur Stützung der Milchwirtschaft von den günstigen Angeboten abgewendet. Für sie ist es regelkonform, die billigeren Milchprodukte zu kaufen, solange die Qualität nicht leidet. Für die Milchwirtschaft hieß das dann freilich, dass sie Druck auf die Milcherzeuger ausüben musste, um im Preiskampf zu bestehen. Bis hier ist das ein völlig normaler Vorgang. Wenn die Preise jedoch so tief fallen, dass die Erzeuger nicht mehr genügend Gewinne machen, um die Milchproduktion aufrechterhalten zu können, droht der Zusammenbruch der Milchwirtschaft, was dann die Versorgung der Bevölkerung mit Milchprodukten gefährdet.

Zu solchen Zusammenbrüchen kommt es selten – nicht weil die Akteure besondere Einsichten hätten oder weil ihnen die Existenz der Milchbauern oder die Versorgung der Bevölkerung mit dem Calciumspender Milch am Herzen läge. Nein, der Marktmechanismus sorgt meistens dafür, dass man aus *ökonomischen* Gründen irgendwann aus der Abwärtsspirale von Preisen aussteigen muss. Das Problem besteht nur darin, für wen es in welcher Situation ökonomisch tragbar und sinnvoll ist, aus dem Preiskampf auszubrechen. Was nämlich benötigt wird, sind Akteure, die im Interesse langfristigen ökonomischen Erfolgs kurzfristig auf ökonomischen Erfolg verzichten. Aber wer ist der Erste? Und wie lange muss oder kann man warten, um als Trittbrettfahrer von der Selbstregulierung des Marktes zu profitieren?

»Genau dafür braucht man Leute mit Maß, mit Augenmaß, mit Verantwortung, Leute, die sehen, was sie da anrichten und die sich irgendwie zurücknehmen können. *Ehrbare Kaufleute* hießen die früher. Leute, denen ganze Märkte am Herzen lagen, nicht nur der sofortige ökonomische Vorteil.« Mein Nachbar wies noch zusätzlich darauf hin, dass ein solches Ethos, eine solche Haltung als Stoppregel fungieren könne, also als eine Art Begrenzungsmechanismus, der Abwärts- und Aufwärtsspiralen aufhalten könnte. Maßhalten also – im Aristotelischen Sinne. Darin war er wirklich konsequent.

Ich konnte ihm wieder nicht wirklich widersprechen. Ich habe nur darauf hingewiesen, dass das die Märkte womöglich überfordert. Genau deswegen treten dann Dritte auf den Plan – zumeist Staaten, also politische Akteure, die dann Regeln in das freie Spiel der Kräfte einbauen, womöglich, wie im Fall der Bankenkrise, selbst in den Markt eingreifen oder sogar ökonomische Akteure werden. In unserem Beispiel etwa beruft man einen »Milchgipfel« im Kanzleramt ein. Auch Milchquoten im europäischen Kontext spielen dabei eine Rolle, wir kamen immerhin gerade aus Brüssel.

Der Rekurs auf *ehrbare Kaufleute* steuerte einen interessanten Aspekt bei: »Ich gebe Ihnen recht: Das ist sicher ein Trumpf, der sticht. Aber letztlich ist es eine Figur professioneller Selbstbeschreibungen, eine Sonntagsredenfigur. Warum braucht man diese pathetischen Beschreibungen? Je pathetischer so eine Figur beschworen wird, umso größer ist das Problem dahinter. Denken Sie an den gemeinwohlorientierten Politiker, an den selbstlos helfenden Arzt, an den nur der Wahrheit verpflichteten Wissenschaftler oder den genialischen unabhängigen Künstler. Alle diese Figuren weisen doch gerade darauf hin, dass wir die realen Akteure verdächtigen, bestimmten normativen Idealen nicht gerecht zu werden. Die Rede vom *ehrbaren* Kaufmann ist nichts Anderes als eine pathetische Formulierung dafür, dass das mit den Stoppregeln irgendwie schwierig ist. Und nicht nur das ökonomische System kann diese Probleme offensichtlich nicht immer mit Bordmitteln lösen. Insofern erscheinen solche Prozesse dann stets als irgendwie *krisenhaft*.«

Was der modernen Gesellschaft tatsächlich zu fehlen scheint, sind Stoppregeln. Am Beispiel der Ökonomie kann man es deutlich beobachten: Die Ökonomie funktioniert deshalb, weil Akteure in konkreten Gegenwarten Entscheidungen treffen, die für sie etwas Anderes bedeuten als für Märkte oder für das gesamte ökonomische System. Aus der Perspektive des konkreten gegenwärtigen Entscheidens sind einzelne ökonomische Spielzüge vernünftig. Im Markt oder im gesamten ökonomischen System könnten sich die Folgen als wenig wünschenswert herausstellen.

Die Krise der amerikanischen Immobilienwirtschaft und der deutschen Milchwirtschaft zeigen jedenfalls nicht, dass das moderne ökonomische System an Orientierungsmangel leidet. Orientierung ist eher etwas für traditionale, für langsame Gesellschaften, in denen alle Schritte kalkulierbar sind, wo man einfach weitermachen kann mit dem, was man immer schon getan hat, wo es wenige Überraschungen gibt. In einer schnellen Gesellschaft wie der unseren hilft Orientierung nicht weiter – außer in der abstrakten Form großer moralischer Sätze und Grundsätze, die aber in der konkreten Situation nur bedingt anwendbar sind.

Ich glaube, das Krisenhafte der modernen Gesellschaft hat damit zu tun, dass diese Gesellschaft aus vielen konkreten Situationen besteht, aus deren Perspektive die Welt sich jeweils anders darstellt. Deshalb ist das Marktgeschehen so paradigmatisch für dieses immanent Krisenhafte: So ein Markt steht nie still, orientieren kann er sich fast nur an seinen eigenen Gegenwarten, er ändert sich schnell, und man hat nie das Gefühl, dass die Dinge irgendwann ein für alle Mal eingerichtet sind. Das ist es wohl, was einer modernen Lebensform das notorisch Krisenhafte verleiht. Zumindest erscheint es uns so, wenn wir unsere turbulente und unübersichtliche Gegenwart vergleichen mit dem Wunschbild früherer Gesellschaften oder der romantischen Verklärung einfacher Kulturen, in denen angeblich alles seinen Platz hatte und auch behielt.

Es gibt keine Instanz, die sagt oder sagen *könnte*, dass irgendwann Schluss ist. Zumindest nicht auf Märkten. Genau deshalb greifen Staaten oder rechtliche Verträge in dieses freie Spiel der Kräfte ein – um dann zu erleben, dass sich die Marktakteure weiter wie Marktakteure verhalten und sich Nischen suchen, in denen sie weitermachen – man kann fast sagen: *ob sie wollen oder nicht.*

Die marxistische Diagnose der »inneren Widersprüche des Kapitalismus« war deshalb eine besonders erfolgreiche Diagnose – nur haben die Kritiker die Rechnung ohne den Wirt, beziehungsweise ohne die Wirtschaft, gemacht. Gerade der Versuch in den staatssozialistischen Ländern, die ökonomische Krise für die Marktakteure permanent zu unterbinden, hatte verheerende Folgen für den Markt. Das mag kontraintuitiv klingen: Aber die Verhinderung des krisenhaft Schnellen, des Pulsierens, des Nicht-Wissens und der Unkalkulierbarkeit ökonomischer Risiken, also die Maßnahmen zur Verhinderung der Krise haben die Krise des Marktes erst befördert. Das Fazit lautete also: *Ja*, es fehlt so etwas wie eine Stoppregel; *nein,* es kann eine solche Stoppregel letztlich nicht geben, auch keine Kontrollinstanz, sondern lediglich immer wieder punktuelle Versuche der Einflussnahme.

Trotz allen Konsenses war mein Nachbar nicht zufrieden. Als Vertreter der Werte-Perspektive warf er mir vor, mit meinem Blick Fehler und Schuld von Einzelnen zu relativieren, egoistische Akteure zu entlasten oder gar jegliche Verantwortung für Taten zu leugnen. Doch meine Diagnose entlässt niemanden aus der Verantwortung, im Gegenteil: Sie hilft das Prinzip Verantwortung realistischer einzuschätzen. Dass die moderne Gesellschaft in ihrer schnellen Taktung und ihrer Logik im Ganzen wie eine Krise erscheint, hat ja gerade damit zu tun, wie schwer es ist, in Prozesse einzugreifen, in denen man sehr wohl individuell und verantwortlich entscheiden kann und muss, die man aber letztlich kaum im Griff hat. Das ist es, was Märkte aus individuellen Spielern machen: Sie sind autonom in ihren Entscheidungen und zugleich Gefangene einer Logik, aus der es kein Entrinnen gibt.

Mein Nachbar gab mir recht. Natürlich nicht, ohne gleich wieder gegenzuhalten. Für Märkte möge das so sein, aber die Gesellschaft sei ja wohl mehr als das Hantieren mit Geld. In anderen Bereichen könne man die Leute nicht so einfach entlasten. Wie bereits deutlich geworden sein sollte, sehe ich das anders: »So etwas gibt es doch auch woanders. In der Politik zum Beispiel. Alles, was ein Politiker macht, wird danach abgescannt, ob er es nur macht, um seine Position zu verbessern. Selbst wenn jemand zurücksteckt oder seine Meinung aus sachlichen Gründen ändert oder Anderen den Vortritt lässt, wird danach geschaut, ob dahinter Machtkalkül steckt.«

Politische Akteure sind verstrickt in ein Geflecht aus Machterhalt und Machtverlust. Deshalb ist weder Wahrheit noch Gerechtigkeit die eigentliche Triebkraft des Politischen, sondern ein Machtkalkül, für das die Akteure sich gar nicht selbst entscheiden. Sie werden davon aufgesogen, wenn sie Politik machen. Mein Gesprächspartner protestierte heftig – und verwies darauf, wie sehr es Politikern doch bisweilen gelingt, gegen alle Widerstände das Richtige zu tun. Die Ostpolitik Willy Brandts ist dabei stets ein eindringliches Beispiel. Trotzdem: Auch dies bleibt verstrickt in das System von Machterhalt und Machtverlust. Daraus gibt es kein Entrinnen. Und auch die Politik ist, ganz ähnlich wie die Ökonomie, gekennzeichnet von einer grundlegenden Krisenhaftigkeit, weil sie nie zum Stillstand kommt und weil die heute gefundene Lösung zum Problem von morgen wird.

Das moderne Lebensgefühl, in dem man die Dinge ändern kann, in dem Gestaltungskraft gefordert ist, in dem man ökonomisch und politisch immer neue kreative Lösungen finden muss, in dem sich eben nichts von selbst fügt, in dem man aus den Traditionen der alten Welt ausbrechen kann – dieses Lebensgefühl erzeugt ganz neue Verstrickungen. Wer ökonomisch handelt, wer politisch handelt, wer wissenschaftlich handelt, wer als Arzt oder Lehrer fungiert, muss nicht nur praktisch herstellen, worum es ihm geht – er wird auch selbst praktisch erzeugt. Daraus gibt es kein Entrinnen. Und das ist es zugleich, was das Prometheische der westlichen Moderne so krisenanfällig macht. Es ist nie fertig. Diese Gesellschaft befindet sich stets im Ausnahmezustand. Das Getriebe geht immer weiter. Und in ihm kann man nur tun, was man tun kann. Selbst die jüngste Finanzkrise wäre nicht zu verhindern gewesen, indem man den Leuten gesagt hätte, was sie tun sollen, denn sie haben, zynisch gesprochen, fast alles richtig gemacht. Nicht einmal die Dinge richtig zu machen scheint zu helfen.

Wir hatten uns richtig in Rage geredet – und mein Nachbar und ich überboten uns geradezu darin, einerseits die moralisch-ethische Stoppregel in Anspruch zu nehmen, andererseits darauf hinzuweisen, dass das womöglich nur ein Nebenkriegsschauplatz ist, mit dem man das latent Krisenhafte der modernen Gesellschaft unterschätzt. Wir wurden dann in unserem Gespräch unterbrochen, weil endlich der Bordservice da war und uns einen kleinen Imbiss sowie etwas zu trinken gönnte.

Wir bestellten uns beide ein Glas Rotwein und prosteten einander zu. Der Galerist erzählte, dass er je eine Galerie in Brüssel und Berlin betreibe und mit jungen Künstlern arbeite, was derzeit wirklich nicht einfach sei, da die Sammler andere Probleme hätten. Er erzählte auch, dass es gerade für junge Künstler zunehmend schwierig sei, sich zu etablieren. Da inzwischen alles möglich sei, könnten sie kaum mehr überraschen.»Kunst lebt davon, Grenzen zu sprengen, Regeln zu verletzen, Konventionen in Frage zu stellen.

Aber es gibt keine Grenzen, Regeln und Konventionen mehr. Das macht es wirklich schwierig. Regelverletzung ist ja geradezu Anpasserei geworden.«

Ich fragte den Galeristen, wie die jungen Künstler damit umgehen. »Sie erleben das als sehr desillusionierend – auch weil sie ja nichts dagegen tun können. Sie müssen eben irgendwie weitermachen.« Auch das, was mein Nachbar als eine Art ästhetische Krise beschrieb, war letztlich die Folge eines ästhetischen Erfolgs. Nachdem die Verheißungen völliger schöpferischer Freiheit und Ausdrucksmöglichkeit erfüllt sind, können die Künstler nicht mehr tun, wozu sie angetreten sind: Sehgewohnheiten konterkarieren und erweitern. Das war ganz analog zum ökonomischen Geschehen eine Art Inflation – Provokationsentwertung durch Provokationsvermehrung. Ich verkniff mir den Vorschlag, ob junge Künstler sich nicht erst einmal moralisch zurücknehmen und wieder konformer verhalten sollten, damit man danach die Abweichung wieder zelebrieren könnte.

Verschiedene Beispiele zeigen, wie wir die Erfolge der unterschiedlichen Bereiche der Gesellschaft als krisenhaft erleben. Es ist ein Erfolg, dass sich die moderne Ökonomie so produktiv und schöpferisch entfaltet. Eine Nebenfolge ist aber, dass sie sich selbst entgrenzt und ihre Erfolgsbedingungen dabei verändert. Es ist ein Erfolg, dass moderne politische Systeme ein ausgeklügeltes System des Machterhalts und Machterwerbs nach eigenen Kriterien entwickelt haben und damit Herrschaft auf eine potenziell friedliche Basis gestellt haben. Eine Nebenfolge ist aber, dass dieses Getriebe des Politischen sich in der Illusion einrichtet, dass es die Gesellschaft tatsächlich steuern könnte. Es ist ein Erfolg, dass in Familien Rollenverhältnisse und Arrangements neu ausgehandelt werden können. Es folgt daraus aber auch, dass Familien nicht mehr die Simulationen von Stabilität bieten können, die man von ihnen erhofft. Es ist ein Erfolg, dass die Massenmedien kaum mehr Beschränkungen kennen, über was und wie sie berichten. Eine unvermeidliche Nebenfolge ist aber, dass sie davon exzessiv Gebrauch machen. Und es ist unbestreitbar ein Erfolg, dass in der Kunst alles möglich geworden ist – mit der Nebenfolge, dass die ästhetische Provokation schwieriger wird. Die Emanzipationsdynamik der unterschiedlichen Bereiche gehört zu unserer grundlegenden Modernitätserfahrung – seit 200 Jahren. Gerade deshalb ist die Moderne immer zugleich als großartiges Projekt *und* als krisenhaftes Geschehen erschienen.

Hinzu kommt die Erfahrung der Globalisierung, die uns nötigt, die gewohnten nationalstaatlichen Erfahrungs- und Erklärungsräume zu verlassen – ökonomisch, politisch, religiös und kulturell. Auch das ist ein Erfolg, ohne Zweifel, aber eben auch Anlass für Unbehagen, weil gewohnte Kategorien auf einmal nicht mehr gelten. Märkte werden größer, politische Einflussräume kleiner, religiöse Erfahrungen weit weniger exklusiv als vorher und kulturelle Selbstverständlichkeiten durcheinandergewirbelt.

Die moderne Gesellschaft mit all ihren Erfolgen ist selbst die Krise. Vielleicht ist das der Schlüssel, warum wir uns selbst von den extremsten Krisensymptomen kurzfristig unterbrechen und schockieren, aber nicht wirklich aus der Ruhe bringen lassen. Und das galt selbst für Zeiten wie unter der NS-Herrschaft, wo sich ein vergleichsweise routinisiertes Alltagsleben etabliert hat, wenigstens für die Bevölkerungsteile, die nicht von Verfolgung und Ermordung bedroht waren. Nicht einmal das hat die weniger gefährdeten Nachbarn so aus der Ruhe gebracht, wie es moralisch erwartbar gewesen wäre. Die Gründe? Zum einen wohl, weil alles und alle primär damit beschäftigt sind, über den nächsten Tag zu kommen. Unser Alltag fordert ständig kleine Entscheidungen und Festlegungen, die unsere ganze Aufmerksamkeit binden. Man ist nicht einfach in dieser Gesellschaft drin wie in einem Gehäuse, man muss stets etwas dafür tun, dass die Dinge sich praktisch entfalten. Zum anderen – und das bildet keinen Widerspruch – ist ein Großteil unserer alltäglichen Tätigkeiten sehr krisenresistent eingebettet in

Routinen und Praxen, die sich wie von selbst entfalten und in die wir irgendwie eingesogen werden

Unser Flieger war inzwischen in München gelandet, und unser angenehmes Gespräch auf diesem kurzen Flug nahm langsam ein Ende. Wieder spulte sich das übliche Programm ab. Der Flieger kam zum Stehen, die meisten schalteten ihre Mobiltelefone ein, suchten ihre Sachen zusammen und begannen, ihr Hab und Gut aus den Ablagen zu bugsieren. Es herrschte eine erwartbare und altbekannte Ungeduld, als ob sich Türen von Flugzeugen ohne dieses Drängen gar nicht öffnen ließen. All das spulte sich wieder ab wie ein Programm, wie eine Maschine, wie ein praktischer Apparat. Dann wandelten wir durch die langen Flughafengänge, und als mein Nachbar zum Gepäckband ging, ich aber direkt zum Ausgang wollte, verabschiedeten wir uns sehr herzlich per Handschlag. Über der Szene hing fast eine Idee von Freundschaft oder wenigstens lockerer Übereinstimmung, wie sie in dieser unangestrengten Form womöglich nur unter Fremden möglich ist. Erst als ich den Sicherheitsbereich des Flughafens passiert hatte, ging mir auf, dass ich mir den Namen des sympathischen Galeristen nicht gemerkt hatte und dass wir uns wahrscheinlich nie wieder über den Weg laufen würden.

Mir stand noch eine halbstündige Fahrt mit der S-Bahn bevor, um nach Hause zu kommen. Auch hier *business as usual* – also die Geschäftigkeit einer Gesellschaft, die ganz offensichtlich kein monolithischer Block ist, sondern aus vielen kleinen Situationen besteht. In dieser Gesellschaft *drin* zu sein heißt, dass die Menschen in ganz unterschiedlichem Kontakt zu dieser Gesellschaft stehen, dass dieser Kontakt bisweilen sehr punktuell ist und dass sich Ordnung irgendwie dadurch herstellt, dass wir uns in Programmen vorfinden, aus denen es kein Entrinnen gibt. Das war es, was ich mit dem freundlichen Galeristen diskutiert hatte – ob man ökonomisch oder politisch handelt, ob man sich in Familien aufhält oder Kunst macht, man kann stets nur an dem Punkt etwas tun, an dem man sich befindet. Das Leben muss irgendwie geführt werden, das heißt, man hangelt sich von einem Kontakt zum nächsten.

An all den Leuten, die ich sah, hingen Geschichten, die man nicht sehen konnte, die man aber dennoch irgendwie zu entschlüsseln versuchte. Ich sah Geschäftsleute, denen die Müdigkeit des Tages im Gesicht stand, Jugendliche, die sich vielleicht am Marienplatz zum Abhängen verabredet hatten, ein gediegen gekleidetes älteres Paar, das vielleicht in die Staatsoper fuhr. An Kleidung und Habitus ließen sich durchaus Schichten unterscheiden. Ich sah junge Mütter und Väter mit Kindern, einige Rucksacktouristen, darunter drei australische junge Männer, die mehr Krach machten als alle Anderen zusammen. Ob sie aus Australien waren, weiß ich nicht genau, aber sie sprachen Englisch, und ihre Rucksäcke hatten entsprechende Aufkleber.

Genau genommen symbolisiert diese S-Bahn sehr gut, wie wir in dieser Gesellschaft aufgehoben sind. Wir haben viel mit Fremden zu tun, die aus unterschiedlichen Richtungen kommen, in unterschiedliche Richtungen gehen und mit denen man dies oder jenes zu tun hat – mit den Einen enger, mit den Anderen weniger eng. Ein Gespräch wie das mit dem Galeristen ist völlig unspektakulär, aber darin sehr voraussetzungsreich. Man befindet sich in ein und derselben Welt – und kommt doch aus den unterschiedlichsten Perspektiven und Erfahrungsräumen.

Diese Gesellschaft vibriert. Sie ist kein Behälter, nichts, was es wirklich *gibt*, sondern etwas, das praktisch erfahren und erzeugt wird. Das macht die Erfahrung des Krisenhaften aus – kaum gewinnt etwas Kontur, ist es schon wieder verschwunden. Und doch folgt der Alltag Routinen und Regelmäßigkeiten, wie in dieser S-Bahn. Alle halten sich an ungeschriebene Codes – wie sie sich ansehen oder nicht ansehen, wen sie vorlassen und wen nicht, was für wen zumutbar ist. Und doch ist diese ganze Ordnung sehr fragil. Es ist *Arbeit*, sich in dieser Gesellschaft zu bewegen, deshalb erscheint ihre Ordnung immer in Unordnung.

Aber was ist mit den *wirklichen* Krisen, mit der Finanzkrise, der Klimakatastrophe? Was ist mit dem schrecklichen Bild der Hinrichtung im Iran, was mit dem hungernden Jungen vor dem Lastwagen? Wäre es nicht zynisch, das einfach für *die Gesellschaft* zu halten, die nun einmal so ist, wie sie ist? Ja, das wäre es.

Es ist zwar völlig unvermeidlich, Modernität und Krise in einem Atemzug zu nennen. Aber es ist gerade das Großartige der westlichen modernen Lebensform, dass wir diese Krise konstruktiv zu nutzen verstehen. Nur weil die Politik eine permanente Krise ist, kann es Regierungswechsel ohne Blutvergießen geben. Nur weil Märkte sich nicht stillstellen lassen und Marktakteure ständig Risiken eingehen, sind Märkte so produktive Problemlöser. Nur weil religiöses Erleben heute krisenhafter zweifelt, kann sich ein persönliches Gottesverhältnis aufbauen. Nur weil Familien stets vom Scheitern bedroht sind, kann Liebe zur Grundlage des Zusammenlebens werden. Wer auf das Krisenhafte der Moderne verzichten will, muss sie gegen die Enge der Tradition eintauschen – oder gegen die vermeintliche Sicherheit einer staatlich organisierten Gesellschaft wie des ehemaligen Ostblocks, die dann ganz andere Krisen hervorbringt.

Die besondere welthistorische Potenz des Westens, vor allem Europas, besteht gerade darin, dass ökonomische, politische, religiöse, auch wissenschaftlich-technische, erzieherische und kulturell-ästhetische Logiken eine Form für ihr Nebeneinander gefunden haben. Der Grund, ein pathetisch bekennender Europäer sein zu können, liegt gerade in der Schwerfälligkeit der europäischen Institutionen, der Geschichtsträchtigkeit ihrer Routinen, den Organisationsarrangements staatlicher, kirchlicher, verbandlicher und nicht zuletzt regionaler Traditionen und Gewohnheiten, die eine lange Übung darin haben, die unterschiedlichen Logiken der Gesellschaft nebeneinander zu etablieren. Man denke nur an die Versöhnung von Religion und Politik mit dem Westfälischen Frieden – teuer erkauft mit dreißig Jahren Krieg –, an die Versöhnung von Herrschaft und Demokratie im englischen Parlamentarismus, an die Versöhnung von Individualismus und Gemeinwohl in den Nationalstaaten des 19. Jahrhunderts und ihren Strukturwandel zu Rechts- und Wohlfahrtsstaaten – allesamt Bollwerke gegen die prinzipielle Krisenhaftigkeit des vibrierenden freien Spiels der Kräfte, in dem auch soziale Ungleichheit, die Verteilung von Lebenschancen und eine akzeptierte Form sozialer Gerechtigkeit austariert werden müssen.

All das ist ein Hinweis darauf, dass alles darauf ankommt, wie diese unterschiedlichen Logiken der Gesellschaft, die unterschiedlichen Sprecherpositionen, die unterschiedlichen Interessen- und Lebenslagen aufeinander bezogen werden, ohne der Illusion zu erliegen, man könne die Dinge zentral steuern. Vergessen darf man dabei nicht, dass die Ordnung Europas aus schmerzhaften Krisenerfahrungen gespeist wurde. Die Krisenhaftigkeit der Moderne war nicht nur eine Befindlichkeit, sie hat sich in militärischen Auseinandersetzungen entladen, auch in der Ausbeutung des frühen Industrieproletariats, in der rassistischen Diskriminierung innerer Feinde – man denke nur an den Antisemitismus als europaweites Phänomen. Entdramatisiert wurden die nationale und die soziale Frage in Organisationsarrangements, mit Hilfe von Institutionen, die die unterschiedlichen Akteure immer stärker voneinander abhängig machten – die Märkte, die Tarifpartner, unterschiedliche Länder und Regierungen, sogar die Rechtssysteme.

Daraus lassen sich nur schwer großartige politische Visionen ableiten. Womöglich taugt diese Ästhetik des Organisationsarrangements auch nicht für Programmatisches, gerade weil es die ökonomische, die politische, die rechtliche Praxis unabhängig macht von programmatischen Ansprüchen und sie in den Pragmatismus des Alltäglichen zwingt.

Wenn diese geradezu visionsfreie Pragmatisierung von Konflikten weiter gelingt, sind Katastrophen womöglich vermeidbar. Der EU etwa wird man nur gerecht, wenn man sie nicht nur als Instanz zur Regulierung der Bananenkrümmung wahrnimmt, sondern als Institution, an deren Schalthebeln sich die Protagonisten über den ganz praktischen Umgang mit ökonomischen, politischen und kulturellen Fragen streiten. Was hier geschieht, ist nichts Anderes als der Versuch, Foren und Orte zu schaffen, an denen sich die unterschiedlichen Logiken und Perspektiven der Gesellschaft treffen, um vorläufige Lösungen zu erarbeiten, die morgen wieder geändert werden müssen, wenn sie sich nicht bewähren. Ich denke, es ist nicht zu viel Pathos, in Erinnerung zu rufen, dass diese Protagonisten, die Probleme lösen, die uns bisweilen als klein und überflüssig und allzu bürokratisch erscheinen, aus Nationen stammen, die sich vor wenigen Generationen noch in Kriegen niedergemetzelt haben. Und es ist bezeichnend, dass meine eigene Beschreibung nachgerade ungewollt zu pathetischen Sätzen strebt, um dem Unpathetischen Ausdruck verleihen zu können.

Die Herausforderung besteht darin, zu klären, ob sich solche Wechselseitigkeiten in Form von Abhängigkeiten, Institutionen und sonstigen Arrangements auch global herstellen lassen. Doch selbst das würde nichts daran ändern, dass die moderne Lebensform als krisenhaft empfunden werden *muss*, eben weil sie nicht stillsteht und nicht stillstehen kann. Selbst von einem *Ausnahmezustand* zu sprechen, ist verharmlosend. Denn sie steht niemals.

Verdoppelungen

Warum sich die Welt unserer Beschreibung verdankt

Das Erste, was ich morgens mache, ist die Zeitung reinzuholen, darin zu blättern und das Eine oder Andere zu lesen. Beim Frühstück ist das Radio an, in dem die neuesten Meldungen immer wieder aufgezählt werden. Fahre ich mit der S-Bahn in mein Institut, sehe ich entweder Leute mit Zeitungen, immer häufiger auch mit kleinen elektronischen Geräten, die Beschreibungen der Gesellschaft lesen – oder ich höre Leute bei Beschreibungen zu. Fahre ich mit dem Auto, höre ich Radio. Sollte ich mal ein Taxi zum Bahnhof oder Flughafen nehmen, dann entsteht womöglich ein Gespräch mit einem Taxifahrer, in dem die Gesellschaft beschrieben wird.

Im Institut angekommen, spreche ich mit Mitarbeitern darüber, was sie oder ich tun oder tun müssen; ich lese Bücher und Artikel über alles Mögliche in dieser Gesellschaft; ich telefoniere mit Kollegen und rede mit ihnen, ich beschreibe dabei Abläufe, Sachverhalte, Vorhaben. Ich halte eine Vorlesung und beschreibe dabei etwas – in jedem Falle etwas, was in der Gesellschaft vorkommt. Ich treffe mich mit Kollegen zum Mittagessen, und dort wird nicht etwa in erster Linie Nahrung eingenommen, sondern es wird wiederum zum Gegenstand gemacht, was hier und dort passiert. Selbst wenn ich einen Roman lese, Filme ansehe oder in die Oper gehe – ich sehe auch hier nur dabei zu, wie etwas beschrieben wird.

Beschreiben, beschreiben und beschreiben. Man kann dem nicht entkommen – und wenn man es wollte, müsste man auch den Versuch, zu entkommen, beschreiben. Und damit nicht genug: Die Beschreibungen ergänzen sich nicht oder wären in der Summe so etwas wie ein gesamtes Abbild der Welt – im Gegenteil: Sie widersprechen einander auch noch.

Das Weltklima wird wärmer – drastisch, radikal. Dabei verhält es sich nicht wie das Wetter, auf das wir keinen Einfluss haben. Die Erwärmung ist vom Menschen gemacht. Und sie wird schreckliche, katastrophale Folgen haben, nicht nur für Regionen in Meereshöhe, sondern überall. Auf Wasserfluten werden Migrationsfluten folgen, und die Erhitzung des Weltklimas wird zur Erhitzung des weltpolitischen Klimas beitragen. Da es sich aber um ein anthropogenes Phänomen handelt, kann es auch von Menschen rückgängig gemacht werden. Allerdings steht uns nur ein kleines Zeitfenster zur Verfügung, um nicht in die Katastrophe zu geraten.

Das Weltklima wird wärmer – langsam, undramatisch. In den letzten 150 Jahren ist der CO_2-Gehalt der Luft um gerade einmal 0,01 Prozent gestiegen, und die gegenwärtige Klimaänderung ist vor dem Hintergrund geohistorischer Veränderungen nichts extrem Besorgniserregendes. Zweifellos gibt es einen anthropogenen Klimawandel und auch Handlungsbedarf, aber die prognostizierte Klimakatastrophe ist nur ein Artefakt, weil die jetzigen Klimadaten mit denen Mitte des 19. Jahrhunderts verglichen werden, mit einer Zeit also, in der eine sogenannte »kleine Eiszeit« zu Ende ging. Zufällig falle dies mit dem Beginn der Industrialisierung in Europa zusammen – und gerne verbinden wir unterschiedliche Erscheinungen mit Hilfe von Kausalitäten, um unser Bild der Welt zu ordnen. Außerdem sind die anderen in den letzten Jahren prognostizierten Katastrophen vom Waldsterben über BSE, SARS bis zu Vogel- und Schweinegrippe auch nicht eingetreten.

Ich will hier nicht diskutieren, was der Klimawandel bedeutet und ob es eine Klimakatastrophe geben wird. Tatsache ist, dass man in den Medien beide Beschreibungen lesen und hören kann. Die erste ist derzeit unstrittiger – die zweite hat höheren Legitimationsbedarf. Aber es sind eindeutig unterschiedliche Beschreibungen des gleichen Phänomens – das Phänomen selbst bleibt dahinter verborgen. Dass etwa der Meeresspiegel langsamer ansteigt als erwartet, ist aus der Perspektive der ersten Beschreibung nur ein Hinweis darauf, dass man umso schneller handeln muss, weil das Zeitfenster vielleicht doch größere Möglichkeiten bietet, als man befürchtet hat – aus der zweiten Perspektive ist es ein Hinweis darauf, dass die Katastrophenszenarien völlig übertrieben sind. Verfolgt man die zum Teil hitzig geführte Debatte, stellt man fest, dass es kein Kampf ums Klima ist, sondern ein Kampf um die angemessene Beschreibung – denn die beschriebenen Phänomene sind außerhalb ihrer Beschreibung nicht zu haben.

Die Klimakrise kommt, wie all unsere diversen Krisen, zunächst nur in Beschreibungen vor. Es sind dies Selbstbeschreibungen der Gesellschaft in der Gesellschaft. Was diese Gesellschaft von sich weiß, weiß sie nicht so, wie jemand etwas über etwas Anderes weiß. Wenn wir uns etwas ansehen, ein Objekt, sei es ein natürliches oder künstlich hergestelltes, betrachten wir es von außen. Wir können sehen, wie es beschaffen ist, wir können es beschreiben und womöglich unsere Beschreibung an der Sache selbst überprüfen. Jemand sagt, es sei grün, bei genauerer Betrachtung aber ist es eher blau, und es ist gar nicht so schwer, wie es zunächst aussah. All das kann man quasi von außen testen – und in der Regel wird der beschriebene Gegenstand von unserer Beschreibung völlig unbeeindruckt sein.

Das ändert sich sofort, wenn das Beschriebene selbst die Fähigkeit zur Beschreibung hat. Wenn wir andere Menschen beschreiben und sie die Beschreibung wahrnehmen, ändern sie sich mit der Beschreibung. Ein drastisches Beispiel: Wird in einer Diskussion über einen anwesenden Schwarzen gesagt, er könne nicht angemessen mitdiskutieren, weil Schwarze dümmer seien, ändert sich sofort seine Sprecherposition. Durch diese Beschreibung ändert sich die Wahrnehmung dessen, was er in der Diskussion beitragen wird – ob er und ob alle Anderen das wollen oder nicht. Und es ändert sich sicher auch sein eigenes Verhalten, es ändern sich seine eigenen Beschreibungen. Ein Gegenstand, der selbst beschreiben kann, wird anders als bloße Objekte nicht davon unbeeindruckt bleiben, wie er von außen beschrieben wird – oder wie er sich selbst beschreibt.

Wie ist es nun mit dem Klimawandel und der gleichnamigen Katastrophe? Ändert sie sich mit ihrer Beschreibung? Nein, sie ändert sich letztlich nicht, schon weil es sie ja vielleicht nur in der Beschreibung gibt. Wohlgemerkt: Die tatsächliche Erhöhung von Temperatur- oder Kohlendioxidparametern gibt es sicher – aber ob dies als Wandel, als Katastrophe, als Schicksal, als politische Herausforderung oder sonst etwas gesehen wird, ist ein Artefakt der Beschreibung. Im Übrigen »gibt« es auch Temperatur- und Kohlendioxidparameter nicht außerhalb der Beschreibung, denn sie sind ja selbst Formen der Beschreibung von Phänomenen, die in dieser Form nur in der Beschreibung vorkommen. Auch das Nicht-Sprachliche kann die Sprache nur sprachlich ausdrücken. Insofern ändert sich die Welt stets durch ihre Beschreibungen.

Was sich also bei der gesellschaftlichen Beschreibung von Phänomenen jeglicher Art ändert, ist vor allem die Gesellschaft selbst. Beschreibungen wie die rund um den Klimawandel sind keine Beschreibungen eines Objekts von außen. Die gesamte Klimadiskussion ist keine Beschreibung eines externen Sachverhalts, auch wenn es so klingt, sondern eine *Selbstbeschreibung der Gesellschaft in der Gesellschaft*. Beschreibungen stehen also vor der praktischen Aufgabe, so zu tun, als bildeten sie das ab, was sie beschreiben. Im besten Falle müssen sie dafür sorgen, unsichtbar zu machen, dass sie nur beschreiben. Indem der Klimawandel also so oder so beschrieben wird, ändert sich der Gegenstand selbst – und das hat wiederum erhebliche Konsequenzen für die Gesellschaft.

Das Besondere an Selbstbeschreibungen ist, dass der Beschreibende sich mit ihnen ändert. Wir kennen das von biografischen

Selbstbeschreibungen. Wir ändern uns fortlaufend mit, indem wir ausprobieren, welche Art von Beschreibung sich vor Anderen und vor uns selbst am besten bewährt. Ich meine damit keine perfiden Strategien, mit denen wir uns und Andere anlügen. Im Gegenteil: Es bleibt uns gar nichts Anderes übrig, als uns in unseren eigenen Beschreibungen einzurichten. Auch unseren eigenen Beschreibungen müssen wir glauben können – und auch sie sind selektiv, es könnte auch anders erzählt werden.

Das wird jeder an sich erleben, wenn sich die Lebensumstände ändern. Wer in persönliche Krisen gerät – den Job oder den Partner verliert, sich verliebt oder großes Glück hat –, wird sich mit einem Mal ganz anders beschreiben als vorher, ohne sich damit zu belügen. Natürlich kann man sich auch selbst auf den Leim gehen. Und dummerweise gibt es keine eindeutigen Kriterien dafür, wann dies geschieht oder wann man sich wirklich authentisch beschreibt. Denn all das ist nicht unmittelbar zugänglich, sondern nur über Beschreibungen, selbst wenn diese Beschreibungen nur Gefühle, Eindrücke, Ahnungen, Gewohnheiten sind, die uns womöglich gar nicht recht bewusst werden. Man ist sich selbst Objekt und Subjekt zugleich – das kann man nicht trennen.

Was so für individuelle Beschreibungen gilt, gilt auch für gesellschaftliche Selbstbeschreibungen. Gesellschaften beschreiben sich permanent selbst – und diese Beschreibungen haben erhebliche Konsequenzen für die Gesellschaft. Letztlich läuft ihr Selbstkontakt über solche Beschreibungen. Und es pflanzen sich diejenigen Beschreibungen am besten fort, an die man am plausibelsten anschließen kann.

Für den Fall des Klimawandels ist die erste der beiden Beschreibungen schon deshalb plausibler, weil sie mehr Aufmerksamkeit und Betroffenheit erzeugt, weil sich die Beschreibung in politische Handlungsprogramme umsetzen lässt, und nicht zuletzt: weil die permanente Beschreibung zu Realitäten geführt hat, die sich in diesen Beschreibungen eingerichtet haben. Politische Programme und institutionelle Arrangements, Konferenzen und Experten, multilaterale Abkommen und Agenturen – all diese Realitäten verdanken sich nicht nur der erfolgreichen Beschreibung, sondern sorgen auch dafür, dass gerade diese Beschreibung immerwährend wiederholt und sichtbar gemacht wird.

Meine These lautet nicht, dass sie das tun, um sich am Leben zu erhalten – das würde zu viel Rationalität und Planung implizieren. Es geht vielmehr darum, wie die Plausibilität von Beschreibungen hergestellt wird. Plausibel werden sie vor allem durch ihre »ökologischen Bedingungen«, also dadurch, in welchem Umfeld sie sich vorfinden. Wenn Beschreibungen bestätigt, wiederholt, belohnt werden, wenn ihnen Aufmerksamkeit entgegengebracht wird, dann können sie sich plausibler darstellen. Die Plausibilität einer Beschreibung hängt also weniger an der beschriebenen Sache, sondern daran, wie die Beschreibung in der Gesellschaft behandelt wird. In der Soziologie sprechen wir von »Anschlussfähigkeit« als Plausibilitätsbedingung.

Die These des dänischen Ökonomen, Statistikers und Umweltforschers Bjørn Lomborg, dass die derzeitigen politischen Programme zur Reduzierung des CO_2-Ausstoßes zum einen technisch nicht viel bringen, zum anderen mehr kosten als die Folgen des Klimawandels selbst, scheint mir ein gutes Argument zu sein. Es ist aber in den öffentlichen Debatten allenfalls als Störung wahrzunehmen. Viel plausibler erscheinen die Beschreibungen von Akteuren, die mit kurzfristigen Programmen Sichtbarkeiten herstellen. Ich meine damit nicht sichtbare Klimaveränderungen oder messbare Reduzierungen von Schadstoffmengen, sondern beschlossene Papiere, Protokolle, Programme, Erklärungen und pathetische Reden. An diese Beschreibung kann man schon deshalb besser anschließen, weil es Akteure in der Gesellschaft gibt, die für nichts Anderes erfunden worden sind als dafür, solche Beschreibungen anzufertigen.

Mir geht es hier nicht um den Klimawandel oder eine mögliche

Katastrophe, sondern darum, dass diese Gesellschaft sich permanent beschreibt, ja dass sie sich ihr selbst, ihren Problemen, ihren Aufgaben nur dadurch nähern kann, dass die Welt beschrieben wird. Kämpfe in der Gesellschaft sind deshalb immer auch, vielleicht sogar in erster Linie, Kämpfe um angemessene, anschlussfähige, wirkungsmächtige Beschreibungen. Und was eine moderne Gesellschaft vor allem ausmacht, ist die Multiplikation von Beschreibungen. Aus unterschiedlichen Perspektiven wird – bisweilen diametral – unterschiedlich beschrieben. Das ist auch die Erfahrung, die sich durch meine soziologischen Storys zieht: dass die Gesellschaft sich verschieden darstellt beziehungsweise dass Situationen je unterschiedlich erscheinen, wenn man sie aus unterschiedlichen Perspektiven und in unterschiedlichen Kontexten sieht. Ich habe also letztlich von unterschiedlichen Beschreibungen der Gesellschaft beziehungsweise gesellschaftlicher Ereignisse erzählt.

Ob es um die unterschiedlichen Beschreibungen eines Suizidwunsches in einem Krankenhaus ging oder darum, dass die Kunst uns darauf verweist, dass das Sehen die Welt erzeugt und nicht die Welt das Sehen; ob es um die Frage ging, wie Eliten mit unterschiedlichen Perspektiven und Beschreibungen rechnen müssen, vor allem mit anderen als ihren eigenen; ob es darum ging, wie sehr wir durch unsere gegenwärtigen Praxen gefangen sind in unseren jeweiligen Perspektiven, von denen wir bisweilen sogar überrascht werden können; ob ich die immanente Erfahrung der Krisenhaftigkeit der Moderne darauf zurückgeführt habe, dass die je unterschiedlichen Perspektiven der Gesellschaft sich weitgehend auf sich selbst konzentrieren – in all diesen Beschreibungen ging es immer wieder um nichts Anderes als um unterschiedliche Beschreibungen.

Wenn es ein besonderes Merkmal der modernen Welt im Vergleich zu früheren gibt, dann ist es die Tatsache, dass diese Welt von unterschiedlichen, konkurrierenden, sich ergänzenden, voneinander unabhängigen, aufeinander bezogenen, widersprüchlichen, auch völlig inkompatiblen Beschreibungen aller möglichen Sachverhalte nur so strotzt. Ich glaube, es ist nicht übertrieben, zu behaupten, dass das Beschreiben die verbreitetste Tätigkeit in unserer Gesellschaft ist. Und damit verdoppeln wir permanent die Welt. Ich meine damit dreierlei: Wir fügen etwas auf der Beschreibungsebene hinzu. Wir tun das jeweils auf verschiedene Weise und erzeugen dabei vollkommen unterschiedliche Versionen. Und: Wir können die Beschreibungsebene nicht verlassen und die Angemessenheit einer Version an der Welt selbst überprüfen.

Die Beschreibung von etwas ist nicht dasselbe wie das Beschriebene. Die Beschreibung einer Befindlichkeit ist nicht die Befindlichkeit selbst, wie die Beschreibung eines Marktes nicht der Markt selbst ist. Dennoch reichern wir die Welt permanent damit an, weil sie sich eben nur über unsere Beschreibung, über unsere Erfahrung und vor allem als Inhalt von Kommunikation erschließt.

Zum Zweiten verdoppeln wir, wie gesagt, die Welt aus unterschiedlichen Perspektiven unterschiedlich. Aus ökonomischer Sicht ergibt sich ein ganz anderer Sachverhalt als aus politischer oder wissenschaftlicher, aus religiöser oder künstlerischer oder journalistischer Sicht. Die Beschreibungen fallen je nach Kontext auch unterschiedlich aus – nicht in einem Taxi, aber an einer Taxifahrt lässt sich das demonstrieren. Eine Taxifahrt ist zunächst nichts, was schwierig zu beschreiben wäre. Am Abend bevor ich dieses letzte Kapitel geschrieben habe, bin ich mit einem Taxi von einem Restaurant nach Hause gefahren, in dem ich mit Freunden bei gutem Essen und noch besserem Wein zusammensaß – wegen Letzterem hatte ich mein eigenes Auto zu Hause gelassen. Hin bin ich noch mit der U-Bahn gefahren, aber zurück war es mir dafür zu spät. Ich finde, die Taxifahrt ist damit wirklich angemessen beschrieben – der Fahrer hat mir übrigens davon erzählt, dass er bei seiner Fahrprüfung fast durchgefallen wäre. Die Prüfung war in meinem Geburtsjahr, der Fahrer also nicht mehr der Jüngste und die Geschichte ebenso. Sie dient wahrscheinlich seit fast einem halben Jahrhundert als Überwindung nächtlicher Kommunikationslosigkeit.

Man kann diese Taxifahrt freilich auch ganz anders beschreiben – je nachdem, in welchem Kontext man das tut. Aus ökonomischer Perspektive etwa wäre die Taxifahrt etwas, das sich auf Märkten bewähren muss – auf dem Markt für Personenbeförderung in Konkurrenz zu Straßenbahn, Bus, U-Bahn oder privatem Pkw, auf dem Arbeitsmarkt als etwas, das hinreichend günstig sein muss, um sich auf dem Personenbeförderungsmarkt halten zu können, aber auch hinreichend lukrativ für den Taxiunternehmer beziehungsweise den Fahrer, damit der auch disponibel bleibt für letztlich nicht planbare Fahrten. Denn niemand wusste, dass ich an diesem Abend ein Taxi brauchen würde.

Aus politischer Perspektive könnte man die Taxifahrt als eine Alternative zur Vorhaltung von Bus- und Straßenbahnverbindungen in wenig ausgelasteten Streckenabschnitten oder zu wenig frequentierten Zeiten wie gestern Abend beschreiben und die Taxitarife in die kommunalen Beförderungsentgeltbedingungen einbauen. Auch rechtlich lässt sich die Taxifahrt beschreiben, als einvernehmlich, aber nicht schriftlich getroffener Vertrag zwischen Fahrer und Fahrgast, den beide Seiten auf ihre Weise einzuhalten haben: Der Fahrer darf nicht woanders hinfahren, und ich muss am Ende tarifgerecht bezahlen. In der Filmkunst wird das Taximotiv immer wieder als Symbol für die Begegnung Fremder verwendet, die frei miteinander reden können, weil sie nichts miteinander zu tun hatten und haben werden. Aus religiöser Perspektive könnte man die Taxifahrt als Symbol für einen Übergang beschreiben, ausgedehnt, aber endlich – oder so ähnlich.

Was ist nun eigentlich mit dem Original, also mit dem, was da verdoppelt wird, mit der Taxifahrt selbst? Der Weg dorthin ist verstellt – und zwar durch die Verdoppelungsmedien selbst. Dies ist nun der dritte Aspekt der Verdoppelung der Welt: Wenn es stimmt, dass uns die Welt nur in Form von Beschreibungen zugänglich ist – etwa meine Taxifahrt am gestrigen Abend –, dann *besteht* die Welt nur aus Beschreibungen, aus unterschiedlichen Beschreibungen in unterschiedlichen Kontexten. Was *ist* die Taxifahrt wirklich? Eigentlich nur eine Taxifahrt – aber immer und zugleich auch mehr, weil wir nicht anders an die Taxifahrt herankommen als dadurch, dass wir sie irgendwie beschreiben.

Das galt sogar für den Moment, in dem wir im Taxi saßen. Denn für den Fahrer und für mich waren das je unterschiedliche Kontexte, in denen wir uns befanden, obwohl wir im selben Taxi saßen und über eine alte Fahrschulgeschichte geredet haben, bei der ich übrigens zum Besten gegeben habe, dass ich bei der ersten Fahrprüfung tatsächlich durchgefallen bin. Beschreibungen *verdoppeln* zwar die Welt, aber diese Verdoppelungen *sind* zugleich die Welt, weil wir aus dem Verdoppelungsspiel nicht aussteigen können.

Muss es am Ende so abstrakt werden? Ja, es muss! Denn diese Art Abstraktion ist es, die uns auf etwas ganz und gar Konkretes hinweist: dass wir nämlich aus unseren Perspektiven und ihren praktischen Konsequenzen nicht ausbrechen können. Man bleibt letztlich in den jeweiligen Weltverdoppelungen gefangen. Ein Ehe- oder Beziehungsstreit etwa ist etwas, aus dem man nicht ausbrechen kann, selbst wenn man es wollte. Wenn die Vorwürfe, Beschimpfungen und Anklagen hin- und hergeschickt werden, wird selbst der Vorschlag, zu einer sachlichen Ebene zurückzukehren, als Teil des Streits behandelt – vielleicht als besonders perfider Vorwurf. Und wenn man in einem Geschäftsgespräch Verträge und Preise aushandelt, wird der Vorschlag, taktische und strategische Argumente beiseitezulassen, selbst als Strategie aufgefasst werden.

Das Paradoxe, das Unentrinnbare an der Verdoppelung und am Verdoppeln ist, dass es eine Verdoppelung ohne Original ist. Zum Verdoppeln muss üblicherweise zunächst ein Original da sein, dem man dann eine weitere Version hinzufügt. Hier verhält es sich nun eher umgekehrt: Zunächst ist die Beschreibung da – und von dort aus schließt man auf das Beschriebene, das also immer ein abgeleitetes Original ist. Das sollte man stets im Hinterkopf haben, wenn es darum geht, zwischen Positionen zu vermitteln oder sich selbst zu positionieren.

Die moderne Welt ist eine geschwätzige Welt. Sie bringt Perspektiven und Sprecher in Stellung, sie redet, schreibt und beschreibt Tag und Nacht vor sich hin – und selbst da, wo handfest gehandelt wird, wird das Ganze flankiert durch Beschreibungen. Nehmen wir Handfestes als Beispiel: Sex ist etwas, das unmittelbar stattfindet – aber Sex entfesselt Beschreibungen und Kommunikation, ob wir wollen oder nicht. Die konkrete Tätigkeit eines Arbeiters am Fließband, eines Handwerkers an einem Werkstück oder eines Sportlers im Stadion, die in sich ohne Worte und Verdoppelung auskommt, erzeugt geradezu pandemische Ausmaße von beschreibender Verdoppelung. Mein momentaner Kunstgenuss kann eigentlich auf Beschreibung und Kommunikation verzichten – wird aber flankiert durch genau das. Diese Gesellschaft tut fast nichts Anderes.

Aber Beschreibung ist nichts Sekundäres. Es ist nicht so, dass das Eigentliche jenseits der Beschreibung geschieht und dann die beschreibende Verdoppelung dazukommt. Vielleicht war das in früheren Sozialformen so, in denen es wegen sehr geringer Variationsbreite des Verhaltens und fehlenden Handlungsalternativen letztlich gar nicht nötig war, die Welt zu verdoppeln. Sie stand für sich. Es geschah, was geschah.

Um heute die Gelegenheit zum Schweigen zu bekommen, muss man das Schweigen organisieren – man mietet sich für eine Zeit ins Kloster ein und schweigt mit den Klosterbrüdern, man belegt an der Volkshochschule einen Meditationskurs oder trifft sich in der Stadt und schweigt für den Frieden. Aber um so zu schweigen, bedarf es der Teilhabe an der Pandemie der Kommunikation: Man muss das vorbereiten, sich anmelden, seine Umwelt kommunikativ darauf vorbereiten, dass man nicht kommuniziert. Meist muss man mit denen, mit denen man schweigen will, zuvor reden.

Tatsächlich ist Kommunikation nicht etwas Sekundäres, das als Additum zum eigentlichen Tun dazukommt. Vielmehr tun wir die Dinge, indem wir kommunizieren. Wir lieben unseren Partner nicht nur, indem wir es tun, sondern indem wir es sagen. Wir stellen Vertrauen in beruflichen Beziehungen dadurch her, dass wir entsprechend reden. Wir erfahren von den Konflikten und Perspektivendifferenzen eines modernen Alltags vor allem durch die und in der Kommunikation. Wir erleben unsere Mitmenschen als Kommunizierende.

Menschliche Kommunikation ist evolutionär vermutlich entstanden, weil unsere Innenwelten, unser Erleben, unser Bewusstsein, unsere Vorstellungen der Welt uns gegenseitig unsichtbar sind. Wir müssten nicht miteinander kommunizieren, wenn es diese Intransparenz nicht gäbe. Wenn wir wüssten, was der Andere denkt, wollten wir es sicher auch nicht mehr. Sozialität ist womöglich immer schon Differenz, Perspektivendifferenz: Der Andere ist uns zunächst in einer ganz elementaren Weise fremd. Frühere Sozialformen haben dies durch Restriktion von Verhaltensalternativen kompensiert, da war es kaum nötig, zu denken, Gründe zu haben und diese mitzuteilen.

Die Geschwätzigkeit der modernen Welt verweist auf die radikale Perspektivendifferenz unterschiedlicher Sprecherpositionen – und paradoxerweise ist diese Perspektivendifferenz das, was diese Gesellschaft zusammenhält und bestimmt. Der Zusammenhalt dieser Gesellschaft entstammt nicht der Einheit der Lebensverhältnisse, der Perspektiven oder gar der Beschreibungen, sondern ihrem Gegenteil: nicht der Einheit, sondern der Differenz. Die moderne Gesellschaft ist eine Gesellschaft ohne Zentrum, ohne Zentralperspektive – und da das von allen denkbaren Perspektiven her sichtbar werden kann, ist es diese Unvermitteltheit der Perspektiven, die diese miteinander vermittelt.

Oben habe ich behauptet, wir müssten von dem Gestus Abschied nehmen, Perspektivendifferenzen zu bekämpfen. Sie sollten eher produktiv gewendet werden, als Kampfmittel eingesetzt werden. Das führt freilich zu jener Krisenhaftigkeit der Moderne, die nie stillsteht und die gerade dadurch zusammengehalten wird, dass ihre Perspektiven auseinanderstreben – und doch aufeinander bezogen sind. Deshalb gibt es keine endgültige Beschreibung, und deshalb müssen wir immer weiter kommunizieren, deshalb verdoppeln wir permanent die Welt. Aber je mehr wir sie beschreiben, desto uneindeutiger wird sie – und je uneindeutiger sie ist, umso mehr Bedarf gibt es, sie zu beschreiben.

Deshalb gibt es so viele Sprecherpositionen in dieser Welt. Und es sind in erster Linie die Massenmedien, die sie uns vorführen. Sie sind fast so etwas wie ein »Sprecherzoo«. Damit will ich sagen, dass nicht Verständigungssituationen abgebildet werden, in denen sich Sprecher miteinander auf einen Sachverhalt einigen. Es geht nicht um Kommunikation in dem Sinne, dass sich hier Argumente gegenseitig einschränken, bis das beste Argument gesiegt hat. Es geht stattdessen um Performanz, also darum, dass das Sprechen vorgeführt wird. Und das tun die Massenmedien permanent. Die Inszenierung von Sprecherpositionen ist inzwischen so ubiquitär, dass der Mechanismus der Argumentation, den wir üblicherweise lernen, um unsere Kommunikationsmöglichkeiten einzuschränken, außer Kraft gesetzt wird. Ein Blick in die Leitmedien Fernsehen und Internet macht das überdeutlich. Hier werden wir vor allem damit konfrontiert, dass der Sinn des Redens das Reden selbst ist. Und das gilt nicht nur für die Unterhaltungsformate Talks, Soaps, Shows – auf jeglichem sprachlichen und sachlichen Niveau, in pandemischer Breite und seichter Tiefe. Man kann darüber die Nase rümpfen – man kann das aber auch als Ausdruck dafür sehen, dass solche Formate Sprecher in Stellung bringen, die so aussehen, als würden sie partizipieren, als würden sie argumentieren, als habe das, was sie sagen, Konsequenzen.

Genau genommen hat es ja auch Konsequenzen – freilich nicht die, die man in braven Medienkonzepten lernt: dass man gut und fair informiert wird und in der Gesellschaft eine Art gemeinsamer Wissensfundus hergestellt wird. Eine Information muss überraschen, sonst ist sie keine. Die meisten Fernsehformate setzen aber gar nicht auf Überraschung, sondern bilden gewissermaßen den Alltag ab, in dem sich die Zuschauer schon befinden. Daily Soaps und Spielfilme, Spielshows und Castingformate, sogar Talksendungen binden ihr Publikum viel weniger über Überraschungen und Besonderes als über Bekanntes und Erwartbares. Zugleich ist das Verhältnis reziprok: Denn diese Formate – ob nun szenische Fiktionen oder Diskussionen und Gespräche – bilden einerseits das ab, was die Leute kennen, andererseits sind sie stilbildend und wirken auf die Wirklichkeit zurück. Irgendwie verdoppeln sich diese Formate – die Fernsehformate und die Formate des Lebens – gegenseitig. Es ist eine doppelte Verdoppelung.

Um es klar zu sagen: Das gilt nicht nur für leichte Unterhaltungsprogramme, über die sich Intellektuelle gerne erregen, als sei das lustvollste Fernsehformat ein Telekolleg. Es gilt für die gesamte Debattenkultur. Wie eine Podiumsdiskussion funktioniert oder eine Wahlkampfrede aussieht, wie man ein Argument verpackt und wie man sich selbst in einer Argumentation inszeniert – Versatzstücke aus Medienformaten tauchen überall auf. Man denke nur an Showelemente auf Unternehmensevents und selbst auf wissenschaftlichen Kongressen mit Bühne, Beleuchtung, Beschallung und Moderation. Die Gesellschaft wird in den Medien nicht abgebildet, sondern geformt – und diese Formate finden sich dann auf beiden Seiten wieder: in den Medien und in der Gesellschaft.

Letztlich geht es um die Inszenierbarkeit von Beschreibungen, um die Präsentation von Köpfen, Personen, Sprechern. Zum Leitformat wird daher immer mehr die authentische Rede, die Selbstinszenierung, die Beschreibung der Welt aus der je eigenen Perspektive. Denn Authentizität als Format kennt auch derjenige, der nicht prominent befragt wird und in den Medien sichtbar wird. Gerade weil wir der Gesellschaft permanent bei der Selbstbeschreibung zusehen, sehen wir vor allem Sprecher. Und die müssen sich unterscheiden, sonst wird jene Währung entwertet, mit der im Medium der Medien gezahlt wird: Information im Sinne des überraschend Neuen. Selbst hinter einem Nachrichtensprecher muss es noch eine erzählbare Geschichte geben, damit er als Sprecher funktioniert, damit er selbst zur Information wird. Es wird dann das Reden selbst der Sinn der Rede – und der Sinn des Sprechens ist der Sprecher. Das Gesprochene tritt dahinter fast zurück.

So hat die Erfindung von Prominenz eher etwas mit dem Gewöhnlichen und dem Bekannten als mit der Stilisierung von Besonderem zu tun. Denn indem Prominente – also Leute, die eigentlich irgendwie *anders* sind – so vorgeführt werden wie ganz gewöhnliche Menschen, bekommt das Gewöhnliche Prominenz. Die Platzierung von alltagsrelevanten Themen in dieser Gesellschaft nimmt oft den Umweg über die Selbstbeschreibung von Personenschablonen, die wie authentische Redner aussehen. Um es zynisch zu sagen: Die prominente öffentliche Verarbeitung der eigenen Krebskrankheit in Buchform vermag bisweilen besser als alle Argumentation und alles Räsonnement mit solchen Themen zu konfrontieren. Aber je authentischer vorgetragen wird, desto weniger geht es um das, was ein argumentativer Diskurs zum Ziel hatte: den besten sachlichen Grund, die Absehung von der argumentierenden Person, letztlich sogar die angemessenste Beschreibung.

Dieses Ziel, die Beschreibbarkeit der Gesellschaft, war einmal eine *Utopie* – also etwas, für das es keinen Ort gibt. Denn man wusste, dass die Beschreibung weniger komplex ist als ihr Gegenstand. Beschreibungen sind immer Vereinfachungen, müssen es sein, weil sie sonst nicht beschreiben, sondern nur Detail für Detail wiederholen. Die Darstellung der Wahrheit hielt man deshalb für problematisch, weil das Beschreiben selbst schwierig war – und hat deshalb eher auf Autorität als auf Authentizität gesetzt, auf die Autorität der Experten oder der Mächtigen oder der Patriarchen oder womöglich der Stärksten. Sie galten als Garanten glaubwürdiger Beschreibung – und doch blieb die Beschreibbarkeit der Welt eine Utopie.

Inzwischen ist die Beschreibbarkeit der Welt eine *Hypertopie*. Behauptet die Utopie einen Nicht-Ort, so konstatiert die Hypertopie die Vervielfältigung der Beschreibungsorte und -gelegenheiten. Ein deutliches Indiz dafür ist, dass wir auf Märkten nicht nur Güter kaufen, sondern auch ihre Beschreibungen. Marken und Logos, Labels und Werbebotschaften fügen den angebotenen Gütern Beschreibungen hinzu. Wir kaufen nicht lediglich Gebrauchsgüter, sondern Autos, an denen eine Markengeschichte oder ein kulturelles Versprechen hängt, und Computer, die über die bloße technische Apparatur hinaus einen Lebensstil oder einen professionellen Typus vermitteln.

All das läuft über Beschreibungen, die hinzugefügt werden – was etwa in der Autoindustrie geradezu ironisch deutlich wird. Autokonzerne haben durch Baukastenfertigung fast identische Fahrgeräte im Portfolio, fügen aber durch kleine Designänderungen, insbesondere aber durch unterschiedliche flankierende Beschreibungen den Fahrgeräten etwas hinzu, das diese dann tatsächlich unterschiedlich macht. Womöglich erscheint die Beschreibung eines Automobils viel wirklicher als die technische Apparatur selbst.

Wir begegnen permanent Verdoppelungen und Beschreibungen der Welt. Das ist eine unter modernen Verhältnissen universale Erfahrung. Deshalb ist es geradezu unmöglich, die Welt mit einer zentralen oder einer autoritativen Beschreibung stillzustellen. Einmal beschrieben, ist noch nichts gewonnen, denn es schließen sich sofort neue Beschreibungen an. Das Risiko, dass jemand »Nein« sagt oder ganz anders erzählt, ist riesengroß – und deshalb ist diese Gesellschaft nie fertig.

So sind Beschreibungen – sie wachsen nicht nur pandemisch

nach außen, sie vermehren sich auch im einzelnen Organismus. Erst mit den eigenen Beschreibungen wird die Welt geordnet, wird sie zur eigenen Welt. Sie wird im Beschreiben nicht abgebildet, sondern aufgestellt und inszeniert. Ich habe vorhin behauptet, dass die Beschreibungen der Gesellschaft davon abhängig sind, wer aus welcher Perspektive warum und für wen beschreibt. Nur deshalb lohnt sich ja die Konfrontation mit dem ganz Anderen, nur deshalb lohnt sich das Reisen, nur deshalb kann man gestärkt aus der Konfrontation mit anderen Positionen hervorgehen.

Beschreibungen werden nicht in erster Linie dadurch plausibel, dass das Beschriebene irgendwie interessant oder mitteilenswert oder relevant wäre. Beschreibungen erhalten ihre Plausibilität, indem sie eine plausible Geschichte erzählen, indem sie in sich konsistent sind. Konkurrierende Beschreibungen machen das deutlich, etwa Beschreibungen von Risiken. Hört man als Laie im Radio die Einschätzung eines Experten darüber, ob man sich gegen Grippe impfen lassen soll oder nicht, ob man diesen oder jenen Impfstoff nehmen soll, ob sich Risikogruppen der Gefahr der Impfung aussetzen sollen, macht man immer wieder die Erfahrung, dass man den ersten Experten sehr plausibel findet. Es folgt aber womöglich auf einem anderen Sender oder in der Zeitung eine genau gegensätzliche Beschreibung und Einschätzung, die wiederum ebenso plausibel erscheint.

Solche Erlebnisse sind ein Hinweis darauf, dass die Plausibilität einer Beschreibung sich in erster Linie der Beschreibung selbst verdankt. Sie muss gut arrangiert sein, gut strukturiert, konsistent daherkommen und dem Zugzwang eines einheitlichen Musters folgen. Die Plausibilität von Sachverhalten verdankt sich demnach der Plausibilität der Beschreibung. Und so erscheint die Welt als eine rhetorische Wirklichkeit, eine Wirklichkeit möglicher Sprechweisen. Das gilt für die gesamte Geschwätzigkeit unserer Welt, in der die Utopie der einen Wahrheit hinter den vielen Plausibilitäten verschwunden ist – unvermeidlich und unhintergehbar.

Es gilt auch für geschriebene Texte. Die Textteile müssen plausibel so angeordnet werden, dass gelesener Text einerseits einen Fluss der Kontinuität erzeugt, andererseits diesen Fluss immer wieder unterbricht, damit der Leser und die Leserin überrascht werden und so ihre Aufmerksamkeit (wieder) dem Text schenken. All das muss inszeniert werden. Beschreibungen unterliegen einem speziellen Zugzwang, dem Zugzwang nämlich, die Dinge plausibel darzustellen – womöglich plausibler, als sie sind.

Das Beschreiben der Welt ist selbst der Akt, der die Welt hervorbringt. Und Beschreibungen der Welt verdanken sich nicht in erster Linie der Welt, sondern sich selbst sowie ihrer Anschlussfähigkeit an andere Beschreibungen. Es werden permanent Geschichten erzählt, Beschreibungen angefertigt, Problemstellungen formuliert, Behauptungen aufgestellt, Bücher geschrieben, Reden gehalten, Meldungen verbreitet, Statements zum Besten gegeben, Rechtfertigungen formuliert, Selbstdarstellungen inszeniert und Filme gedreht, die allesamt zweierlei tun: Sie verdoppeln die Welt, und sie müssen dabei das Problem der plausiblen Inszenierung lösen. Geschichten und all die anderen Formen von Äußerungen stimmen dann, wenn sie praktisch *stimmig* sind. Es macht dabei prinzipiell keinen Unterschied, ob man ein Buch schreibt oder sich vor Freunden glaubhaft darstellt. Plausibilität ist übrigens nicht gleichbedeutend mit Widerspruchsfreiheit oder logischer Richtigkeit. Aber auch Widersprüche und logische Brüche muss man inszenieren, erzählen können.

Und vielleicht liegt hier der Schlüssel für all das, was ich in den letzten Kapiteln immer wieder betont habe: dass sich die Welt aus unterschiedlichen Perspektiven so unterschiedlich darstellt. Diese Gesellschaft wird nicht dadurch zusammengehalten, dass wir uns alle auf eine gemeinsame Geschichte, einen Horizont, eine Perspektive einigen. Diese Gesellschaft wird dadurch zusammengehalten, dass in ihr radikal unterschiedliche Geschichten erzählbar sind. Nur deshalb lohnt es sich, ein Buch zu schreiben – ein

Buch, das einen Autor einführt, der Szenen aus seiner Perspektive beschreibt und dabei ein Angebot macht: das Angebot, die Dinge durch die Brille dessen zu sehen, der sich vor allem dafür interessiert, wie Perspektiven zustande kommen.

Ausstieg

Das Buch im Buch

Das Buch ist an seinem Ende angelangt – Zeit also, die Szenen zu verlassen und nach Hause zu kommen. Deshalb sitze ich nun in der abschließenden Szene brav in meinem häuslichen Arbeitszimmer und schreibe das Ende. Aber hätte es nicht gereicht, einfach aufzuhören? Ist das Buch so eitel, dass es neben allen anderen Dingen nun auch noch selbst erwähnt werden muss? Oder der Autor, obwohl er schon als Ich-Erzähler aufgetreten ist und sein Name auf dem Cover steht?

Warum soll das Buch noch einmal im Buch vorkommen? Weil auch dieser Text das tut, wovon im letzten Kapitel die Rede war. Es präsentiert eine Beschreibung der Gesellschaft in der Gesellschaft. Es geht also auch darum, wer warum wie beschreibt. Deshalb wäre ein Buch, das *nicht* im Buch vorkommt, womöglich das eitelste Buch – und ein Autor, der nicht übers Schreiben schreibt, der eitelste Autor, weil er so tut, als müsse man auf diese eine Art beschreiben. Es geht aber immer anders – und deshalb geht es nicht anders, als das Buch im Buch auftreten zu lassen.

In diesem Buch geht es um Perspektivendifferenz, darum, wie unterschiedliche Sprecher in unterschiedlichen Kontexten Unterschiedliches hervorbringen. Und indem ich hier an meinem Schreibtisch sitze und diese Sätze in die Tastatur schreibe, erzeuge ich selbst eine Perspektive, aus der ich nicht herauskomme – obwohl ich ja schreiben kann, was ich will. Was im Buch steht, steht im Buch – was nicht drinsteht, steht nicht drin. Aber während ich dies tue, erzeugt auch der Text eine eigene Perspektive, an die ich gebunden bin. Ich kann nichts ins Buch hineinschreiben, was nicht zum Buch gehört, selbst wenn es im Buch ums Buch geht.

Wie ich hier sitze und schreibe, ist eine Parabel darauf, wie in der Gesellschaft permanent beschrieben wird. Wir werden nicht nur stets mit allen möglichen Beschreibungen der Gesellschaft in der Gesellschaft konfrontiert, wir sind auch selber immer in Beschreibungen und Erzählungen verstrickt, die wir hervorbringen und durch die wir hervorgebracht werden. Das Spannende dabei ist, wie unterschiedlich diese Beschreibungen ausfallen – und wie sie alle aus ihren Perspektiven je unterschiedliche, aber in sich stimmige Geschichten erzählen müssen, um plausibel sein zu können.

Plausibler womöglich, als sie sind. Und hier kommt nun tatsächlich der Autor ins Spiel. Auch der Autor ist zunächst nur ein Effekt des Textes, und zwar in dem Sinne, dass er zwar den Text arrangiert, aber zugleich auch vom Text arrangiert wird. Einen Text zu produzieren und zu arrangieren – sei es ein Buch wie dieses, sei es eine Zeitungs- oder Magazinmeldung, sei es ein Fernsehkommentar oder eine Unternehmensverlautbarung, sei es ein Brief oder eine sonstige Mitteilung – bedeutet, den Gang der Argumentation zu inszenieren und zu bestimmen. Der Autor ist wirklich eine Autorität, denn er kann Figuren erstehen und verschwinden lassen, er kann ihnen zuweisen, was sie sagen sollen, und ihnen den Mund verschließen. Er kann es so drehen, wie er will.

Obwohl alle meine Storys tatsächlich so stattgefunden haben, werden sie zwischen diesen Buchdeckeln nicht durch ihre bloße Faktizität bestimmt, sondern allein dadurch, wie ich sie schriftlich verdoppelt habe. Ich bin ihr Schöpfer, selbst wenn ich in den erzählten Szenerien eher Teil der Situation war, jedenfalls nicht ihr alleiniger Urheber. Aber während dieser Text wächst, werde ich als Erzähler und als Autor von seinen Worten hervorgebracht, so wie übrigens auch Gott als Geschöpf der von ihm geoffenbarten Schriften erscheint. Selbst er ist offenbar in Geschichten verstrickt, und selbst seine Unbedingtheit lässt sich nicht ohne die Bedingungen des Schreibens denken.

Diese Gesellschaft ändert sich mit ihren Kontexten – das ist das Aufregende. Und deshalb ist vielleicht die spannendste Szenerie dieses Buches diese letzte, unspektakuläre Szene am häuslichen Schreibtisch. Hier verdichtet sich die Erfahrung, dass man nur sagen kann, was man sagen kann, aber nicht, was sich nicht sagen lässt. An meinem Schreibtisch zeigt sich, dass die Welt geschrieben werden muss – und dass das Geschäft des Schreibens darin besteht, eine stimmige Geschichte zu inszenieren, unhintergehbar damit konfrontiert, dass man auch ganz anders ansetzen könnte.

Das Schreiben ist ein ästhetischer Akt, weil es seine Perspektive inszenatorisch hervorbringt, weil es ein Bild malt, weil es aktiv mit Formen umgeht. Das Schreiben ist ein sowohl ordnendes und organisierendes, strenges Geschäft als auch ein schöpferisches, leichtes und fluides Geschäft. Es sind zwei Künste, die sich darin vereinigen: die Kunst des ordnend Bildnerischen und die Kunst des fließend Zügellosen. Friedrich Nietzsche hat 1872 in seiner Schrift *Die Geburt der Tragödie aus dem Geiste der Musik* diese beiden Künste als komplementäre Formen behandelt. Bei ihm stehen die beiden für die Kunst zuständigen Gottheiten Apollo und Dionysos für die apollinisch ordnende Kraft und die dionysisch fließende. Man könnte auch sagen: für die Struktur und den Prozess.

Was mich an der Praxis des Beschreibens immer wieder fasziniert, ist genau dieses Zusammenspiel. Schreiben ist eine apollinische Kunst, die sich eindeutig verortet und konstativ festlegt. Erzeugen muss sie das aber dionysisch, fließend, ja letztlich musikalisch. Wenn ich schreibe, höre ich stets Musik. Musik verzeitlicht das Bewusstseinserleben, sie erzeugt einen Fluss, sie braucht das Nacheinander, das Unabgeschlossene. Sie macht deutlich, was der genaue Blick auf die gesellschaftliche Praxis konkreter Situationen in diesem Buch gezeigt hat: dass sich die Ordnung nur praktisch, nur im Fluss ereignen kann.

Dank

Danken möchte ich den Verlegern Sven Murmann und Klaas Jarchow dafür, dass sie mich von dem Experiment überzeugt haben, ein ganz anderes Buch zu schreiben als jene, die ich bisher geschrieben habe. Es sollte kein wissenschaftliches Fachbuch werden, aber die Handschrift des Wissenschaftlers tragen, der zugleich als Autor nicht hinter dem Text verschwindet. Christian Weller hat mich als Lektor über den gesamten Schreibprozess ebenso kompetent wie sympathisch begleitet und mich sensibel, aber streng an eine ganz andere Schreibe herangeführt. Selbst meine Abwehrreaktionen vermochte er noch produktiv zu wenden.

Meine Mitarbeiter Julian Müller und Jasmin Siri haben mit kritischem Blick mitgelesen. Von Kirsten David kam manch hilfreicher Hinweis. Besonderen Anteil daran, dass der Text so geworden ist, wie er hier vorliegt, hat freilich die Lektüre von Jutta Steinbiß. Sie hat den Schreibprozess vom ersten bis zum letzten Wort im Spätsommer und Herbst 2009 begleitet und mir dabei über manche Klippe geholfen.

Über den Autor

Armin Nassehi, geboren 1960 in Tübingen, ist Professor für Soziologie an der Ludwig-Maximilians-Universität in München. Er hat Philosophie, Soziologie, Erziehungswissenschaften und Psychologie studiert und arbeitet heute auf den Gebieten der Politischen Soziologie, der Kultur-, der Organisations-, der Wissens- und der Religionssoziologie. Nassehi hat zahlreiche Bücher und Aufsätze verfasst und mischt sich auch aktiv in öffentliche Debatten ein. Neben seiner akademischen Tätigkeit ist er zugleich als Berater und Redner in Unternehmen und Verbänden unterwegs.

Christoph Antweiler

Heimat Mensch

Was uns alle verbindet

268 Seiten, ISBN 978-3-86774-067-8

Warum gibt es keinen öffentlichen Sex? Wieso hat jeder Mensch ein Heimatgefühl? Wann finden Menschen einander schön? Welche Wörter kommen in allen Kulturen vor? Warum sitzen wir, wie wir sitzen?
4000 indigene Völker, rund 7000 Sprachen, Tausende von Kulturen gibt es auf unserem Planeten – Menschen, so unterschiedlich wie nur denkbar. Jeder davon ist einzigartig, und doch hat er vieles mit anderen gemeinsam. Neben dem, was uns trennt, gibt es ein überraschend großes Fundament, das die Kulturen verbindet. Der viel zitierte »Clash of Civilizations« stellt sich aus Antweilers Sicht als eine von großer Unkenntnis geprägte Verengung des Blickwinkels dar. In Wahrheit verbindet uns mehr als uns trennt. *Heimat Mensch* ist ein wunderbar zu lesendes und höchst erstaunliches Buch über uns alle.

»Christoph Antweiler erklärt brillant, wie sich die Welt als universelle Heimat begreifen lässt. Für Manager und Unternehmer, die sich in fremden Ländern zurechtfinden müssen, ist das Buch eine Fundgrube, weil es interkulturelles Trockentraining im Seminar ersetzt. Vergnüglich geschrieben.«
Handelsblatt

MURMANN

Peter Waldmann
Radikalisierung in der Diaspora
Wie Islamisten im Westen zu Terroristen werden

Mit einem Beitrag von Peter Imbusch
248 Seiten, ISBN 978-3-86774-052-4

Warum wenden sich muslimische Migranten, die zur Verbesserung ihres Lebensstandards in den Westen kamen, gegen ihre Aufnahmegesellschaften und greifen sie zum Teil gewaltsam an? Vor allem England ist davon bisher betroffen gewesen, aber auch in Deutschland gibt es eine gewisse Gefahr. Peter Waldmann zeigt, wie und weshalb die Migrationspolitik und die soziale Integration der Muslime die Wahrscheinlichkeit einer Radikalisierung beeinflussen.

MURMANN